RÉPUBLIQUE FRANÇAISE
LIBERTÉ — ÉGALITÉ — FRATERNITÉ

Ville de Paris

MAIRIE DU VIe ARRONDISSEMENT

Place Saint-Sulpice

CATALOGUE

DE LA

Bibliothèque Municipale

DE

PRÊT GRATUIT A DOMICILE

Prix : 0 fr. 50

PARIS
Henri CHARLES-LAVAUZELLE
Éditeur
10, Rue Danton, Boulevard Saint-Germain, 118

1908

RÈGLEMENT
POUR LE PRÊT DES LIVRES
AUX PERSONNES DES DEUX SEXES

Art. 20. — Les prêts seront faits à la Bibliothèque tous les jours de la semaine, de 4 à 6 heures et de 8 à 10 heures du soir, et le dimanche, de 9 heures à 11 heures du matin, les jours de fête exceptés.

Art. 32. — Les livres perdus ou dégradés par la faute d'un lecteur sont remplacés aux frais de ce lecteur.....
... Le lecteur s'expose à des poursuites de la part de l'Administration en cas de non-restitution ou de dégradation des volumes prêtés.

Art. 33. — Le nom de tout lecteur qui aura cessé de fréquenter une bibliothèque en emportant le volume qu'il a emprunté sera signalé à toutes les bibliothèques et ce lecteur ne pourra être admis dans une autre bibliothèque s'il ne justifie de la restitution du volume détourné.
En cas de récidive, ce lecteur sera exclu définitivement de toutes les bibliothèques municipales.

Art. 39. — Toute personne de l'un ou l'autre sexe âgée d'au moins dix-huit ans est admise à emprunter des livres dans l'une des bibliothèques de son arrondissement sur le vu des pièces établissant son identité et son domicile, telles que cartes d'électeur, quittances de loyer, attestation d'un notable ou d'une personne connue de l'arrondissement.
Dans le cas où l'emprunteur habiterait en garni, il ne lui sera prêté de livres que sur la garantie du logeur ou d'une référence sérieuse.
Exceptionnellement, sur la demande et sur la garantie des parents, des livres pourront être prêtés à des enfants de moins de 18 ans.

Art. 40. — Toute personne qui se présente pour la première fois pour emprunter des livres..... doit être inscrite sur un registre spécial.
Ce registre porte le nom, la profession et le domicile de l'emprunteur. Celui-ci signe sa déclaration et donne par là même son adhésion au règlement de la bibliothèque dont il lui est donné connaissance.

Art. 41. — Aussitôt inscrit, l'emprunteur reçoit gratuitement un livret qui devient sa propriété personnelle.

Art. 43. — La durée d'un prêt est de quinze jours et peut exceptionnellement être prolongée d'une durée égale.
L'emprunteur est personnellement responsable vis-à-vis du bibliothécaire du volume prêté.

Art. 44. — Le bibliothécaire *pourra retirer le livret* aux emprunteurs dont la négligence habituelle, soit au point de vue de la remise des livres empruntés, soit au point de vue de leur conservation, lui semblera ne pas devoir être tolérée.

AVIS TRÈS IMPORTANT

Les lecteurs sont invités à prendre connaissance du règlement de la Bibliothèque, principalement des articles 32, 33, 43, 44 concernant le service des prêts, la perte ou la dégradation des volumes.

Le lecteur doit se présenter à la Bibliothèque avec une *liste dressée par ordre numérique* des livres qu'il demande.

Il remet cette liste avec son livret *ouvert*.

Les volumes ne peuvent être conservés *plus de quinze jours*. Passé ce temps, les *livrets peuvent être retirés*.

Tout livre *perdu* ou *dégradé* est remplacé aux frais du lecteur.

En cas de changement de domicile, le lecteur devra toujours faire connaître sa nouvelle adresse.

Prière instante de ne pas mettre les livrets dans les volumes afin d'éviter d'arracher les feuillets en retirant les livrets.

Partitions de musique.

Les lecteurs qui empruntent des *partitions de musique* sont invités à vérifier l'état du livre avant de l'emporter et à signaler les pages manquantes, faute de quoi ils s'exposent au remboursement de la partition.

RÉPUBLIQUE FRANÇAISE

LIBERTÉ — ÉGALITÉ — FRATERNITÉ

Ville de Paris

MAIRIE DU VIe ARRONDISSEMENT

Place Saint-Sulpice

CATALOGUE

DE LA

Bibliothèque Municipale

DE

PRÊT GRATUIT A DOMICILE

Prix : 0 fr. 50

PARIS
Henri CHARLES-LAVAUZELLE
Éditeur
10, Rue Danton, Boulevard Saint-Germain, 118

1908

DIVISIONS DU CATALOGUE

		Pages.
I.	Philosophie, Morale.	7
II.	Economie politique et sociale, Législation, Administration.	14
III.	Histoire, Biographie.	24
IV.	Géographie et Voyages.	50
V.	Littérature, Poésie, Théâtre.	65
VI.	Romans français et étrangers.	84
VII.	Enseignement, Pédagogie.	117
VIII.	Sciences mathématiques.	121
IX.	Sciences physiques et naturelles.	125
X.	Agriculture, Industrie, Métiers et Commerce.	134
XI.	Sciences médicales, Hygiène.	144
XII.	Sciences militaires.	148
XIII.	Beaux-arts et Arts industriels.	151
	Musique.	154
XIV.	Langues vivantes, ouvrages écrits en langues étrangères.	162
XV.	Bibliothèque de la jeunesse	168
	Table alphabétique des noms d'auteurs.	175

Nota. — *Le nombre des volumes n'est indiqué que pour les ouvrages qui en comportent plusieurs.*

CATALOGUE

DE LA

BIBLIOTHÈQUE MUNICIPALE

Place Saint-Sulpice

I

PHILOSOPHIE — MORALE

2669	ALAUX (J.-L.). Instruction morale et civique.
2607	ARISTOTE. La Morale et la Politique. 2 vol.
	T. I. Morale.
	T. II. Politique.
222	BACON. Œuvres.
241	BALZAC (de). La Recherche de l'Absolu.
1863	BARBIER (Emile). Leçons de Philosophie.
2697	BARNI (Jules), Les Martyrs de la Libre Pensée.
2506	— Les Moralistes français au XVIII° Siècle.
2718	BARRACAND (Léon). Le Bonheur au Village.
2799	BEAUSSIRE (Emile). La Liberté dans l'Ordre intellectuel et moral.
5443	BERR (Henri). L'Avenir de la Philosophie.
2509	BERSOT (Ernest). Libre Philosophie.
1	— Morale et Politique.
2477	BEURDELEY (Paul). L'Éducation morale et civique pendant la Révolution.
2918	BOISSIER (Gaston). Discours sur les Prix de Vertu.
643	BOKHARI DE DJOHORE. Makata Radja-Radja ou La Couronne des Rois.
4557	BONET-MAURY. Le Congrès des Religions à Chicago, en 1893.
3128	BONHEUR (Où est le).
3502	BOUHELIER (G.). Maximes et Récits d'Instruction morale.
3925	BOUINAIS et A. PAULUS. Le Culte des Morts dans le Céleste-Empire et l'Annam.
1283	BOURDE (Paul). Le Patriote.

2	BROTHIER (Léon). Histoire populaire de la Philosophie.
2699	BUCHNER (Docteur Louis). Nature et Science.
6256	BUCHNER (Louis), Force et Matière.
3095	BURNOUF (Emile). La Science des Religions.
4	CABANIS. Rapports du Physique et du Moral de l'homme. 2 vol.
3227	CARO (E.). L'Idée de Dieu.
2423	— La Philosophie de Gœthe.
2798	CHAIGNET (A.-Ed.). La Vie et les Ecrits de Platon.
2797	— Vie de Socrate.
4109	CHAMBON (Jean). Catéchisme naturaliste.
1039	CHARAVAY (Etienne). L'Héroïsme civil.
96	— L'Héroïsme militaire.
6498	— Même ouvrage que le précédent.
5599	CHATEAUBRIAND (Vicomte de). Histoire populaire du Christianisme.
3432	CHERBULIEZ (M.-V.). Discours sur les Prix de Vertu.
4128	COMTE (Auguste). Principes de Philosophie positive.
5210	— Extraits de son Œuvre finale (1851-1857).
2795	COUSIN (Victor). Philosophie de Locke.
5583	DAMIRON. Essai sur l'Histoire de la Philosophie. 2 vol.
2806	DELATOUR (Albert). Adam Smith. Sa Vie, ses Travaux, ses Doctrines.
2912	DELAURIER (E.). Essai d'une théorie générale supérieure de philosophie naturelle et de thermochimie.
3510	DELESSERT et DE GERANDO (Benjamin). Les Bons Exemples.
3668	— Même ouvrage que le précédent.
6092	DIDE (A.). La Fin des Religions.
2218	DIENY (F.). La Patrie avant tout.
6	DROZ (Joseph). Essai sur l'Art d'être heureux.
2288	DU CAMP (Maxime). Discours prononcé sur les Prix de Vertu.
2285	— Les Forces perdues.
3131	DUFAUX DE LA JONCHERE (Ermance). Le Savoir-Vivre.
2891	D'USSEL (Vicomte Ph.). Essai sur l'Esprit public dans l'Histoire.
7	ENFANTIN (P.). La Vie éternelle, passée, présente, future.
1699	ERCKMANN-CHATRIAN. Quelques mots sur l'Esprit humain.
3496	— Même ouvrage.
5850	ERDAN. La France mystique. 2 vol.
6160	FÉDÉRATION INTERNATIONALE DE LA LIBRE PENSÉE. Congrès de Rome (20 septembre 1904).
4842	FICHTE (J. G.). Discours à la Nation allemande.
3124	FILLES (Que faire de nos).

5301	FLEURY (Docteur Maurice de). Le Corps et l'Ame de l'Enfant.
1984	FRAISSE (E. A.). Notes.
36	FRANKLIN (Benjamin). Essais de Morale et d'Economie politique.
6606	— Même ouvrage.
3512	— Mélanges de Morale, d'Economie et de Politique.
6495	— Mémoires de Benjamin Franklin.
139	— Mémoires de Benjamin Franklin.
3125	GARÇONS (Que faire de nos).
3462	GASPARIN (Comte Agénor de). L'Ennemi de la Famille.
6508	La Liberté religieuse.
1985	— Les Horizons prochains.
1986	— La Liberté religieuse.
6564	— Même ouvrage que le précédent.
252	— Trois Paroles de Paix.
6415	— Même ouvrage que le précédent.
5223	GAUBERT. Chambres mortuaires d'attente.
8	GERDY (Le Docteur P.-N.). Physiologie philosophique des Sensations et de l'Intelligence.
2717	GIRARDIN (Emile de). Du Droit de Punir.
2146	GOURNOT (Ach.). Essai sur la Jeunesse contemporaine.
1793	GREARD (Octave). De la Morale de Plutarque.
3491	GUICHARD (Victor). La Liberté de Penser.
3514	— Même ouvrage que le précédent.
6153	HAECKEL (E.). Les Enigmes de l'Univers.
6373	— Religion et Evolution. Origine de l'Homme. Monisme.
5538	HAYEM. Le Mariage.
4110	HEMENT (Félix). Entretiens sur la Liberté de Conscience.
6037	HOUSSAYE (H.). Prix de Vertu (discours 1902).
2823	JANET (Paul). La Famille. Leçons de Philosophie morale.
2689	— Histoire de la Science politique dans ses rapports avec la Morale. 2 vol.
2324	— Les Maîtres de la Pensée moderne.
4471	— Philosophie de la Révolution française.
6504	— Les Maîtres de la Pensée moderne.
1862	— Traité élémentaire de Philosophie.
899	JOLY (Henri). L'Imagination. Etude psychologique.
2676	— Psychologie des Grands Hommes.
9	KEB. Les Dogmes critiques ultramontains.
10	— Essai sur l'Origine des Cultes. La Société de Jésus.
11	LABESSE (Edouard). La Morale. L'Eglise et l'Etat.
142	LACOMBE (Paul). Le Patriotisme.
2730	LAIR (Alphonse). L'Héroïsme français.
3375	LALOI et F. PICAVET. Instruction morale et civique de Philosophie pratique.

1571 LAMENNAIS. Paroles d'un Croyant.
5652 LANFRAY. L'Eglise et les Philosophes.
4374 LAPRADE (Victor de). Le Livre d'un Père.
532 — Même ouvrage.
808 LECONTE DE LISLE. Catéchisme populaire républicain.
2309 LE DAIN (Alfred). L'Humanité.
13 LEGOUVE. Les Pères et les Enfants au XIXe Siècle. Enfance et Adolescence.
6524 — Même ouvrage.
14 — La Jeunesse.
6520 — Même ouvrage.
4951 LEGRAND (Louis). L'Idée de Patrie.
5558 LELUT. Physiologie de la Pensée.
5376 LEROUX (Hugues). Le Bilan du Divorce.
905 LEVEQUE (Charles). Les Harmonies providentielles.
5238 LEVY. La Philosophie.
4468 LIARD (Louis). Les Logiciens anglais contemporains.
5591 LITTRE. Auguste Comte. Philosophie positive.
4112 LYS (Mme de). Le Rôle de la Femme dans la Famille.
3092 MAISTRE (Comte J. de). Les Soirées de Saint-Pétersbourg. 2 vol.
5302 MALAPERT (P.). Aux Jeunes Gens. Quelques Conseils de Morale pratique.
3127 MARIER (Doit-on se).
3376 MARILLIER (Léon). La Liberté de Conscience.
2445 MARION (Henri). Leçons de Morale.
2446 — Leçons de Psychologie appliquée à l'Education.
3209 MARTHA (Constant). Les Moralistes sous l'Empire romain.
3210 — Le Poème de Lucrèce. Morale. Religion. Science.
318 MASSON (Michel). Le Dévouement.
4183 MAUREIL-PAROT (Elia). Le Devoir de Demain.
1633 MEZIERES. Discours sur les Prix de Vertu (1882).
1296 MICHELET. Bible de l'Humanité.
1292 — Nos Fils.
1294 — Le Peuple.
4497 MILLOUE (L. de). Le Boudhisme dans le Monde. Origine. Dogmes. Histoire.
325 MONTAIGNE. Essais. 4 vol.
2843 MONTHEUIL (A.). Héros et Martyrs de la Liberté.
16 MORALISTES anciens.
809 MULLER (Eugène). La Morale en Action par l'Histoire.
1858 MULLER (Max). Essais sur l'Histoire des Religions.

5446	NACLA (Vicomtesse de). Education de l'Enfant.
4489	NADAUD (Martin). Mémoires de Léonard, ancien garçon maçon.
4360	NICOLAS (Georges). Tu seras Chef de Famille.
3881	OLLIVIER (Emile). Discours sur les Prix de Vertu.
5634	OUDOT. Essais de Philosophie
4216	PAPILLON (F.). Histoire de la Philosophie moderne. 2 vol.
3497	PARFAIT (Paul). Le Dossier des Pèlerinages.
328	PASCAL. Lettres écrites à un Provincial.
327	— Pensées sur la Religion. (Edition Garnier frères.)
1032	PAULHAN (F.). Physiologie de l'Esprit.
1825	PELLETAN (E.). Jarousseau, le Pasteur du Désert.
3232	PERRAUD (M.). Discours prononcé sur les Prix de Vertu (1889).
3036	PETIT (Maxime). Le Courage civique.
1505	PONTSEVREZ (de). Cours élémentaire de Morale.
2086	POUJARD'HIEU (G.). La Liberté et les Intérêts matériels.
113	PRESSENSE (de). Le Concile du Vatican, ses Conséquences politiques et religieuses.
3500	PREVOST-PARADOL (M.). Etudes sur les Moralistes français.
6546	QUINET (Edgar). Histoire de mes Idées.
342	— L'Enseignement du Peuple : Politique et Religion.
339	— Le Génie des Religions.
341	— Histoire de mes Idées.
340	— Les Jésuites. L'Ultramontanisme.
5441	RAVAISSON (Félix). La Philosophie en France au xixe Siècle (1867).
2415	RAYMOND (Emmeline). Education et Morale pour tous les âges.
17	RENAN (E.). Discours sur les Prix de Vertu (1881).
18	RENARD. L'Homme est-il libre ?
176	RENAUD (Armand). L'Héroïsme : Récits légendaires et historiques.
4479	RETHORE (F.). Science des Religions.
6070	REYNAUD (Jean). Terre et Ciel.
3343	RICARDOU (A.). De l'Idéal : Etudes philosophiques.
5325	ROCAFORT (Jacques). L'Education morale au Lycée.
20	ROUSSEL. Les Nations catholiques et les Nations protestantes, sous le rapport du Bien-Etre, de la Lumière et de la Moralité. 2 vol.
3080	ROY (Edouard). Le Sens de la Vie.
21	ROZAN. La Bonté.
1413	— La Jeune Fille.
1412	— Le Jeune Homme.

3233 SAY (Léon). Discours sur les Prix de Vertu (1890).
22 SCHUWER (Charles). L'Ecole civique.
23 — Simples Notions de Morale civique.
5 SEGUR (Comte de). Galerie morale.
365 SELF HELP. Caractère, Conduite et Persévérance.
1502 SIMON (Jules). Le Devoir.
1429 SMILES (Samuel). Le Caractère.
814 SPENCER (Herbert). De l'Education intellectuelle, morale et physique.
2691 — La Morale évolutionniste.
2690 — Les Premiers Principes.
6414 STAHL (P.-J.), Morale familière.
370 — Même ouvrage.
3492 STEEG (Jules). La Vie morale.
4432 STUPUY (H.). Œuvres philosophiques de Sophie Germain.
4874 — Même ouvrage.
2501 SULLY (James). Le Pessimisme : Histoire et Critique.
2919 SULLY-PRUDHOMME. Discours sur les Prix de Vertu.
1511 TAINE. De l'Intelligence. 2 vol.
1515 — Les Philosophes classiques au xixe siècle en France.
180 TARNIER (A.). Le Patriotisme en action. 2 vol.
5496 THOUZERY. La Femme au xixe siècle.
4436 TOMEL (Guy) et ROLLET (Henri). Les Enfants en Prison.
5435 — L'Homme et la Vie. Notes et Impressions.
2502 VERA (A.). Essais de Philosophie hégélienne : la Peine de Mort, Amour et Philosophie.
821 VOLTAIRE. Dictionnaire philosophique. 2 vol.
24 — Philosophie. Dialogues.
3040 ZURCHER et MARGOLLE. L'Energie morale. Beaux Exemples.
3482 X... L'Art d'être malheureux.

II

ÉCONOMIE POLITIQUE ET SOCIALE — LÉGISLATION
ADMINISTRATION

27 ABOUT (Edmond). A B C du Travailleur.
820 — Les Questions d'Argent. L'Assurance.
2535 ACOLLAS (Emile). Les Contrats et les Obligations contractuelles.
2534 — Les Successions.
2078 ALBIOT (J.). Des Conseillers généraux.
1575 ALFIERI. De la Tyrannie.
4156 ASSOCIATIONS AMICALES (Annuaire des) ou de Bienfaisance des départements et de l'étranger à Paris.
2529 AUDIGANNE (A.). Mémoires d'un Ouvrier de Paris.
6123 AVENEL (Vicomte d'). Les Français de mon temps.
1630 BARRAULT (Emile). Les Inventeurs et les Lois pour les patentes d'invention dans la Grande-Bretagne.
4211 BATBIE (A.) et BOILLOT (A.). Traité théorique de droit public et administratif. Supplément (tome IX).
6125 BAUDIN (P.). La Poussée.
6251 — Points de vue français.
1721 BAUDRILLARD (H.). Le Crédit populaire.
1720 — Économie politique populaire.
5950 BAUMANN (A.). La Vie sociale de notre temps.
3853 BEAUREGARD (P.). Eléments d'économie politique.
1018 BERTILLON (Jacques). Statistique humaine de la France.
6574 — Même ouvrage.
6375 BIART D'AUNAY. L'Aurore australe.
2009 BIROT (F.). Guide du Conducteur des Ponts et Chaussées et de l'Agent voyer. 2 vol.
    1re partie. Routes.
    2e partie. Ponts.

2802	BLANQUI. Histoire de l'Economie politique en Europe depuis les Anciens jusqu'à nos Jours.
1622	BLOCK (Maurice). Le Budget : Revenus et Dépenses de la France.
1623	— L'Impôt et les Formes variées qu'il affecte.
1625	— Paris : Institutions administratives.
1624	— Paris : Organisation municipale.
1666	— Petit Manuel d'Economie pratique.
1590	— Législation pratique appliquée au Commerce, à l'Industrie et à l'Agriculture.
6476	— Même ouvrage.
3786	— Les Suites d'une Grève.
6063	BLONDEL (G.). La France et le Marché du Monde.
4669	BOCHER (A.). La Fin de l'Europe.
4668	— La France dans l'Avenir.
4670	— Les Progrès modernes.
4667	— L'Univers : Hier. Aujourd'hui. Demain.
2877	BONNEMERE et LEMOINE. Autrefois et Aujourd'hui : Paysans et Ouvriers.
4982	BONVALOT (Gabriel). La France de Demain. Questions nationales (Revue mensuelle). Années 1899 et 1900. 3 vol.
5335	— Sommes-nous en décadence ?
3436	BOUCARD (Max). La Vie à Paris.
4108	— Même ouvrage.
1861	BOURGUIGNON (A.). Eléments généraux de Législation française.
6121	BOURGUIN (M.). Les Systèmes socialistes et l'Evolution économique.
6025	BRANTZ (V.). Petite Industrie contemporaine.
4103	CADOUX (Gaston). Les Attachés commerciaux.
3162	— L'Influence française à l'Etranger : Notre Commerce d'exportation et nos Consuls.
5009	CALVINHAC (L.). Vers la Justice.
1847	CARRE (M. A.). Nos Petits Procès.
6074	CHABOSEAU (A.). Essais de Législation ouvrière aux Etats-Unis.
4180	CHANTAGREL (M. J.). Précis d'Instruction civique et d'Administration communale.
3692	CHARBONNIER (J.). Organisation électorale et représentative de tous les Pays civilisés.
789	CHAUMEL (M.). Lecture alternée sur l'Education, l'Instruction et l'Economie domestique.
5488	CHERBULIEZ. L'Allemagne politique.
2087	CLAVE (J.). Principes d'Economie politique.
3588	CLAVEL (Le docteur). Critique et Conséquence des Principes de 1789.
5285	COMBARIEU (Hilaire). Des Caisses de Retraites des Fonctionnaires communaux et départementaux.
1363	CONSEIL DE PREFECTURE de la Seine. Réduction du Prix de Gaz à Paris.

3712 COQUEUGNIOT. L'Avocat des Propriétaires et des Locataires.
3998 — Même ouvrage.
3711 CUNISSET - CARNOT. L'Avocat de Tout le Monde.
3999 — Même ouvrage.
5284 DARBOT. L'Agriculture et les Questions sociales.
3503 DAUBY (J.). De l'Amélioration de la Condition des Classes laborieuses et des Classes pauvres en Belgique.
2801 — Même ouvrage.
975 DELAMARE. La Vie à Bon Marché.
1559 DELANOUE (Louis). Manuel des Propriétaires, Fermiers et Locataires.
2455 DELATTRE (Eugène), député. Discours prononcé (séance du 28 juin 1886) sur l'Organisation et le Fonctionnement de la Justice dans le Département de la Seine.
2916 DELAURIER (Emile). Opinion de Lamartine sur le Scrutin de Liste.
5035 DELEBECQUE (Germain). Manuel de Statistique des Chemins de fer français.
4363 DELORME (Marie). Les Petits Cahiers de Mme Brunet.
5347 DEMOLINS (Edmond). Les Français d'Aujourd'hui. Les types sociaux du Midi et du Centre.
3982 DEPASSE (H.). Le Cléricalisme.
30 — Paris : Son Maire et sa Police.
5216 DESACHY (Paul). La France noire : Etudes politiques et religieuses.
6023 DES CILLEULS (A.). La Population.
5225 DESLINIÈRES (Lucien). L'Application du Système collectiviste.
1415 DESMAZE (Charles). Histoire de la Médecine légale en France.
3163 DESMOULINS (Auguste). Colonisons la France.
4795 DESTRUELS (E.). Traité pratique de Législation anglaise sur les Sociétés anonymes.
5188 DIVERS. Morale sociale.
2021 DONEAUD (Alf.). Droit maritime.
5032 DOSMOND (J.-F.). Le Prorata dans l'Impôt du Sang.
6374 DOUCET (Robert). Doit-on aller aux Colonies?
5172 DUBOIS (L.-Paul). Essai sur les Finances communales.
4825 DUBOIS (Marcel). Systèmes coloniaux et Peuples colonisateurs.
4192 DUBUCQUOY (A.). Manuel pratique des Sociétés scolaires de Secours mutuels et de retraites.
4311 DUBUISSON (F.). Discours parlementaires de Jules Roche.
1476 DU CAMP (Maxime). Paris, ses Organes, ses Fonctions, sa Vie dans la Seconde Moitié du XIXe siècle. 6 vol.

3134	DUFAUX DE LA JONCHERE (Ermance). Ce que les Maîtres et les Domestiques doivent savoir.
122	DUMONT (Albert). L'Administration et la Propagande prussienne en Alsace.
2803	— Notes et Discours (1873-1884).
2076	EMION (Victor). Manuel des Expropriés.
5645	FABRE (Henri). Le Ménage.
5314	FAGUET (Emile). Questions politiques.
2084	FAVRE (Jules). Discours du Bâtonnat.
1567	— Guide pratique de l'Electeur.
5230	FONBELLE (Georges). Le Tsar et la Paix.
1455	FOUGEROUSSE (A.). Patrons et Ouvriers à Paris : Réformes introduites dans l'Organisation du Travail par divers Chefs d'Industrie.
5052	FOUILLEE (Alfred). Les Etudes classiques et la Démocratie.
1566	FOURNEL. Les Lois rurales de la France.
6014	FOURNIÈRE (E.). L'Idéalisme social.
3373	FOVILLE (Alf. de). La France économique.
4689	FRANKLIN (Alfred). Comment on devient Patron.
4686	— La Mesure du Temps.
6163	GACHE (F.). La Rhétorique du Peuple.
6164	— La Philosophie du Peuple.
6166	— L'Education du Peuple.
1285	GAMBETTA (Léon). Discours et Plaidoyers choisis.
4359	GANNERON (Emile). Tu seras citoyen.
1457	GARET (Emile). Les Bienfaits de la Révolution française.
1913	GARNIER (Joseph). Premières Notions d'Economie politique, sociale et industrielle.
29	GASPARIN (Comte Agénor de). Discours politiques.
2481	— Questions diverses.
5473	GAUTIER (L.). Portraits du xviie siècle.
5474	— (L.). Portraits du xixe siècle.
3885	GRELOT (Félix). Loi du 5 avril 1884 sur l'Organisation municipale.
3509	GRUN (Adolphe). Cours de Législation usuelle.
1621	GUICHARD (Victor). Conférences sur le Code civil.
5201	GUYARD (Auguste). Des Droits, des Devoirs et des Constitutions au point de vue de la Destinée humaine.
49	GUYOT (Yves). La Science économique.
4931	— L'Economie de l'Effort.
3699	HATON DE LA GOUPILLIERE (Rapport de M.) sur les Explosions du grisou dans les houillières. Loi du 26 mars 1877.
4662	HAUSSONVILLE (Le Comte d'). Etudes sociales.

5212 HENRIQUE (Louis). Nos Contemporains. Galerie coloniale et diplomatique. 3 vol.
3260 HERAUD (A.). Les Secrets de l'Economie domestique.
5013 HERBET (F.). Les Contrats d'Apprentissage à Fontainebleau au xviie siècle.
5545 HILDRETH. L'Esclave blanc.
33 HIPPEAU (Eugène). Cours d'Economie domestique.
4844 HURET (Jules). Enquête sur la Question sociale en Europe.
3498 JACOB (M. A.). La Jeune République.
4487 JEZE (Gaston). Etude théorique et pratique sur l'Occupation comme mode d'acquérir les territoires en droit international.
2920 JOANNE-MAGDELAINE. La Question cléricale et les 550 Millions annuels du Clergé.
34 JOURDAN (G.). La Justice criminelle en France.
3183 — Législation sur les Logements insalubres.
4488 JUILLET SAINT-LEGER (Marcel). Elections municipales : Application des lois des 5 avril 1884 et 22 juillet 1889.
2453 LABADIE (J.-Emile). Etude sur Paris port de mer.
5630 LABORDE. Lutte contre l'Alcool.
3499 LABOULAYE (Edouard). Essais de Morale et d'Economie politique de Benjamin Franklin. (Traduit de l'anglais par).
3511 LA CODRE (J.-M. de). La Science du Bonhomme Félix. Histoire d'un Maire de campagne.
1920 LAFERRIERE (M.-F.). Histoire des Principes des Institutions et des Lois pendant la Révolution française depuis 1789 jusqu'à 1804.
3031 LAFFITTE (Paul). La Parole.
3205 — Le Paradoxe de l'Egalité.
3206 — Le Suffrage universel et le Régime parlementaire.
2080 LAFFOLAY (M.-E.). Des Octrois.
2777 LA FORGE (Anatole de). Les Serviteurs de la Démocratie.
4848 LAILLER (Maurice). Les Erreurs judiciaires et leurs Causes.
143 LA MARMORA (Général Alphonse). Les Secrets d'Etat dans le Gouvernement constitutionnel. 2 vol.
1500 LAMARTINE (De). La Politique. 2 vol.
5047 LANESSAN (J.-L. de). La République démocratique.
37 LAURENT (Emile). Les Logements insalubres.
2803 — Le Paupérisme et les Associations de Prévoyance. 2 vol.
2608 LAVOLLEE (René). Les Classes ouvrières en Suisse.
12 LECOUR (C. J.). La Charité à Paris.
4989 LEDRU-ROLLIN. Discours politiques. 2 vol.

2100	LEGOUVE (Ernest). La Question des Femmes.
2079	LELAY (Eugène). Lois et Règlements sur la Douane.
1469	LELIOUX (Armand). Promenades au Palais : Hommes et Choses de la Justice.
38	LENEVEUX. Le Budget du Foyer.
39	LENEVEUX (H.). Paris municipal : Ses Ressources financières et ses Services publics.
1003	— Le Travail manuel en France.
4111	LE PELLETIER (Emile). Code pratique des Usages de Paris.
4843	— Manuel pratique de la Loi du 12 janvier 1895 sur la Saisie-Arrêt.
3971	LEROY-BEAULIEU. Précis d'Economie politique.
3340	LE SENNE (N.-M.). Droits et Devoirs de la Femme devant la Loi française.
6380	LESAGE. L'Achat des actions de Suez.
5631	LETOURNEAU. La Sociologie.
1723	LEVASSEUR (E.). L'Assurance.
3886	LEVERDAYS (E. de). Nouvelle Organisation de la République.
4556	— L'Expansion de la France et de la Diplomatie : Hier. Aujourd'hui.
6307	LHERMITTE (G.) et VÉRONE (Maria). La Séparation et ses conséquences.
40	LHOMME (Ch.) et PIERRET (H.). Code manuel des Délégués cantonaux et communaux.
1272	— Code manuel des Membres des Commissions municipales scolaires.
4223	LOISELEUR (Jules). Les Crimes et les Peines.
6127	LOUIS (Paul). L'Ouvrier devant l'Etat.
6149	— Les Etapes du Socialisme.
2071	LUNEL (A.-B.). Economie domestique.
1472	MACE (Jean). Manuel pratique pour l'Application de la Loi sur l'Instruction obligatoire.
6088	MARTIN SAINT-LEON. Cartells et Trusts.
3438	MARTIN (Louis). Droit constitutionnel.
4660	MARY (Jules). Aménagement des Eaux pour l'Assainissement et l'Alimentation des Villes.
5239	MASSONNEAU (Henri-A.). Devant l'Echafaud.
3710	MAUGRAS (A.). L'Avocat de la Famille.
4001	— Même ouvrage.
2569	MAURICE (Fernand). La Réforme agraire et la Misère en France.
6432	— Même ouvrage.
3515	MEIFREDY (Henri). Conseils de M. Honoré Arnoul. Etude économique agricole.
1664	MENIER. L'Avenir économique.
41	— Théorie et Application de l'Impôt sur le Capital.
32	MESNIL-MARIGNY (Du). Catéchisme de l'Economie politique basée sur des Principes rationels.

- 20 -

31	MESNIL-MARIGNY (Du). Histoire de l'Économie politique des Anciens Peuples de l'Inde, de l'Egypte, de la Judée et de la Grèce. 3 vol.
2906	MIGEON. Procès complet de M. le comte Jules.
3184	MISCOPEIN (A.). Naissances, Mariages et Décès.
3914	MODESTE (Victor). Ceci est mon Testament.
3916	— Lettre au Pape Léon XIII à propos de son Encyclique sur la Question sociale.
3932	— Du Paupérisme en France.
3917	— Le Prêt à intérêt. Dernière Forme de l'Esclavage.
3915	— Résolutions nouvelles au Souvenir de l'Invasion.
3919	— La Vie. Etude d'économie politique.
1536	MONTAGU (A.). Manuel politique du Citoyen français.
1814	MONTEIL (Alexis). Histoire financière de la France.
5006	MONTHEUIL (Albert). La Charité privée à l'Etranger.
2527	MONTILLOT (J.). Leçons d'Instruction civique et de Droit administratif.
6376	MOREL (P.). La Police à Paris.
42	MORIN. Résumé populaire du Code civil.
2898	MORIN (Frédéric). Origine de la Démocratie.
3556	ODILON-BARROT. De la Centralisation et de ses Effets.
5228	ORGANISATIONS SOCIALISTES FRANÇAISES (Congrès général des), tenu à Paris du 3 au 8 décembre 1899. Compte rendu.
1520	PAQUIER (J.-B.). Histoire de l'Unité politique et territoriale de la France. 3 vol.
5644	PARIS (Comte de). Association ouvrière anglaise.
4185	PARLON (Léon). De l'Ingérence du Clergé dans la Politique.
4428	PASSY (Frédéric). Vérités et Paradoxes.
4194	PAULIAN (Louis). Paris qui mendie.
43	PELLETAN (Eugène). Les Droits de l'Homme.
5114	PELLISSON (M.). Les Orateurs politiques de la France de 1830 à nos jours. Choix de Discours prononcés dans les Assemblées politiques françaises.
3508	PÉRISSAT (Paul). Cours pratique sur les Éléments du Droit commercial.
3419	PETIT (Arsène). Les Assurances. L'Art de s'assurer contre l'Incendie.
44	PICHARD (A. E.). Nouveau Code de l'Instruction primaire.
1230	PICOT (Georges). M. Dufaure, sa Vie et ses Discours.
4987	PIGIER. Commerce, Comptabilité, Jurisprudence.

2083	POUJARD'HIEU (G.). Les Chemins de fer et le Crédit de la France.
2478	PRAT (J.-G.). La Constitution de 1793, précédée de la Déclaration des Droits de l'Homme.
2829	PREVOST-PARADOL. La France nouvelle.
5738	PROMETHEE. Le Paradis trouvé.
5215	PROUDHON (J.). Abrégé de ses Œuvres.
2103	— La Guerre et la Paix : Recherches sur le Principe et la Constitution du Droit des Gens. 2 vol.
1556	QUINET (Edgar). La République : Conditions de la Régénération de la France.
6377	RENARD (G.). Le Socialisme à l'œuvre.
2805	REYBAUD (Louis). Etudes sur les Réformateurs ou Socialistes modernes. 2 vol.
6024	RIVIÈRE (Louis). Mendiants et Vagabonds.
3507	ROBBE (Pierre). Un Radical.
5166	ROCHE (Jules). Allemagne et France.
1836	ROULLIET (A.). Les Associations coopératives de Consommation.
1569	ROUSSEAU (J.-J.). Du Contrat social.
4727	ROUTIER (Gaston). Les Droits de la France sur Madagascar.
45	ROUX (Xavier). Les Utopies et les Réalités de la Question sociale.
6385	SABATIER. Le Morcellisme.
4406	SAINT-ALBIN (Emm. de). Les Bibliothèques municipales de la Ville de Paris.
4663	SAINT-PAUL (Bertrand). Notions de pratique des Travaux à l'usage des Piqueurs municipaux et des Candidats à ces divers emplois.
1438	SAY (Léon). Le Socialisme d'Etat.
2789	SCHEFER (Mme) et AMIS (Mme). Travaux manuels et Economie domestique.
5062	SCHIRMACHER (Kaethe). Le Féminisme : Aux Etats-Unis, en France, dans la Grande-Bretagne, en Suède et en Italie.
4187	SEIGNOBOS (Mme D.). Le Livre des Petits Ménages.
5004	SEILHAC (Léon de). Les Congrès ouvriers en France (1876-1897).
5989	— Syndicats ouvriers. Fédérations. Bourses du travail.
6082	— Les Grèves.
5789	SELDEN. L'Esprit des Femmes.
3195	SOURDILLON (Louis). L'Autonomie communale à Paris.
1467	SOUVIRON (A.). A B C des Municipalités.
46	STANLEY-JEVOUS. L'Economie politique.
4672	STRAUSS (Paul). L'Enfance malheureuse.
3106	STUART-MILL (John). Mes Mémoires : Histoire de ma Vie et de mes Idées.
5403	SUERUS (R.) et JULLIEN (E.). Science et Patrie.

4658 TARBOURIECH (E.). La Responsabilité des Accidents dont les Ouvriers sont victimes dans leur Travail.

2764 THERY (Edmond). Les Réformes économiques nécessaires.

2675 THEVENIN (Evariste). Cours d'Economie industrielle. 7 vol.

>T. I. Qu'est-ce que l'économie industrielle, le capital, les machines?
>T. II. Du travail et du salaire, les corporations et la liberté du travail.
>T. III. Les Sociétés coopératives ; échange et monnaie.
>T. IV. Intérêt et Usure ; le Crédit ; la Liberté commerciale.
>T. V. Appropriation des richesses ; Propriété et hérédité, etc.
>T. VI. La Concurrence ; Grèves et Coalitions, etc.
>T. VII. Le Commerce, l'Epargne, l'Assurance, etc.

1960 THIERS (A.). Du Droit de Propriété.
1856 — De la Propriété.
5944 TOPINARD (Paul). L'Anthropologie et la Science sociale.
6280 TUROT (H.) et BELLAMY (H.). Le Surpeuplement et les Habitations à bon marché.
1291 VALABREGUE (I.). Loi du 28 mars 1882. Conseils aux Maires.
6165 VARENNE (L.). Pour l'ouvrière. Education sociale de la Femme.
1574 VAUBAN. La Dîme royale.
1458 VAVASSEUR (A.). Etudes historiques sur l'Association.
2804 VIGANO (Francisco). L'Ouvrier coopérateur.
5213 VIGOUROUX (Louis). La Concentration des Forces ouvrières dans l'Amérique du Nord.
2565 VILLARD (Th.). Notes sur l'Organisation du Travail en France.
1631 YSABEAU (A.). Les Bons Conseils de M. le Maire.

III

HISTOIRE — BIOGRAPHIE

2892 ADAM (Mme). Le Général Skobeleff.
3179 — Le Siège de Paris : Journée d'une Parisienne.
3931 ADVIELLE (Victor). Histoire de Gracchus Babeuf et du Babouvisme. 2 vol.
2479 ALESIA, DE VERCINGETORIX, décrite par César (Note d'un Chercheur sur l').
5491 ALLART. Histoire de la République de Florence.
5988 ALLEMBERT (Bertrand d'). Les Grands Ecrivains français.
81 AMBERT (Général Baron Joachim). Gens de Guerre : Portraits.
4498 AMELINEAU (E.). Les Moines égyptiens : Vie de Schnoudi.
4499 — Résumé de l'Histoire de l'Egypte.
219 AMPERE (André-Marie). Journal et Correspondance d'Ampère.
5202 ANDLER (Charles). Le Prince de Bismarck.
5806 ANONYME. Anecdotes du temps de Louis XVI.
6499 ANQUEZ. Histoire de France.
1955 — Le Chancelier L'Hospital.
82 — Histoire de France.
4408 ANTOINE (J.-B.). Mémoires du Général baron Roch-Godart (1792-1815).
1671 ARAGO (Etienne). L'Hôtel de Ville de Paris au 4 Septembre et pendant le siège.
4757 ARMELIN (Gaston). Le Livre d'Or de 1870.
5967 · · Même ouvrage.
6630 ARNOUS (P.). Pierre Legrand.
4218 ARON (Joseph). Les Deux Républiques sœurs : France et Etats-Unis.
6584 · — Même ouvrage.
1922 ASSELINE (Louis). Histoire de l'Autriche depuis la mort de Marie-Thérèse.
3789 AUGE DE LASSUS (Lucien). Le Forum.

4717	AURIAC (Eugène d'). L'Avant-Dernier Siège de Metz en l'an 1552.
4661	— Histoire de l'ancienne Cathédrale et des Evêques d'Albi.
5295	AVENEL (Vicomte G. d'). Paysans et Ouvriers depuis sept cents ans.
3730	AZEMA (Georges). Histoire de l'Ile Bourbon depuis 1643 jusqu'au 20 décembre 1848.
5383	BABEAU (Albert). La France et Paris sous le Directoire.
1828	— Le Village sous l'Ancien Régime.
5378	— Paris en 1789.
1726	BADIN (Adolphe). Jean Bart.
2438	BANCROFT (George). Histoire des Etats-Unis depuis la Découverte du Continent américain. 9 vol. 1re série. T. I, II, III, IV, V. Histoire de la colonisation. 2e série. T. VI. Histoire de la Révolution américaine. 3e série. T. VII, VIII, IX. Comment la Grande-Bretagne s'aliéna l'Amérique.
5290	BARATIERI (Général O.). Mémoires d'Afrique (1892-1896).
3777	BARBE (Mme). La Bretagne : son Histoire, son Peuple, etc.
1886	BARBOU (Alfred). Les Généraux de la République.
4276	BARDOUX (M. A.). Guizot.
1804	BARNI (Jules). Mirabeau.
84	— Napoléon Ier.
6573	— Même ouvrage.
397	BARRACAND (Léon). Un Village au XIIe siècle et au XIXe siècle.
4410	BARRAL (Georges). L'Epopée de Waterloo.
3494	BARRAL (Georges et Jacques). Histoire populaire des 72 Savants.
85	BASCHET (Armand). Les Archives de Venise. Histoire de la Chancellerie secrète.
4884	BASSERIE (J.-P.). La Conjuration de Cinq-Mars.
3891	BASTARD (George). La Défense de Bazeilles suivie de Dix ans après au Tonkin.
87	BASTIDE. Les Guerres de la Réforme.
86	— Luttes religieuses du Premier Siècle.
6312	BAUDIN (Charles). L'Alerte.
2901	BAUDUS (de). Etudes sur Napoléon. 2 vol.
5602	BEAUMONT - VASSY. Papiers curieux d'un Homme de Cour.
5983	BEAUREPAIRE (E.). La Chronique des rues de Paris.
1844	BEKER (F. Martha). Le Général Desaix.
88	BERNARD (Frédéric). Les Fêtes célèbres.
6496 et 6497.	— Mêmes ouvrages que le précédent.
4407	BERTIN (Georges). La Campagne de 1812.
4860	— La Campagne de 1814.
4758	— Madame de Lamballe.
6552	— **Même ouvrage.**

4470	BERTIN (Ernest). La Société du Consulat et de l'Empire.
4117	BIGOT (Charles). Un Témoin des Deux Restaurations.
6166	BIRÉ (Edmond). Les Dernières Années de Chateaubriand (1830 à 1848).
2737	BISMARCK (de). Lettres politiques et confidentielles (1851-1858).
1601	BIXIO (Beppa). La Vie du Général Nino Bixio.
2437	BLANC (Louis). Histoire de la Révolution de 1848. 2 vol.
90	— Révolution française. Histoire de Dix Ans. 5 vol.
5541	— Histoire de la Révolution française. 15 vol.
4517	BLAZE (Sébastien). Mémoires d'un Aide-Major sous le Premier Empire.
4995	BLOT (Sylvain). Napoléon III (1808-1873).
2510	BOERT. La Guerre de 1870-1871.
404	BOISSONNAS (Mme B.). Un Vaincu; Souvenirs du général Robert Lée.
91	BONDOIS (Paul). L'Europe contemporaine.
4104	— Masséna.
4105	— Vauban et Riquet.
6379	BONNAL (E.). Les Royalistes contre l'Armée (1815-1820). 2 vol.
5720	BONNECHOSE (de). Lazare Hoche.
2753	BONNEMÈRE (Eugène). Histoire des Guerres de Religion, XVIe siècle.
4214	BORDONE (Général). Garibaldi et l'Armée des Vosges.
5505	BOSC et BONNEMERE. Histoire des Gaulois.
228	BOSSUET. Discours sur l'Histoire universelle.
2123	— Le même ouvrage en 2 volumes.
4186	BOUDIN (David). Page d'Histoire du Moyen Age, suivie de faits datant de la Renaissance et des Siècles suivants en ce qui touche la Bourgogne.
107	BOUILLE (Le comte de). Les Drapeaux français. Etude historique.
6628	BOURGAIN. Gréard. Un Moraliste.
4927	BOURGOING (Pierre de). Souvenirs militaires du baron de Bourgoing (1791-1815).
5190	BOURNAND (François). Russes et Français. Souvenirs historiques et anecdotiques (1851-1897).
3978	BOURNON (Fernand). Histoire de la Ville et du Canton de Saint-Denis.
92	BOUTARIC (M.-F.). Correspondance secrète inédite de Louis XV sur la politique étrangère. 2 vol.
93	BOUTARIC (F.) et CAMPENON (E.). Mémoires de Frédéric II, roi de Prusse. 2 vol.
5110	BRENTANO (Frantz-Funck). Légendes et Archives de la Bastille.

4998 BRETTE (Armand). La France au milieu du xviiie siècle (1747-1757).
5313 — Même ouvrage.
6252 — Journal de l'Estoile.
6147 BRISSON (A.). L'Envers de la Gloire.
5338 BROSSMANN (J.-Ph.). Mémoires d'un Soldat-Ordonnance (1854-1872).
3272 BROUARD (E.). Leçons d'Histoire de France.
3470 — Même ouvrage.
4961 BRUN (V.). Guerres maritimes de la France : Port de Toulon, ses Armements, son Administration depuis son origine jusqu'à nos jours. 2 vol.
94 BUCHEZ (P.-J.-B.). Histoire de la Formation de la Nationalité française : Les Mérovingiens et les Carlovingiens. 2 vol.
5021 BUJON (Pierre). La Peine de Mort devant l'Histoire et devant la Science.
2844 — Petite Histoire de Paris.
5460 BURDEAU (Auguste). Une Évasion : Souvenirs de 1871.
6011 CABANÈS (Docteur A.). Les Morts mystérieuses de l'Histoire.
3230 — Marat inconnu.
4024 CALMETTES (Fernand). Mémoires du Général baron Thiébault. 5 vol.
6290 CARDON (G.). Histoire contemporaine (1789-1900).
95 CARNOT (H.). Révolution française : Période de création de 1789 à 1792; Période de défense de 1792 à 1804. 2 vol.
3181 CARNOT (Les) (1753-1887). Une Famille républicaine.
421 CARREY (Emile). Les Révoltés du Para. L'Amazone.
4968 CASTELLANE (Maréchal de). Journal du Maréchal de Castellane (1804-1862). 5 vol.
5577 CASTILLE (Hippolyte). Histoire de 60 ans. La Révolution (1789-1800). 3 vol.
5098 CAVAIGNAC (Godefroy). La Formation de la Prusse contemporaine. 2 vol.
5481 CHALLAMEL. Mémoire au Peuple français. 8 vol.
1829 CHALLAMEL (A.). Colbert.
4973 CHALLAMEL (Augustin). Histoire de la Liberté en France depuis les origines jusqu'en 1789. 2 vol.
5997 CHALLAN DE BELVAL (Dr). Le Carnet de campagne d'un Aide-Major.
4402 CHAMBON (M.). Mémoires de la Duchesse d'Abrantès : La Révolution. Le Directoire. Le Consulat.
6076 CHAPISEAU. Le Folk-Lore de la Beauce et du Perche. 2 vol.

5070 CHAPTAL (Comte). Mes Souvenirs sur Napoléon.
97 CHARAVAY (Etienne). Les Enfants de la République : Bara, Viala, Sthrau, Mermet, Casabianca.
2108 CHARRAS (Le Lieutenant-Colonel). Campagne de 1815 : Waterloo. 2 vol. et 1 atlas.
4957 CHASTENAY (Mme de). Mémoires de Mme de Chastenay (1771-1815). 2 vol.
109 CHATEAUBRIAND (de). Analyse raisonnée de l'Histoire de France et Fragments depuis Philippe VI jusqu'à la Bataille de Poitiers.
108 — Etudes ou Discours historiques sur la Chute de l'Empire romain.
3892 CHATEAUMINOIS (Mlle). Souvenirs historiques du VIIIe Arrondissement de Paris.
5343 CHAVAGNAC (Comte Gaspard de). Mémoires (1638-1669).
360 CHEFS-D'ŒUVRE historiques. 2 vol.
110 CHENIER (Gabriel de). Histoire de la Vie politique, militaire et administrative du Maréchal Davoust. 2 vol.
5972 CHÉRADAME. L'Allemagne, la France et la Question d'Autriche.
98 CHEVALET (Emile). Histoire de la Prusse politique et militaire depuis ses origines jusqu'en 1875.
2876 CHUQUET (Arthur). Le Général Chanzy (1823-1883).
5048 — La Jeunesse de Napoléon. 3 vol.
T. I. Brienne.
T. II. La Révolution.
T. III. Toulon.
3767 CIRCOURT (Le comte de). Son Temps, ses Ecrits.
100 CLAIRIN (Emile). Le Cléricalisme depuis 1789 à 1870.
6271 CLARETIE (Jules). Le Champ de bataille de Sedan.
4414 CLARETIE (Jules). Camille Desmoulins. Lucie Desmoulins. Etude sur les Dantonistes.
2874 — La Guerre nationale (1870-1871).
2875 — Paris assiégé : Tableaux et souvenirs, Septembre 1870 - Janvier 1871.
6099 — Victor Hugo. Souvenirs intimes.
1475 COLBERT-CHABANAIS (de). Traditions et Souvenirs du Général Auguste Colbert. 3 vol.
101 COLLAS (L.). L'Empire ottoman.
102 COMBES (Louis). L'Histoire ancienne : La Grèce.
103 CONSTANTIN. Histoire romaine depuis la fondation de Rome jusqu'à la translation de l'Empire. 16 vol.
3989 CORTEZ (Lettres de Fernand) à Charles-Quint sur la Conquête du Mexique.
4991 — Même ouvrage.

5180 COTTIN (Paul). Toulon et les Anglais en 1793.
5106 — Mémoires du sergent Bourgogne (1812-1813).
6150 COUTAN (Henry). Le Palais-Bourbon au XVIII° siècle.
2504 CREHANGE (Gaston). Histoire de la Russie depuis la Mort de Paul Ier jusqu'à nos jours.
3413 CREMIEUX. Collection d'Autographes.
105 CREUX. La Libération du Territoire en 1818.
3975 CROZALS (J. de). Histoire de la Civilisation. 2 vol.
    T. I. Depuis les temps antiques jusqu'à Charlemagne.
    T. II. Depuis Charlemagne jusqu'à nos jours.

3973 — Lectures historiques : Moyen Age.
6105 DA COSTA (Gaston). La Commune vécue (18 mars au 28 mai 1871). 3 vol.
5710 DALSEME. L'Affaire Bazaine.
1941 DALSEME (A.-J.). Histoire de l'Espagne depuis la Mort de Charles III jusqu'à nos jours.
1795 — Paris sous les Obus (19 septembre 1870 - 3 mars 1871).
1943 — Le Siège de Bitche.
6051 — Même ouvrage.
4465 DALTENHEYM (Mme B.). Récits de l'Histoire d'Angleterre.
6158 DAMADE (Louis). Histoire chantée de la 1re République. Chants historiques, révolutionnaires et populaires.
5990 DARCY (Eugène). La Défense de la Légation de France à Pékin.
5372 DARMESTETER (Mary-James). La Reine de Navarre, Marguerite d'Angoulême.
2303 D'AUBIGNÉ. Histoire de Bayard.
1807 DEBERLE (Alfred). Histoire de l'Amérique du Sud depuis la conquête jusqu'à nos jours.
106 DEBIDOUR. Le Général Bigarré, aide de camp du Général Bonaparte.
4985 DELABROUSSE (Lucien). Valentin et les Derniers Jours du Siège de Strasbourg.
3139 DELAHAYE (Louis). Crimée.
6493 — Même ouvrage que le précédent.
2311 DELON (C.). Notre Capitale : Paris.
1632 — Les Paysans : Histoire d'un Village avant la Révolution.
5226 — Même ouvrage.
111 DELORD (Taxil). Histoire du Second Empire. 6 vol.
3941 DELORME (Amédée). Journal d'un Sous-Officier.
5183 DENFERT-ROCHEREAU (Le colonel). La Défense de Belfort.
5187 DENIS (E.). L'Allemagne. 2 vol.
112 DENIS (Ferdinand). Résumé de l'Histoire du Brésil, suivi du Résumé de l'Histoire de la Guyane.

117	DENYS (L'abbé A.). Le Palais des Tuileries en 1848. Episode de la Révolution de Février.
1952	DEPASSE (H.). Carnot.
6626	DÉROULÈDE (P.). 1870... Feuilles de route.
6627	— 1870-1871... Nouvelles Feuilles de route.
5359	DESCHAMPS (Léon). Les Colonies pendant la Révolution. La Constituante et la Réforme coloniale.
4643	DESCHAUME (Ed.). L'Armée du Nord (1870-1871). Général Faidherbe.
207	DESPOIS. Révolution d'Angleterre (1603 à 1688)
1906	— Le Vandalisme révolutionnaire.
2657	DESPREZ (Adrien). La Politique féminine, de Marie de Médicis à Marie-Antoinette.
115	DESPREZ (Claude). Lazare Hoche.
116	— Kléber et Marceau.
5625	DESSOLINS. Les Prussiens en Normandie. Comment on manœuvre contre les Prussiens.
119	DEVELAY (Victor). La Bourgogne pendant les Cent Jours.
3043	D'HÉRICAULT et L. MOLAND. La France guerrière. Récits historiques. Vercingétorix. Du Guesclin, etc. 4 vol.
120	DIEGO-BARROZ-ARANA. Histoire de la Guerre du Pacifique. 2 vol.
4949	DIEULAFOY (Marcel). Le Roi David.
5071	DIVERS. Campagnes d'Afrique (1835-1848).
5072	— Campagnes de Crimée, d'Italie, de Chine et de Syrie (1849-1862).
6100	DOGUEREAU (Général). Journal de l'Expédition d'Egypte.
208	DONEAUD (Alfred). Histoire contemporaine de la Prusse.
121	— Histoire de la Marine française.
4106	D'ORLEANS. (Correspondance de Mme la Duchesse). 3 vol.
4990	DORMOY (P.-A.). Guerre de 1870-1871. Les trois Batailles de Dijon (30 octobre, 26 novembre, 21 janvier).
6154	DOULAS (A.). Le Siège de Tien-Tsen.
2752	DOUSSAINT (Léopold). Souvenirs anecdotiques de la Guerre 1870-71. 2 vol.
3046	DREYFOUS (Maurice). Les trois Carnot. Histoire de Cent Ans.
6071	DREYFUS (F.). La Rochefoucauld-Liancourt (1747-1827).
4760	DRUMONT (Edouard). Mon Vieux Paris.
2101	DUBAIL (M.). L'Alsace-Lorraine avant et depuis 1870.
6136	DU BLED (V.). La Société française du XVIe au XXe siècle. 5 vol.
2643	DUBOST (Antonin). Danton et les Massacres de Septembre.

1529 DU CAMP (Maxime). Les Convulsions de Paris. 4 vol.
> T. I. Les Prisons pendant la Commune.
> T. II. Episodes de la Commune.
> T. III. Les Sauvetages pendant la Commune.
> T. IV. La Commune à l'Hôtel-de-Ville.

1530 — Souvenirs de l'Année 1848.
3014 — La Croix-Rouge de France.
2467 DUCOUDRAY. Histoire de France et Histoire générale de la France depuis 1789 jusqu'à nos jours.
5430 DUMAS (Alexandre). Mes Mémoires. 10 vol.
6296 DUMOULIN (Maurice). Figures du Temps passé.
2596 DUPLAIS (L.). Figures maritimes.
6422 — Même ouvrage.
4475 — Figures maritimes et rochefortaises.
1874 DUPUIS (Jean). La Conquête du Tonkin par 27 Français.
1933 DUQUET (Alfred). Frœschwiller, Châlons, Sedan.
5962 — Guerre de 1870 à 1871. 8 vol.
> T. I. Paris le 4 septembre et Châtillon (Du 2 au 19 septembre.)
> T. II. Paris-Chevilly et Bagneux. (Du 20 septembre au 20 octobre.)
> T. III. La Malmaison, Le Bourget et le 31 octobre. (Du 21 octobre au 1er novembre.)
> T. IV. Thiers. Le Plan Trochu et L'Hay. (Du 2 au 29 septembre.)
> T. V. Les Batailles de la Marne. (Du 30 novembre au 8 décembre.)
> T. VI. Second échec du Bourget et Perte d'Avron. (Du 9 au 31 décembre.)
> T. VII. Le Bombardement et Buzenval. (Du 1er au 22 janvier.)
> T. VIII. La Capitulation et l'Entrée des Allemands.

6505 — La Guerre d'Italie (1859).
1323 — La Guerre d'Italie (1859).
3186 DURUY (Victor). Abrégé de l'Histoire ancienne.
1730 — Histoire abrégée de l'Antiquité, du Moyen Age et des Temps modernes.
4857 — Histoire de France. 2 vol.
3187 — Histoire sommaire de la France jusqu'à Henri IV.
1727 — Histoire grecque.
203 — Histoire du Moyen Age.
1728 — Histoire romaine jusqu'à l'Invasion des Barbares.
2490 — Histoire des Romains. 7 vol.
> T. I, II, III. Depuis les temps les plus reculés jusqu'à la fin du règne des Antonins.
> T. IV, V. Depuis les temps les plus reculés jusqu'à Dioclétien.
> T. VI, VII. Depuis les temps les plus reculés jusqu'à la mort de Théodose.

1731 — Histoire de Turenne.
1729 — Introduction générale de l'Histoire de France.

1881	DUSSIEUX (L.). Siège de Belfort.
3560	DUTEMPLE et L. LAUNAY. Vie du Général Hoche.
1950	DUVERGIER DE HAURANNE (Mᵉ). Histoire populaire de la Révolution française.
6064	D'YS (René). Ernest Renan en Bretagne.
5220	E. M. Notice biographique sur Emile Prisse d'Avennes.
6007	ENGERAND (Fernand). Ange Pitou, agent royaliste et chanteur des rues, 1767-1846.
1076	ESSAIS sur l'Allemagne à propos de la Guerre de 1870-1871.
2908	ETAT (Le Coup d') du 2 Décembre 1851.
4847	ETIEVANT (Alfred). La Monarchie française. Introduction à l'Histoire de la Révolution.
4364	FABRE (J.). Le Mois de Jeanne d'Arc.
989	FABRE (J. H.). Le Livre d'Histoire.
3180	FABRE DE NAVACELLE. Précis des Guerres de la France.
1817	FABRE DES ESSARTS. Dupleix et l'Inde française.
2878	FALLUE (Léon). Annales de la Gaule avant et pendant la Domination romaine.
124	FARCY (Camille). Histoire de la Guerre 1870-1871. L'Empire. La République.
3884	FARGES (Louis). Stendhal diplomate. Rome et l'Italie de 1829 à1842.
6124	FARJENEL (F.). Le Peuple chinois. Ses Mœurs et ses Institutions.
6159	FAURE (M.). Souvenirs du général Championnet.
6151	FAVEROT DE KERBRECH (Général baron). La Guerre contre l'Allemagne.
6181	FERNIQUE (H.). Histoire romaine.
2540	FERRARI (Joseph). La Chine et l'Europe.
3574	FERRER (Ex-Colonel). Merveilles du Conquérant de l'Italie et de l'Egypte.
1011	FEZENSAC (Duc de). Souvenirs militaires.
125	FIEFFE (Eugène). Histoire des Troupes étrangères depuis leur Origine jusqu'à nos Jours. 2 v.
204	FLEURY (Docteur Louis). Occupation et Bataille de Villers-sur-Marne et de Plessis-Lalande.
4116	FOLLIET (André). Les Volontaires de la Savoie (1792-1799).
4162	FOURNIER (O.). Paris capitale.
4158	— Paris démoli.
6060	FRANKLIN. La Vie privée d'autrefois. 1 vol.
3132	— La Vie privée d'Autrefois : Les Repas.
4687	— — Les Soins de Toilette.
4674	— — L'Enfant : Sa Naissance.
4675	— — La Layette. La Nourrice. La Vie de Famille.
4681	— Les Médecins.
4683	— Les Chirurgiens.

4685 FRANKLIN. La Vie privée d'autrefois : Les Médicaments.
4684 — L'Hygiène.
4682 — Variétés chirurgicales.
4678 — Variétés gastronomiques.
1446 FRARY (Raoul). Le Péril national.
1855 FREYCINET (Charles de). La Guerre en province pendant le Siège de Paris (1870-1871).
6093 FUNCK-BRENTANO. Les Nouvellistes.
6001 GACHOT (Ed.). La Première Campagne d'Italie, 1795-1798.
6040 — Souvarow en Italie.
3752 GAFFAREL (Paul). Campagnes du Premier Empire. 2 vol.

    1er vol. Succès et revers (1809-1812).
    2e vol. Période des désastres (1813-1815).

128 — La Défense nationale en 1792.
6295 GALLET (Mme Maurice). Schubert et Lied.
285 GARCIN (Eugène). Les Français du Nord et du Midi.
129 GARNIER (Jules). Les Volontaires du Génie dans l'Est, Campagne 1870-1871.
5986 GASTINEAU (B.). Voltaire en exil.
3178 GAULOT (Paul). L'Empire de Maximilien.
5268 — Récits des Grands Jours de l'Histoire. 4 vol.
6003 GAUTEREAU (Capitaine). Les Défenseurs du Fort d'Issy et le Bombardement de Paris, 1870-1871.
1453 GAUTIER (Hipp.). Les Français au Tonkin.
1813 GAZEAU. Histoire de la Formation de nos Frontières.
3028 — Les Bouffons.
590 GENEVRAY. Les Révolutions d'Autrefois.
3926 GERARDS (Emile). Les Catacombes de Paris.
2819 GIGOT (Albert). La Démocratie autoritaire aux Etats-Unis.
2656 GIRARD DE RIALLE. Nos Ancêtres.
133 GOEPP. Les Grands Hommes de la France : Hommes de Guerre. 3 vol.
132 — — Marins. 2 vol.
130 GOEPP et DE MANNOURY D'ECTOT. Les Marins. 2 vol.
1738 GOETHE. Campagne de France.
5555 GONCOURT (Edmond et Jules de). Histoire de Marie-Antoinette.
2085 GORDON (Journal du Général). Siège de Khartoum.
4878 GOUNOD (Charles). Mémoires d'un Artiste.
4551 — Même ouvrage.
5344 GOURGAUD (Général baron). Sainte-Hélène (1815-1818). 2 vol.
4118 GRASSET (Ernest). La Guerre de Sécession (1861-1865). 2 vol.
5581 GRAVIERE (Jurien de la). Souvenirs d'un Amiral. 2 vol.

2792 GREGOIRE (André). Nouvelle Histoire de France.
4201 GRENEST. L'Armée de la Loire : Beaugency, Vendôme, Le Mans, Sillé-le-Guillaume, Alençon.
4200 — L'Armée de la Loire : Toury, Orléans, Coulmiers, Beaune-la-Rolande, Villepion, Loigny.
4974 — L'Armée de la Loire : Relation anecdotique de la Campagne de 1870-1871. 2 vol.
4198 — L'Armée de l'Est : La Burgonce, Rambervilliers, Cussey, etc.
4199 — L'Armée de l'Est : Nuits, Villersexel, etc.
4261 GUADET (J.). Les Girondins.
5235 GUENIN (Eugène). La Nouvelle France. 2 vol.
6006 GUÉRIN (E.). Ango et ses Pilotes, d'après des documents inédits tirés des Archives de France, de Portugal et d'Espagne.
1083 GUERRES de la Révolution et du Premier Empire. 13 vol.
4420 GUILLON (E.). Les Complots militaires sous la Restauration.
2810 — La France et l'Irlande pendant la Révolution : Hoche et Humbert.
3368 — Même ouvrage.
1402 — Les Généraux de la République.
3784 GUIRAUD (Paul). Lectures historiques : Histoire de la Grèce.
3942 — Même ouvrage.
5464 — Les Assemblées provinciales dans l'Empire romain.
5178 GUITRY (Commandant). L'Armée de Bonaparte en Egypte (1798-1799).
2419 GUIZOT (Guillaume). Alfred le Grand ou l'Angleterre sous les Anglo-Saxons.
2538 GUIZOT (M.). Etudes sur la Révolution d'Angleterre.
2420 — Guillaume le Conquérant ou l'Angleterre sous les Normands (1027 à 1087).
1736 — Edouard III et les Bourgeois de Calais (1316-1558).
1892 — Histoire de la Civilisation en Europe.
5654 — Essais sur l'Histoire de France.
5791 — Histoire de la Révolution d'Angleterre. 2 vol.
4440 GUIZOT et CORNELIS DE WITT. Histoire de Washington et de la Fondation de la République des Etats-Unis.
3657 GUYON (Charles). Histoire d'un Annexé. Souvenirs de 1870-1871.
2971 HALEVY (Ludovic). Notes et Souvenirs (1871-1872).
5502 — L'Invasion. Souvenirs et Récits.
1465 HAMEL (Ernest). Précis de l'Histoire de la Révolution (Mai 1789 - Octobre 1795).
1466 — Histoire du Premier Empire.

5535	HAMEL (Ernest). Précis de l'Histoire de la Révolution française.
2716	HAMONT (Tibulle). Dupleix. Un Essai d'Empire français au XVIIIe siècle.
5382	HANOTAUX (Gabriel). Tableau de la France en 1614. La France et la Royauté avant Richelieu.
5586	HANS (Ludovic). Second Siège de Paris. Le Comité central et la Commune. Journal anecdotique.
	— Guide à travers les Ruines. Paris et ses Environs.
135	HATIN (E.). Le Journal en France, de 1631 à 1789 et de 1800 à 1880.
5568	HAUREAU (B.). Charlemagne et sa Cour (742-814).
6148	HÉNARD (Robert). Le Mont-Valérien.
1805	HÉRODOTE. Récits tirés de ses Histoires.
1084	HISTOIRE de France. 3 vol.
148	— populaire de la Révolution française.
103	— romaine depuis la Fondation de Rome jusqu'à la Translation de l'Empire par Constantin. 16 vol.
4764	HOUSSAYE (Arsène). Notre-Dame de Thermidor.
5968	HOUSSAYE (Henry). 1814...
5969	— 1815. La 1re Restauration. Le Retour de l'Ile d'Elbe. Les 100 Jours. 2 vol.
3568	— Histoire d'Alcibiade et de la République athénienne. 2 vol.
1308	HUGO (Victor). Histoire d'un Crime. 2 vol.
6272	— Même ouvrage (en 1 vol.).
4845	ISAMBERT (Gustave). La Vie à Paris pendant une année de la Révolution (1791-1792).
137	IUNG (Th.). Bonaparte et son Temps. 3 vol.
6605	— Même ouvrage.
4094	JABLONSKI (L.). L'Armée française à travers les Ages. 4 vol.
4664	JANZE (de). Les Huguenots. Cent Ans de Persécutions (1685-1789).
4413	JARRAS (Mme). Souvenirs du Général Jarras (1870).
1538	JAUBERT (Mme A.). Episode du Siège de Paris.
4644	JEHAN DE LA CITE. L'Hôtel de Ville de Paris et la Grève à travers les Ages.
5119	JOANNE. Guide (Paris).
3727	JOGUET-TISSOT (J.). Les Armées allemandes sous Paris.
5181	JONQUIERE (de La). Les Italiens en Erythrée. Quinze Ans de Politique coloniale.
5702	JOSSET (Pierre). Histoire du Moyen Age.
138	JOUAULT (Alphonse). Abraham Lincoln.
6494	— Même ouvrage.
1739	— Georges Washington. Histoire de la Nouvelle-France et des Etats-Unis d'Amérique au XVIIIe Siècle.
6444	et 6445. — Mêmes ouvrages que le précédent.

5342 JOURDAN (Maréchal). Mémoires. Guerre d'Espagne.
5189 KAHN (Léon). Les Juifs de Paris pendant la Révolution.
5875 KAUFFMANN. Chroniques de Rome. Tableau de la Société romaine sous le Pontificat de Pie IX.
2905 KERATRY (Comte Emile de). L'Empereur Maximilien, son Elévation et sa Chute.
5015 KERVILER (Joseph). Souvenirs d'un Vieux Capitaine de Frégate. Campagne du Levant (1826-1829).
1043 LA BORDERIE (de). Le Camp de Conlie et l'Armée de Bretagne.
5651 LABOUCHERE (Alfr.). Oberkampf (1738-1815).
1870 LABOULAYE (Edouard). Histoire des Etats-Unis. 3 vol.
140 LABUTTE (A.). Histoire des Ducs de Normandie.
3320 LACOMBE (Paul). Petite Histoire du Peuple français.
142 — Même ouvrage.
5590 LACROIX (A.). Apologie de Guillaume de Nassau.
1924 LACROIX (Désiré). Histoire anecdotique du Drapeau français.
5012 LAFITTE (J.). Un Coin de Paris : Le XVIe Arrondissement dans le Passé.
1741 LA JONQUIERE (Vicomte A. de). Histoire de l'Empire ottoman depuis les Origines jusqu'au Traité de Berlin.
2914 LAMARTINE (A. de). Histoire de César.
5647 — Histoire des Girondins. 8 vol.
1499 — Histoire de la Restauration. 8 vol.
1558 — Vie des Grands Hommes. 4 vol.
6168 LAMBEAU (Lucien). Le Cimetière de Sainte-Marguerite.
5648 LAMBER (Juliette). Le Siège de Paris. Journal d'une Parisienne.
2951 LANDE (Louis). Souvenirs d'un Soldat.
144 LANFREY (P.). Histoire de Napoléon Ier. 5 vol.
3944 LANGLOIS (Charles-V.). Histoire du Moyen Age.
3747 — Le Règne de Philippe III, le Hardi.
4237 LANO (Pierre de). La Cour de Berlin.
5929 — L'Empereur Napoléon III.
5930 — La Cour de Napoléon III.
5241 LAPASSET (Général). Algérie-Metz. 2 vol.
4984 LAREVELLIERE-LEPAUX. Mémoires. 3 vol.
2113 LA RIVE (W. de). Le Comte de Cavour. Récits et Souvenirs.
4296 LARIVIERE (Ch. de). Catherine II et la Révolution française.
5326 LA RONCIERE (Ch. de). Histoire de la Marine. (Ses origines.)

5942 LARROUMET (G.). Derniers Portraits. Le Duc d'Aumale, etc.
6101 — Petits portraits et Notes d'art.
3883 LAUMONIER (Jean). La Nationalité française. 2 vol.
    I. La Terre.
    II. Les Hommes.
145 LAVALLÉE (Th.). Histoire des Français. 6 vol.
2102 — Histoire de la Turquie jusqu'en 1856. 2 vol.
2130 — Jean Sans-Peur. Scènes historiques.
3566 — Même ouvrage que le précédent.
1915 LAVISSE (Ernest). Etudes sur l'Histoire de Prusse.
147 — Histoire de France avec Récits (1re année).
146 — Histoire de France (leçons préparatoires).
3754 — La Jeunesse du Grand Frédéric.
3370 — Trois Empereurs d'Allemagne : Guillaume Ier, Frédéric III, Guillaume II.
3371 — Vue générale de l'Histoire politique de l'Europe.
5131 LAVISSE (Ernest) et RAMBAUD (Ernest). Histoire générale, du IVe siècle à nos jours. 11 vol.
    T. I. Les Origines (395-1095).
    T. II. L'Europe féodale. Les Croisades (1095-1270).
    T. III. Formation des grands Etats (1270-1492).
    T. IV. Renaissance et Réforme. Les Nouveaux Mondes (1492-1559).
    T. V. Les Guerres de religion (1559-1648).
    T. VI. Louis XIV (1643-1715).
    T. VII. Le dix-huitième siècle (1715-1788).
    T. VIII. La Révolution française (1789-1799).
    T. IX. Napoléon (1800-1815).
    T. X. Les Monarchies constitutionnelles (1815-1847).
    T. XI. Les Révolutions et guerres nationales (1848-1870).
6129 LAZARD (L.). Etienne Marcel.
4932 LEBON (André). Cent Ans d'Histoire intérieure (1789-1895).
1403 LECENE (Paul). Les Marins de la République et de l'Empire.
6267 LECLERC (Emile). De la Prison de Ham aux Jardins de Wilhelmshöhe.
6253 LECOMTE (Georges). L'Espagne.
4401 LECOY DE LA MARCHE. La France sous saint Louis.
6009 LEDEUIL (Lieut.-col.). Campagne des Francs-Tireurs de Paris. Châteaudun.
5037 LEFEVRE (André). L'Histoire. Entretien sur l'Evolution historique.
6017 LEGAY. Victor Hugo jugé par son siècle.
1526 LEGER (Louis). Histoire de l'Autriche-Hongrie depuis les Origines jusqu'à l'Année 1878.
1884 LEGOUVÉ (E). Sully.
4271 LEGRAND (Louis). La Révolution française en Hollande. La République batave.
4652 LEJEUNE (Mémoires du Général). En Prison et en Guerre (1809-1814).
4875 — De Valmy à Wagram.

4480 LE MANSOIS-DUPREY. L'Esprit de Joseph Prudhomme.
4197 — De Montmartre à Montrouge : Etude d'Ethnographie parisienne.
5236 LEMIRE (Charles). Jeanne d'Arc et le Sentiment national (1412-1431, 1870-18**).
150 LEOUZON-LEDUC. La Russie contemporaine.
151 LEROY (Th.). Lectures sur l'Histoire de France et Notices biographiques.
1471 LEVIN (Ch.). Un Exemple à suivre : La Prusse après Iéna.
1872 LINGUET. Mémoires sur la Bastille.
6426 LISSAGARAY. Histoire de la Commune de 1871.
4846 — Même ouvrage.
1895 LITTRE (E.). Etudes sur les Barbares et le Moyen Age.
152 LOCK (F.). Histoire de la Restauration.
153 — Jeanne d'Arc.
1923 LOCKROY (Edouard). Journal d'une Bourgeoise pendant la Révolution (1791-1793).
5159 LOISEAU (Charles). Le Balkan slave et la Crise autrichienne.
4411 LOIZILLON (Henri). La Campagne de Crimée.
6010 LOTTIN (Lieutenant). Un Chef d'état-major sous la Révolution.
154 LOUANDRE. La Noblesse française sous l'Ancienne Monarchie.
314 LOUDUN (Eugène). Les Nouveaux Jacobins.
5204 LOUIS (Désiré). Souvenirs d'un Prisonnier de Guerre en Allemagne (1870-1871).
315 LOUIS XIV. Œuvres (Résumé).
6145 LUCHAIRE (Achille). Innocent III. La Croisade des Albigeois.
5224 LUCIPIA (Louis). Galerie française. Seine et Paris.
5984 MABILLEAU (Léopold). Victor Hugo.
1904 MACAULAY. Histoire d'Angleterre depuis le Règne de Jacques II. 2 vol.
155 — Histoire et Critique.
3231 MAHE DE LA BOURDONNAIS. Mémoires historiques.
1837 MALLESON (Lieutenant-Colonel). Histoire des Français dans l'Inde.
2735 MALMESBURY (Lord). Mémoires d'un Ancien Ministre.
1450 MARAIS (A.). Un Français : Le Colonel Denfert-Rochereau.
1954 — Garibaldi et l'Armée des Vosges.
3729 MARBOT (Mémoires du Général baron de). 3 v.
 1er vol. Gênes, Austerlitz, Eylau.
 2e vol. Madrid, Essling, Torrès-Vedras.
 3e vol. Polotsk, La Bérésina, Leipsig, Waterloo.
6169 MARCÈRE (M. de). L'Assemblée nationale de 1871. 2 vol.

2785	MARCHAND (Alfred). Le Siège de Strasbourg (1870).
149	MARCHAND (L.). La Campagne des Anglais dans l'Afghanistan (1878-1879).
5999	MARGUERITTE (Paul et Victor). Les Tronçons du Glaive.
6141	— La Commune.
3796	MARIEJOL (J.-H.). Lectures historiques : Histoire du Moyen Age et des Temps modernes.
6409 et 6410.	MARNIER. Souvenirs de guerre en temps de paix.
209	MARNIER (J.). Souvenirs de guerre en temps de paix.
3047	MARTIMPREY (A. de). Historique du 9e régiment de cuirassiers.
210	MARTIN (H.). Daniel Manin.
156	— Jeanne d'Arc.
4956	— Histoire de France populaire. 7 vol.
157	MASSON (fils aîné). Epoques remarquables de l'Histoire romaine.
5401	MASSON (F.). Joséphine impératrice et reine.
6146	MATTER (Paul). Bismarck et son Temps. La Préparation (1815-1862). 2 vol.
6077	— La Prusse et la Révolution de 1848.
6378	MAUGRAS. La Marquise de Boufflers.
1901	MAZE (Hippolyte). Kléber.
3045	— Marceau.
4729	MELEGARI (D.). Lettres intimes de Joseph Mazzini.
2756	MELLION (Adrien). Vauban : L'Homme de Guerre, l'Homme d'Etat, l'Homme privé.
4495	MENANT (J.). Les Yézidiz.
6631	MEUNIER (Dauphin). La Comtesse de Mirabeau (1752-1800).
4794	MENORVAL (E. de). Paris depuis ses Origines jusqu'à nos Jours. 1re partie : Depuis les temps les plus reculés jusqu'en 1380. 2e partie : De 1380 à 1589. 3e partie : De 1589 à 1715. 3 vol.
2773	MENTION (Léon). Le Comte de Saint-Germain et ses Réformes.
6013	— L'Armée de l'Ancien Régime de Louis XIV à la Révolution.
3429	METCHNIKOFF (Léon). La Civilisation et les Grands fleuves historiques.
6186	MEUNIER (Georges). Histoire de l'Europe. 2 vol.

I. — De 1278 à 1610.
II. — De 1610 à 1789.

2533	MEYRAC (Albert). Histoire de la Guerre de Cent ans (1338-1453).
3197	MEYRET. Carnet d'un Prisonnier de Guerre.
3797	MEZIERES (A.). Vie de Mirabeau.
1802	MICHEL (Georges). Histoire de Vauban.
1797	MICHELET (J.). Moyen Age.
1667	— Les Croisades (1095-1270).

2811 MICHELET (J.). Extraits historiques choisis et annotés par Seignobos.
3055 — Même ouvrage.
1669 — François Ier et Charles-Quint.
1668 — Les Grandes Journées de la Révolution.
1670 — Henri IV (1553-1610).
158 — Histoire de France. 19 vol.
160 — Histoire du xixe siècle. 3 vol.
1365 — Louis XI et Charles le Téméraire.
2709 — Notre France : sa Géographie, son Histoire.
1295 — Précis de l'Histoire moderne.
3381 — Rome.
5566 — Origine des Bonaparte. Directoire.
1930 MICHIELS (Alfred). L'Invasion prussienne en 1792 et ses Conséquences.
161 MICKIEWICZ (Adam). Histoire populaire de Pologne.
2539 MIGNET (M.). Charles-Quint. Son Abdication, son Séjour et sa Mort au Monastère de Yuste.
163 — La Vie de Franklin.
3561 — Même ouvrage que le précédent.
5279 MILLE (Pierre). De Thessalie en Crète. Impressions de Campagne (avril - mai 1897).
4496 MILLOUE (L. de). Histoire des Religions de l'Inde.
5693 MIRECOURT (Eug. de). Portraits et Silhouettes au xixe Siècle. 2 vol.
5209 MISMER (Ch.). Souvenirs d'un Dragon à l'Armée de Crimée.
3979 MODENE (Comte de) et BASTON (A. R.). Les Rois d'un Jour.
3918 MODESTE (Victor). La Nuit du 4 août 1789-1889
2626 MOLTKE (Le Maréchal de).
4781 — La Guerre de 1870.
5963 MONDELLI (Capitaine). La Vérité sur le siège de Bitche, 1870-1871.
3369 MONIN (H.). Journal d'un Bourgeois de Paris pendant la Révolution (1789).
5595 MONNIER (Henri). Mémoires de Joseph Prud'homme. 2 vol.
1894 MONNIER (Francis). Vercingétorix et l'Indépendance gauloise.
4272 MONTEGUT (Emile). Le Maréchal Davout. La Duchesse et le Duc de Newcastle.
6291 MONTHEUIL (Albert). Héros et Martyrs de la Liberté.
165 MORIN (Frédéric). La France au Moyen Age.
1470 MOULIN. Les Marins de la République (1793-1811).
6170 MOULIN (René). Une Année de politique extérieure.
3477 MOUSSOIR (Georges). Six Mois au Mont-Valérien (1870-1871).
6315 MOUTON (Léo). Mémoires du général Guillaume Pépé.

4994	MOUY (Comte Ch. de). Louis XIV et le Saint-Siège. L'Ambassade du Duc de Créqui (1662-1665). 2 vol.
6080	MUEL (Léon). Histoire politique de la 7e Législature (1898 à 1902).
166	MULLER (Eugène). La Jeunesse des Hommes célèbres.
6503	— Même ouvrage.
3589	NETTEMENT (Alfred). Causeries sur l'Histoire de France. 2 vol.
6957	NETTON (Albéric). Sièges (1748-1836).
6604	— Même ouvrage.
5345	NOEL (Edouard). Brumaire. Scènes historiques de l'An VII.
6112	NOLHAC (P. de). Louis XV et Mme de Pompadour.
4659	NOMS REVOLUTIONNAIRES des Communes de France (Index des).
6189	NONUS (A.). La Vie municipale.
4967	NORVINS (J. de). Mémorial de J. de Norvins, publié avec un Avertissement et des Notes de L. de Laborie. 3 vol.
6201	NOTOWITCH (N.). La Russie et l'Alliance anglaise.
5222	ODDO (Henri). Le Chevalier Roze. Campagne d'Espagne (1707). Peste de Marseille (1720).
3869	OGER (F.). Biographies et Notices historiques.
2775	— Cours d'Histoire générale. 5 vol.

T. I. Histoire de l'Europe depuis l'invasion des Barbares jusqu'au xive siècle.
T. II. Histoire de l'Europe depuis le xive siècle jusqu'au milieu du xviie siècle.
T. III. Histoire de France de l'Europe depuis la fin du xvie siècle jusqu'à la Révolution (1589-1789).
T. IV. Histoire contemporaine (1789-1887).
T. V. Histoire de l'Europe de 1610 à 1815.

5960	OLLIVIER (Emile). L'Empire libéral. Etudes. Récits. Souvenirs. 6 vol.

T. I. Du Principe des Nationalités.
T. II. Louis Napoléon et le Coup d'Etat.
T. III. Napoléon III.
T. IV. Napoléon III et Cavour.
T. V. L'Inauguration de l'Empire libéral. Le Roi Guillaume.
T. VI. En Pologne. Les Elections de 1863. La Loi des Coalitions.

1051	PAJOL (Général de division comte). Pajol, général en chef. 3 vol.

T. I. 1772-1796.
T. II. 1797-1811.
T. III. 1812-1814.

1747	PALLU (Léopold). Histoire de l'Expédition de Cochinchine en 1861.
3946	PARIS (Gaston). Extraits des Chroniqueurs français.

2830 PAULIAT (Louis). Louis XIV et la Compagnie des Indes orientales (1664).
2664 PELISSON (Maurice). Les Romains au temps de Pline le Jeune ; leur Vie privée.
330 PELLETAN. La Nouvelle Babylone.
3437 PELLETAN (Camille). De 1815 à nos jours.
212 PELLETAN (Eugène). Décadence de la Monarchie française.
1919 — Le Grand Frédéric : Un Roi philosophe.
329 — La Naissance d'une Ville.
4203 PERDOUX (C.). Précis d'Histoire contemporaine (1789-1848).
5503 PERRON D'ARC. Aventures d'un Voyageur en Australie.
5069 PERSIGNY (Duc de). Mémoires.
1052 PETIT (Maxime). Les Sièges célèbres.
170 PETIT DE JULLEVILLE. Histoire grecque.
3977 PEYRE (Roger). Histoire générale de l'Antiquité : Orient, Grèce, Rome.
2652 PHILIPS (Docteur). René Duguay-Trouin.
6313 PICARD (Ernest). 1870... La Perte de l'Alsace.
5291 PICHON (Commandant J.). Abd-el-Kader (1807-1883).
171 PIGEONNEAU (M.-H.). Les Grandes Epoques de l'Histoire ancienne, grecque et romaine, et de l'Histoire du Moyen Age jusqu'en 1453.
5639 PIOTROWSKI (Rufin). Souvenirs d'un Sibérien.
4404 PITOT (Le lieutenant). Historique du 83e Régiment d'Infanterie (1864-1891).
1896 PIZARD (Alfred). La France en 1789.
2660 — Les Origines de la Nation française.
333 PLUTARQUE. Vie des Hommes illustres. Le Plutarque de l'Enfance.
334 — Vies des Hommes illustres. 4 vol.
2346 POLOGNE (Abrégé de l'Histoire de la), suivi d'un Précis de l'Histoire des Villes hanséatiques.
4298 POTTET (Eugène). La Conciergerie du Palais de Paris.
2700 POUCHKINE. Le Faux Pierre III.
2566 PRAT (J.-G.). Les Exploits du 2 Décembre. 2 vol.
3564 PRESEAU (V.-Ch.). Les Grandes Figures nationales et les Héros du Peuple.
172 — Même ouvrage.
5563 PRESLE (de) et BLANCHET. La Grèce depuis la Conquête romaine jusqu'à nos Jours.
4703 PREVOST-PARADOL. Essai sur l'Histoire universelle. 2 vol.
6162 PRIVAS (X.). Chansons des Enfants du Peuple.
5019 PROLES (Charles). Les Hommes de la Révolution de 1871 : Charles Delescluze.
5018 — — Gustave Flourens.
5016 — Le colonel Rossel.

5017	PROLES (Charles). Les Hommes de la Révolution de 1871 : Raoul Rigault.
6075	QUENTIN-BAUCHART (P.). Lamartine, homme politique.
5197	QUINET (Edgar). Histoire de la Campagne de 1815.
337	— Marnix de Sainte-Aldegonde. La Grèce moderne.
2528	— La Révolution. 2 vol.
5196	— La Révolution, précédée de la Critique de la Révolution. 3 vol.
344	— Les Révolutions d'Italie.
336	— Les Romains, Allemagne et Italie. Mélanges.
5650	QUINET (Mme Edgar). Paris, Journal de Siège.
1967	RAFFY (G.). Lectures d'Histoire moderne. France. Moyen Age. Temps modernes. 4 vol. : 395 - 1270, 1270 - 1610, 1610 - 1789, Histoire de l'Europe de 1789 à 1875.
3562	— Lectures d'Histoire moderne. France (1328-1648).
1968	— Lectures d'Histoire ancienne. Histoire sainte ; Orient, Grèce, Rome. 4 vol.
558	RAGON (F.). Précis de l'Histoire moderne.
174	— Histoire des Temps modernes. 4 vol.
3366	RAMBAUD (A.). Histoire de la Civilisation contemporaine en France.
2524	— Histoire de la Civilisation en France. 2 vol.

T. I. Depuis les origines jusqu'à la Fronde.
T. II. Depuis la Fronde jusqu'à la Révolution.

2642	— Henri IV et son Œuvre.
5385	RAMIN (Henri). Impressions d'Allemagne.
350	RATISBONNE (Louis). Morts et Vivants.
175	RAYMOND (E.). L'Espagne et le Portugal depuis l'Invasion des Carthaginois jusqu'à nos Jours.
3153	REGENT (Le) et la Cour de France sous la Minorité de Louis XV.
784	RENAUD (Alphonse). Curiosités de l'Histoire.
1936	RENAUD (Armand). Drames du Peuple.
5067	RENAUDIN (J.-L.-C.). Etienne Marcel et son Epoque.
2747	RICHARD GREEN (John). Histoire moderne du Peuple anglais depuis la Révolution jusqu'à nos Jours.
6052	RICHARD LESCLIDE (Mme). Victor Hugo intime.
5005	RICHEBOURG (Emile) et COLLAS (Louis). Les Grands Dévouements. Récits patriotiques (1870 - 1871).
354	RICHELIEU. Œuvres. Résumé.
5971	RICHET (Charles). Les Guerres et la Paix.
2896	RIGAUDIÈRE (La). Histoire des Persécutions religieuses en Espagne.
6122	RIOTOR (Léon). Les Arts et les Lettres. 2 vol.

1900 RIVIERE (Général). Procès Bazaine.
2900 ROBERTSON. Histoire de l'Empereur Charles-Quint.
5508 ROBINET (Docteur). Le Procès des Dantonistes.
1843 ROBIQUET (Paul). Histoire municipale de Paris.
2679 — Paris et la Ligue sous le Règne de Henri III.
6629 — Histoire et Droit. 2 vol.
2902 ROCCA (de). Mémoires sur la Guerre des Français en Espagne.
1905 ROCHAN (de). Histoire de la Restauration.
1898 ROCQUAIN (F.). Etude sur l'Ancienne France.
3626 RODRIGUES (Edgar). Le Casque prussien : Souvenirs anecdotiques de la Guerre 1870-1871.
6543 — Même ouvrage.
5350 ROELS (Edgar). Boërs et Anglais. Autour des Mines d'Or du Transvaal.
5510 ROGER et TEXTE. Histoire moderne (1453-1648).
177 ROLLAND (Ch.). Histoire de la Maison d'Autriche.
6157 ROOSEVELT (Th.). La Vie intense.
2832 ROTHAN (G.). L'Allemagne et l'Italie (1870-1871). 2 vol.
2831 — La France politique en 1866.
1882 ROUSSET (Camille). La Conquête d'Alger.
4274 — Histoire de la Guerre de Crimée. 2 vol.
4208 ROUVIER (Charles). Histoire des Marins français sous la République (1789 à 1803).
6367 ROUYER (Capitaine). Histoire militaire et politique de l'Annam et du Tonkin.
3038 ROY (Jules). L'An Mille.
6130 ROZ (Firmin). Sous la Couronne d'Angleterre.
5124 SAINT-AMAND (Imbert de). La Citoyenne Bonaparte.
5123 — La Duchesse de Berry et la Révolution de 1830.
4409 SAINT-ELME (Ida). Mémoires d'une Contemporaine.
114 SAINT-GERMAIN (de). La Guerre de Sept Mois (1870-1871).
1576 SAINT-REAL. Don Carlos. Conjuration des Espagnols.
178 SAINT-RENE TAILLANDIER. Dix Ans de l'Histoire d'Allemagne, de 1847 à 1857.
1519 SAINT-SIMON (Duc de). Mémoires complets. 13 vol.
4452 SALIERES (A.). Une Poignée de Héros.
4536 SASSENAY (Marquis de). Les Derniers Mois de Murat.
3229 SAYCE (A.-H.-L.-L.-D.). Les Hétéens : Histoire d'un Empire oublié.
4501 — Même ouvrage.
4095 SCHEIBERT (Major). La Guerre franco-allemande (1870-1871).

1748	SCHILLER. Histoire de la Révolte qui détacha les Pays-Bas de la Domination espagnole.
4709	Histoire de la Guerre de Trente ans.
4953	— Œuvres historiques. 8 vol.
2879	SCHŒLCHER (Victor). Polémique coloniale (1871-1881).
5598	— Histoire de l'Esclavage pendant les Deux Dernières Années. 2 vol.
5186	SECTION historique de l'Etat-Major italien. La Campagne de 1866 en Italie. 3 vol.
6097	SEGUR (P. de). Le Tapissier de Notre-Dame.
4655	— La Campagne de Russie.
4654	— Du Rhin à Fontainebleau.
3849	SEIGNOBOS (Ch.). Histoire de la Civilisation contemporaine.
3365	— Histoire narrative et descriptive des Anciens Peuples de l'Orient.
6118	SELLIER (Ch.). Curiosités historiques et pittoresques du Vieux-Montmartre.
5601	SEMENIZ (Eug.). La Grèce moderne. Héros et Poètes.
6305	SEMÉNOFF (E.). Une Page de la Contre-Révolution russe.
719	SEMMES (Commandant R.). Croisières de l'Alabama et du Sumter.
4398	SEPET (Marius). Jeanne d'Arc.
2632	SIEBECKER (Edouard). Histoire de l'Alsace.
4097	SIMON (Edouard). L'Empereur Frédéric.
3109	— L'Empereur Guillaume et son Règne.
3108	— Histoire du Prince de Bismark.
5449	SIMON (Emile). Le capitaine La Tour d'Auvergne.
5982	SIMON (Jules). Premières années.
5593	SIMON DE SISMONDI. Précis de l'Histoire des Français. 3 vol.
5551	SIMONI (E.). Mazzini. Histoire des Conspirations mazziniennes.
6176	SIOU (E.) et DU WALLON (G.). L'Ile de Saint-Louis à travers les siècles.
6172	SOCIÉTÉ PRÉHISTORIQUE. Manuel des Recherches préhistoriques.
4958	SOREL (Albert). Bonaparte et Hoche en 1897.
3214	— Montesquieu.
3215	— Madame de Staël.
6282	SPERO. La Défense nationale sous la République.
5632	STERN (Daniel). Florence et Turin.
3546	STOFFEL (Baron). Rapports adressés au Gouvernement français en 1868, 1869, 1870 sur les Forces militaires de la Prusse, la Garde nationale mobile de la France et le Mouvement politique de l'Allemagne.
1794	SYBEL (H. de). Histoire de l'Europe pendant la Révolution française. 5 vol.

4708 SYLVANEETE (Mme Georges Graux). Profils vendéens.
2432 TACITE. La Germanie.
4288 TAINE. Derniers Essais de Critique et d'Histoire.
1514 — Nouveaux Essais de Critique et d'Histoire.
2421 — Les Origines de la France contemporaine. 5 vol.

    T. I. L'Anarchie.
    T. II. La Conquête jacobine.
    T. III. Le Gouvernement révolutionnaire. Le Régime moderne (I et II).

181 TALBOT. Histoire romaine.
1815 TESSIER (Jules). L'Amiral Coligny.
5818 THACKERAY. Les Quatre Georges : Etudes sur la Cour et la Société anglaises (1704-1830).
5103 THEDENAT (Henry). Le Forum romain et les Forums impériaux.
1965 THIERRY (Amédée). Alaric : L'Agonie de l'Empire.
1962 — Derniers Temps de l'Empire d'Occident : La Mort de l'Empire.
182 — Histoire de la Gaule. 2 vol.
183 — Histoire des Gaulois. 2 vol.
1964 — Nestorius et Eutychès. Les Grandes Hérésies du ve siècle.
6607 — Essai sur l'Histoire de la Formation et des Progrès du Tiers Etat.
186 THIERRY (Augustin). Dix Ans d'Etudes historiques.
188 — Essai sur l'Histoire de la Formation et des Progrès du Tiers Etat.
184 — Histoire de la Conquête de l'Angleterre par les Normands.
185 — Lettres sur l'Histoire de France.
187 — Récits des Temps mérovingiens. 2 vol.
1831 THIERS (A.). Congrès de Vienne.
190 — Histoire du Consulat et de l'Empire. 20 vol.
189 — Histoire de la Révolution française. 10 vol.
5182 THOMAS (Colonel). A travers une époque. Réflexions et Souvenirs.
6066 — Même ouvrage.
2472 THURAT (Henri). Gambetta. Sa Vie et son Œuvre.
4960 THUREAU-DANGIN (Paul). Histoire de la Monarchie de Juillet. 7 vol.
3356 TISSANDIER (Gaston). En ballon pendant le siège de Paris.
4888 TISSOT (Paul). Le Livre des Reines.
1857 TOCQUEVILLE (Alexis de). L'Ancien Régime et la Révolution.
4209 TODIERE (M.). L'Angleterre sous les Trois Edouard.
4178 TOURNIER (Albert). Gambetta.
4793 TREBUCHET (L.). Un Compagnon de Jeanne d'Arc.

6188	TROIMEAUX (E.). Les Procès célèbres de l'Année judiciaire 1904-1905.
5281	TUCTEY (Louis). Serrurier (1742-1819).
5116	TUROT (Henri). L'Insurrection crétoise et la Guerre gréco-turque.
6243	VALLAT (G.). La France d'autrefois et la France d'aujourd'hui.
3461	VARREUX (C. de). Le Siège de Châtres (Aujourd'hui Arpajon).
3607	VARS (Emilie de). Les Enfants de Clovis.
1665	VERDIER (Léon). Histoire politique et littéraire de la Restauration.
1942	VERON (Eugène). Histoire de l'Allemagne depuis la Bataille de Sadowa.
192	— Histoire de la Prusse depuis la Mort de Frédéric II jusqu'à la Bataille de Sadowa.
6502	— Même ouvrage.
5571	VERON (Docteur L.). Mémoires d'un Bourgeois de Paris. 5 vol.
193	VERTOT. Révolution de Suède. 2 vol.
3904	VIBERT (Paul). Mon Berceau. Histoire anecdotique, pittoresque et économique du Ier Arrondissement.
5931	VILLEBREMES (Vicomte de). Ce qui reste du Vieux-Paris.
194	VINCENT (P.). Histoire de la France et du Peuple français.
3367	VIOLLET (Paul). Histoire des Institutions politiques et administratives de la France.
197	VOLTAIRE. Histoire de Charles XII.
1580	— Histoire de l'Empire de Russie sous Pierre le Grand. 2 vol.
47	— Mélanges historiques. Politique et Législation. Physique.
378	— Siècle de Louis XIV.
4332	WEIL (Alexandre). Pages choisies de Mignet.
5935	WELLS (H.-G.). La Guerre des Mondes.
4419	WELSCHINGER (Henri). Le Divorce de Napoléon.
199	— Le Théâtre de la Révolution (1789 à 1799).
3567	WENTWORTH (Thomas Higgison). Histoire des Etats-Unis.
198	et 6509. Mêmes ouvrages que le précédent.
3755	WITT (Mme de), née Guizot. La France au xvie Siècle.
3879	WOLOWSKI (A.-L.). Le Colonel Bourras et le Corps franc des Vosges. Campagne de 1870-71.
5384	YANOSKI (Jean). Collection de Chroniques, Mémoires et autres Documents pour servir à l'Histoire de France depuis le commencement du xiiie Siècle jusqu'à la mort de Louis XIV.
5656	YRIARTE. La Vie d'un Patricien de Venise au xvie Siècle.
1750	ZELLER. Richelieu.
1978	— Les Fils de Clotaire. Frédégonde et Brunehault.

1979	ZELLER. Les Francs Mérovingiens. Clovis et ses Fils.
1980	— Rois fainéants et Maires du Palais.
1975	— Entretiens sur l'Histoire. Antiquité et Moyen Age.
1531	— Histoire résumée d'Italie depuis la Chute de l'Empire romain jusqu'à nos Jours (476-1876).
3563	ZEVORT (E.). Histoire de France (cours moyen)
6185	— Histoire de France (cours élémentaire).
200	— Histoire de Louis-Philippe.
3136	ZOUAVES ET CHASSEURS A PIED...
5965	X***. Souvenirs d'un Télégraphiste. Strasbourg. L'Armée de la Loire. L'Armée de l'Est 1870.
6008	X***. Napoléon à Waterloo ou Précis rectifié de la Campagne de 1815.
5518	X***. Les Bienfaiteurs de l'Humanité. Etudes biographiques.
5895	X***. Vingt mois de présidence.

IV

GÉOGRAPHIE ET VOYAGES

6534 ABOUT. Alsace (1870-1871).
1725 — Même ouvrage.
3211 — De Pontoise à Stamboul.
3948 ADENIS (Jules). En France. De Marseille à Menton.
4193 AJALBERT (Jean). En Auvergne.
1757 ALBERTIS (d'). La Nouvelle-Guinée. Ce que j'y ai fait, ce que j'y ai vu.
3753 ALIS HARRY. A la Conquête du Tchad.
3935 — Même ouvrage que le précédent.
1758 AMICIS (Edmondo di). L'Espagne (traduit de l'italien par M. J. Colomb).
6556 — Même ouvrage.
1759 — La Hollande (traduit par M. Bernerd).
3907 ANDREI (A.). A travers la Corse.
4400 ARDOUIN-DUMAZET. Une Armée dans les Neiges.
4000 — Le Nord de la France. Flandre. Artois. Hainaut, en 1789.
4114 ARENE (Paul). Vingt Jours en Tunisie.
5752 ASSELINEAU (Charles). L'Italie et Constantinople.
  50 AUGE (Lucien). Voyage aux Sept Merveilles du Monde. 2 vol.
2496 AUNET (D.). Voyage d'une Femme au Spitzberg.
6131 AVESNES. Journal de bord d'un Aspirant de marine.
5557 AVEZAC (d'). Afrique.
3048 AZELINE. Carnet d'un Touriste.
5662 BAINES (Thomas). Voyage dans le Sud-Ouest de l'Afrique (traduit par Belin de Launay).
5704 BAKER (Samuel-W.). Le Lac Albert. (Abrégé par Belin de Launay.)
6264 — Même ouvrage.
2649 BALCAM (Ed.). Promenades en Russie.

— 51 —

5703	BALDWIN (W.-C.). Du Natal au Zambèze. (Abrégé par Belin de Launay.)
5308	BARD (E.). Les Chinois chez Eux.
396	BARKER (Lady). Une Femme du Monde à la Nouvelle-Zélande. 2 vol.
6596	— Même ouvrage.
2378	— Une Femme du Monde au Pays des Zoulous.
5283	BARRE (O.). La Géographie militaire et les Nouvelles Méthodes géographiques. 1re Série : Introduction à l'étude de l'Europe centrale ; 2° série : La France du Nord-Est. 2 vol.
51	BARTHELEMY (J.-J.). Voyage du jeune Anacharsis en Grèce vers le ive siècle. 7 vol.
5373	BAZIN (René). Croquis de France et d'Orient
55	BEAUVOIR (Comte de). Voyage autour du Monde : Australie.
56	— — Java, Siam, Canton.
4177	BEISSIER (Fernand). Le Pays d'Arles.
5628	BELL (G.). Voyage en Chine.
5362	BELLESSORT (André). En Escale.
4883	— La Jeune Amérique. Chili et Bolivie.
6022	— Société japonaise.
5162	BENOIST. L'Espagne. Cuba et les Etats-Unis.
4534	BENTZON (Th.). Les Américaines chez Elles.
6599	— Même ouvrage.
5085	BERARD (Victor). La Macédoine.
5055	BERKELEY (de). Marcelle (Suite de Lettres) et Aventures en Voyage.
3585	BERTHOUD (Fritz). Sur la Montagne. 3 vol.

1re partie. Alpes et Jura.
2e partie. Courses lointaines.
3e partie. Autour du foyer.

3832	BEZAURE (Gaston de). Le Fleuve Bleu. Voyage dans la Chine occidentale.
89	BIEMONT (René). Orléans.
3107	BIGOT (Charles). Grèce. Turquie. Le Danube.
3965	BLAIRAT (Eugène). Tunis en 1891.
4812	BLEICHER. Les Vosges. Le Sol et les Habitants.
962	BLERZY (H.). Les Colonies anglaises.
3533	BOICHOT. Eléments de Géographie physique.
5255	BOILLOT (Léon). Aux Mines d'Or du Klondike. Du Lac Benett à Dawson City.
4278	BOISSIER (Gaston). L'Afrique romaine. Promenades archéologiques en Algérie et en Tunisie.
4528	— L'Afrique romaine. Même ouvrage que le précédent.
6632	BOLAND (Henri). Zigzags en France.
6633	— Nouveaux zigzags en France.
4515	BONVALOT (Gabriel). L'Asie inconnue. A travers le Thibet et la Chine.
6107	— Même ouvrage que le précédent.
5081	BORDEAUX (Albert). Rhodésie et Transvaal. Impressions de Voyage.
6306	BORDEAUX (Henry). Paysages romanesques.
5587	BOUCHER DE PERTHES. Voyage en Russie.

— 52 —

3983 BOUGAINVILLE (Voyage de). Autour du Monde (1766 à 1769).
4221 — Même ouvrage.
1459 BOUINAIS et PAULUS. La Cochinchine contemporaine.
4575 BOULANGIER (Edgar). Voyage à Mervy.
2813 BOURDE (Paul). De Paris au Tonkin.
2530 — A travers l'Algérie.
3827 BOURGADE LA DARDYE (Le docteur de). Le Paraguay.
6449 6450 — Mêmes ouvrages que le précédent.
1912 BOUSSENARD (Louis). De Paris au Brésil par terre.
3938 BOVET (M.-A. de). Trois Mois en Irlande.
4004 BRASSEY (Lady). Voyages d'une Famille à travers la Méditerranée.
2949 BRAU DE SAINT-POL (Lias). De France à Sumatra par Java, Singapour et Pinang. Les Anthropophages.
4269 BRUNET (Louis). La France à Madagascar. 1815-1895.
4270 CAGNAT et SALADIN. Voyage en Tunisie.
4576 — Même ouvrage.
2707 CAIX DE SAINT-AYMOUR (Vicomte de). Les Pays sud-slaves de l'Austro-Hongrie.
3795 CALOUSTE (S.). La Transcaucasie et la Péninsule d'Apchéron.
4577 CAMERON (Verney-Lovett). Notre future Route de l'Inde.
2723 CANIVET (Charles). Les Colonies perdues.
6012 CAROL (Jean). La Nouvelle-Calédonie minière et agricole.
5323 CARR (sir John). Les Anglais en France après la Paix d'Amiens. Impressions de Voyage.
2671 CAT (Ed.). Les Grandes Découvertes maritimes des XIIIe et XVIe siècles.
5621 CATLIN (G.). La Vie chez les Indiens. Scènes et Aventures de Voyage parmi les Tribus des Deux Amériques.
6428 CÉALIS (Edouard). De Sousse à Gafsa.
4514 — Même ouvrage.
2706 CHAILLE-LONG (Le colonel C.). L'Afrique cen-centrale. Expéditions au Lac Victoria-Nyanza et au Makraka Niam-Niam à l'Ouest du Nil-Blanc (traduit de l'anglais par Mme Foussé de Sacy).
5063 CHAILLET-BERT (Joseph). L'Education et les Colonies.
5927 — Java et ses Habitants.
5975 — Même ouvrage.
5556 CHAMPOLLION - FIGEAC. Egypte ancienne (Univers pittoresque).
3985 CHARDIN (Jean). La Perse et les Persans. 2 v.
6588 — Même ouvrage.

2275	CHARMES (Gabriel). Les Stations d'Hiver de la Méditerranée.
2814	— La Tunisie et la Tripolitaine.
1848	— Voyages en Palestine.
3939	CHAUDOIN (E.). Trois Mois de Captivité au Dahomey.
4115	CHELARD (Raoul). La Hongrie contemporaine.
3079	CHEVILLARD (L'abbé Similien). Siam et les Siamois.
3940	CHEVRILLON (André). Dans l'Inde.
4943	— Terres mortes. Thébaïde. Judée.
4155	CHOISY (Auguste). Le Sahara. Souvenirs d'une Mission à Goléah.
3072	CHOLET (Comte de). Excursion en Turkestan et sur la Frontière russo-afghane.
2705	CLAPIN (Sylva). Le Canada.
214	CLARETIE (Jules). Les Prussiens chez Eux.
3579	COCHET (L'abbé). Guide du Baigneur dans Dieppe et ses Environs.
3986	CŒUR (Pierre de). Excursions d'une Française dans la Régence de Tunis.
5282	COILLARD (François). Sur le Haut-Zambèze. Voyages et Travaux de Mission.
1474	COLBERT. Notes de Voyage. Promenades et Causeries.
3987	COLOMB (Fernand). La Vie et les Découvertes de Christophe Colomb.
3860	COLONIES FRANÇAISES (Les). Notices illustrées publiées par ordre du Sous-Secrétaire d'Etat des Colonies. 2 vol.
	T. I. Colonies et protectorats de l'océan Indien.
	T. II. Colonies d'Amérique.
2743	COLONIES NECESSAIRES (Les). Tunisie. Tonkin. Madagascar, par un Marin.
1468	COLONISATION en Algérie.
6016	COMBANAIRE. Au Pays des Coupeurs de têtes. A travers Bornéo.
58	COMPIEGNE (Marquis de). Gabonais. Pahouins. Gallois.
59	— L'Afrique équatoriale. Okanda. Bangouens. Osyeba.
5108	CONWAY (Sir W.-M.). Ascensions et Explorations à sept mille mètres dans l'Himalaya.
2852	CORTAMBERT (E.). Nouvelle Géographie rédigée conformément au Programme des Ecoles primaires du Département de la Seine (cours moyen de l'Enseignement primaire).
2924	COTTE (Narcisse). Le Maroc contemporain.
1762	COTTEAU (Edmond). De Paris au Japon à travers la Sibérie (Mai-Août 1881).
1321	— Promenades dans l'Inde et à Ceylan.
3834	COURRET (Charles). A l'Est et à l'Ouest dans l'Océan Indien.
4944	COURTELLEMONT-GERVAIS. Mon Voyage à La Mecque.

3972 CROZALS (J. de). La France. Anthologie géographique.
5457 CRUE (Francis de). Notes de Voyage. La Grèce et la Sicile. Villes romaines et byzantines. Constantinople et Smyrne.
1764 DAIREAUX (Emile). Buenos-Ayres. La Pampa. La Patagonie.
3835 DALMAS (de). Les Japonais. Leurs Pays et leurs Mœurs.
4416 — Même ouvrage.
4107 DANBIES (A.). Lettres et Souvenirs de Voyage. Algérie. Panama.
5954 DARSUZY (Gésa). Les Pyrénées françaises.
3718 DARWIN (Charles). Voyage d'un Naturaliste autour du monde.
2631 DARYL (Philippe). Les Anglais en Irlande.
1674 — Lettres de Gordon à sa Sœur.
2085 — La Vie publique en Angleterre.
3830 D'AUDIFFRET (Emile). Notes d'un Globe-Trotter de Paris à Tokio.
5705 DAUMAS (Général). La Kabylie.
1765 DAVID (Abbé Armand). Journal de mon Troisième Voyage d'Exploration dans l'Empire chinois.
5976 DE BARTHELEMY (Le marquis). En Indo-Chine (1896 à 1897). Tonkin. Haut-Laos. Annam septentrional.
6303 DECORSE (J. docteur). Du Congo au lac Tchad.
6078 DEISS (Edouard). Un Eté à Londres.
4386 DEMAGE (G.). A travers le Sahara.
5565 DENIS et FAMIN. Le Brésil, la Colombie, les Guyanes.
2728 DEPPING (G.). Le Japon.
5105 DESCHAMPS (Emile). Au Pays d'Aphrodite. Chypre.
5953 — La Vie mystérieuse des Mers.
1448 DESCHANEL (Paul). La Question du Tonkin.
2788 — La Politique française en Océanie à propos du canal de Panama.
5572 DEVILLE (Louis). Excursions dans l'Inde.
4996 DEVILLE (Victor). Partage politique de l'Afrique.
6128 DEX (Léo). Vers le Tchad.
5160 DIDIER (L.). L'Amérique. Anthologie géographique.
54 DIJON (De) à Brême.
5065 DIVERS. L'Italie.
2109 DOMINECH (Abbé). Voyages et Aventures en Irlande.
5554 DONNET (Alexis). Description des Environs de Paris.
1271 DOUGLAS (Frédéric). Mes Années d'Esclavage et de Liberté.
3266 DROUET (Henri). Sur Terre et sur Mer.

5324	DRY (A.). Vers l'Occident. Maroc du Nord. Andalousie. Lisbonne.
1617	DUBAIL. Cours classique de Géographie.
3578	DUBARD (Maurice). Le Japon pittoresque.
4784	DUBOIS (Félix). Tombouctou la Mystérieuse.
6417 et 6424	— Même ouvrage.
4804	DUBOIS (Marcel). Précis de Géographie à l'usage des Candidats à l'Ecole spéciale militaire de Saint-Cyr.
3833	DU BOISGOBEY (F.). Du Rhin au Nil.
5600	DUCAMP (Maxime). Les Nil. Egypte et Nubie.
6119	DUCROCQ (G.). Pauvre douce Corée!
4942	DUGARD (N.). La Société américaine.
5627	DU HAILLY (L.). Campagnes et Stations sur la Côte de l'Amérique du Nord.
4148	DUMAS (Alexandre). Les Baleiniers. 2 vol.
61	— Le Caucase. Impressions de Voyage. 3 vol.
62	— Excursions sur les Bords du Rhin. 2 vol.
5277	DUMAZET (Ardouin). Voyage en France (1re série).
3990	DUMONT D'URVILLE (Voyage du Capitaine) autour du Monde sur la Corvette l'Astrolabe.
4500	DUMOUTIER (G). Les Symboles, les Emblèmes, les Accessoires du Culte chez les Annamites.
3074	DUPIN DE SAINT-ANDRE. Le Mexique aujourd'hui.
2571	DUPLAIS. La Bretagne et ses Fils.
4154	DURAND-FARDEL (Mme Laure). De Marseille à Shanghaï et Yedo.
3053	DURIER (Ch.). Le Mont Blanc.
5992	DURRIEUX et FAUVELLE (R.). Samarkand la bien gardée.
3078	D'URSEL (Comte Ch.). Sud-Amérique.
1824	DUSSIEUX (L.). Cours de Géographie physique et politique.
1422	DUTEMPLE (Edm.). La Turquie d'Asie.
4313	DUTREMBLAY (Louis). Un Séjour dans la République de Saint-Marin.
2713	DUTREUIL DE RHINS (J.-L.). Le Royaume d'Annam et les Annamites.
1461	DUVAL (J.). Les Colonies et la Politique coloniale de la France.
3569	ENGELHARD (M.). La Chasse dans la Vallée du Rhin.
2786	ERDIC (Jean). En Bulgarie et en Roumélie.
4813	FALSAN. Les Alpes françaises. 2 vol.
4579	FARINI (G.-A.). Huit Mois au Kalahari.
3934	FEUILLERET (Henri). Le Détroit de Magellan.
4516	FLERS (Robert de). Vers l'Orient.
64	FONCIN (P.). La Première Année de Géographie.
65	— La Deuxième Année de Géographie.
2667	FONTPERTUIS (Ad. de). Chine, Japon, Siam et Cambodge.
2666	— Les Etats latins de l'Amérique.

2609	FRÈDE (Pierre). La Sibérie.
2703	FROMENTIN (Eugène). Une Année dans le Sahel.
1462	GAFFAREL (Paul). Les Colonies françaises.
3966	— Le Sénégal et le Soudan français.
1766	GARNIER (Francis). De Paris au Thibet.
4417	GARNIER (Jules). La Nouvelle-Calédonie (Côte orientale).
2480	GASPARIN (Agénor de). A travers les Espagnes. (Catalogne. Valence. Alicante. Murcie. Castille.)
1454	GASQUET (Amédée). Cours de Géographie générale.
2658	GATTEYRIAS (André). A travers l'Asie centrale.
1314	GAUTIER (Théophile). Voyage en Italie.
6174	GAYET (A.). Coins d'Egypte ignorés.
890	GEIKIE (A.). Géographie physique.
2651	GENIN (E.). Les Explorations de Brazza.
3570	GERARD (Jules). L'Afrique du Nord.
2712	GILDER (William-H.). Expédition du *Rodgers* à la Recherche de la *Jeannette*.
893	GIRARD DE RIALLE. Les Peuples de l'Asie et de l'Europe.
894	— Les Peuples de l'Afrique et de l'Amérique.
3602	GOBLET D'ALVIELLA (Comte). Inde et Himalaya.
131	GOEPP. Les Grands Hommes de la France. Navigateurs.
2112	GORDON (Lady Lucie Duff). Lettres d'Egypte.
4314	GRANDIN (Mme Léon). Impressions d'une Parisienne à Chicago.
6004	GRÉBAUVAL (Armand). Au Pays bleu (Provence).
3992	GROS (Jules). Les Explorations des Régions polaires.
3383	— Nos Explorateurs en Afrique.
4002	— Les Français en Guyane.
3943	GULBENKIAN (Calouste). La Transcaucasie et la Péninsule d'Apchéron.
611	HALL et FRANCIS. Deux Ans chez les Esquimaux.
134	HANNOTAUX (G.). Les Villes retrouvées.
2693	HARTMANN (R.). Les Peuples de l'Afrique.
3088	HAVARD (Henry). La Terre des Gueux.
6108	HOURST (Mission). Dans les Rapides du fleuve Bleu.
6065	HOVELACQUE (Abel). Les Nègres de l'Afrique sus-équatoriale.
6369	HUARD (Charles). New-York comme je l'ai vu.
1767	HUBNER (Baron de). Promenade autour du Monde. 2 vol.
1411	HUE et HAURIGOT. Nos Petites Colonies.
2948	— Nos Grandes Colonies. 2 vol.
	1re partie. Amérique. Les Antilles. La Guyane.
	2e partie. Afrique. Réunion. Madagascar, Sénégal.

6615 HUGO (Victor). En Zélande.
303 — Le Rhin. 3 vol.
1309 — En Zélande.
3085 HULOT (Baron Etienne). De l'Atlantique au Pacifique.
3086 IMBERT (P.-L.). L'Espagne. Splendeurs et Misères.
3030 JACOTTET (H.). Les Grands Fleuves.
4003 JEANNETTE (Le Naufrage de la) raconté par les Membres de l'Expédition.
5633 JOHNSON (R.-B.). Dans l'extrême Far-West.
900 JOUAN (H.). Les Iles du Pacifique.
5380 KARAZINE (N.). Du Volga au Nil dans les Airs.
1609 KŒCHLIN-SCHWARTZ. Un Touriste au Caucase.
6591 — Même ouvrage.
4580 LABONNE (Henry). L'Islande et l'Archipel des Faerseer.
258 LAMARTINE (de). Christophe Colomb.
1768 LAMOTHE (H. de). Cinq Mois chez les Français d'Amérique.
5068 LANCRENON (P.). Trois mille Lieues à la pagaie. De la Seine à la Volga.
3110 LANESSAN (J.-L. de). La Tunisie.
1842 LANIER (L.). L'Amérique.
3061 — L'Asie.
2759 — L'Europe sans la France.
231 LANOYE (de). L'Inde contemporaine.
5661 — Le Nil.
5315 LA POULAINE (Jean de). Le Colosse aux pieds d'argile (étude sur l'Angleterre).
4805 LAPPARENT (A. de). Leçons de Géographie physique.
1769 LARGEAU (V.). Le Pays de Rirha, Ouargla. Voyage à Rhadamis.
1770 — Le Sahara algérien.
2655 LAROCQUE (Jean). L'Angleterre et le Peuple anglais.
2654 — Par-delà la Manche.
5107 LARROUMET (Gustave). Vers Athènes et Jérusalem.
4315 LAUNAY (de). 2.000 Ans d'Histoire. La Vallée d'Aulnay. Chatenay. Sceaux. Fontenay. Plessis-Piquet, etc.
5040 LAURIBAR (P. de). Douze Ans en Abyssinie.
1673 LA VALLEE (T.). Les Frontières de la France.
1927 — Géographie physique, historique, militaire.
2729 LE CHARTIER. La Nouvelle-Calédonie et les Nouvelles-Hébrides.
3458 LECLERC (Max). Choses d'Amérique.
4925 LECLERCQ (Jules). Au Pays de Paul et Virginie.
6126 — Une Croisière au Spitzberg.
5073 — Un Séjour dans l'île de Java. Le Pays, les Habitants, le Système colonial.

— 58 —

3203 LECLERCQ (Jules). La Terre des Merveilles. Promenades au Parc national de l'Amérique du Nord.
3202 — Voyage au Mexique.
5469 — Voyage aux Iles Fortunées.
5077 LEFEVRE (Docteur E.). Un Voyage au Laos.
2787 LÉGER (Louis). La Bulgarie.
5461 LEGRAS (Jules). Au Pays russe.
5306 — En Sibérie.
3332 LELU (Paul). En Algérie. Souvenirs d'un Colon.
3576 LEMAY (Gaston). A Bord de la *Junon*.
6516 — Même ouvrage.
4964 LENTHERIC (Ch.). Du Saint-Gothard à la Mer. Le Rhône. Histoire d'un Fleuve. 2 vol.
4929 — Les Villes mortes du Golfe de Lion.
5320 LE PLAY. Voyages en Europe (1829-1854).
4548 LE ROUX (Hugues). Je deviens Colon.
1460 LEROY-BEAULIEU (Paul). De la Colonisation chez les Peuples modernes.
1596 LESCURE. Traité de géographie physique, ethnographique, historique.
6486 — Même ouvrage.
3996 LESSEPS (M. de). Voyage du Kamtchatka en France.
69 LEVASSEUR. La France avec ses Colonies.
70 — La Terre moins l'Europe (Géographie statistique).
3967 — La France et ses Colonies (Géographie statistique). 3 vol.
2851 — Géographie de la France et de ses Colonies.
2850 — Petite Géographie à l'usage du Département de la Seine.
2849 — Premières Notions sur la Géographie.
4210 LEVY (Daniel). Les Français en Californie.
3342 LIVINGSTONE (David). Voyages d'Exploration au Zambèze et dans l'Afrique centrale.
5852 — Dernier Journal.
4388 MAEL (Pierre). Une Française au pôle Nord.
3372 MAGER (Henri). Cahiers coloniaux de 1889.
4318 MALOT (Hector). La Vie moderne en Angleterre.
1772 MARCHE (Alfred). Trois Voyages dans l'Afrique occidentale. Sénégal, Gambie, Gabon.
104 — Scènes et Paysages dans les Andes. 2 vol.
1773 MARKMAN et HASTINGS. La Mer glacée du Pôle.
1971 MARMIER (Xavier). Les Etats-Unis et le Canada. Lettres sur la Russie, la Finlande, la Pologne.
1932 — Même ouvrage.
4113 MARSAUCHE (L.). La Confédération helvétique.
4978 MARTEL (E.-A.). Irlande et Cavernes anglaises.

5171 MARTIN (Alexis). De Dunkerque à Arras, Péronne et Montdidier.
3949 — En France : Promenades aux Environs de Paris. Région de l'Ouest. 3 vol.
  T. I. Autour de Saint-Cloud. De Sèvres à Versailles, etc.
  T. II. Autour de Versailles. La vallée de Chevreuse, etc.
  T. III. Autour de Saint-Germain. Les rives de la Seine, etc.

3950 — — — Région du Nord. 3 vol.
  T. I. La vallée de Montmorency. Les bords de l'Oise.
  T. II. De Senlis à Compiègne et à Noyon. Pierrefonds.
  T. III. Creil. Clermont. Beauvais et sa région.

4806 — — — Région du Sud. 3 vol.
  T. I. Melun, Fontainebleau, etc.
  T. II. Etampes, Orléans, etc.
  T. III. Dourdan et la vallée de l'Orge. Arpajon, Montlhéry, etc.

3323 — Paris. Promenades dans les vingt arrondissements.
4808 — De Paris au Tréport par Amiens.
4807 — Tout autour de Paris.
4174 — Une Visite à Beauvais.
4809 — Une Visite à Dunkerque.
4175 — Une Visite à Orléans.
4176 — Une Visite à Versailles et aux Trianons.
4316 MARTINEAU. Madagascar.
5993 MASSIEU (Isabelle). Comment j'ai parcouru l'Indo-Chine (Birmanie, Siam, Tonkin, Laos).
3933 MATTEI (Le commandant). Bas-Niger. Benoué. Dahomey.
71 MAURY. Géographie physique.
6488 — Même ouvrage.
72 — Le Monde où nous vivons.
6489 — Même ouvrage.
3836 MEIGNAN (Victor). De Paris à Pékin par terre. Sibérie. Mongolie.
5677 MERRUAN (Paul). Voyages et Aventures de Christophe Colomb.
5412 MEUNIER (Mme Stanislas). De Saint-Pétersbourg à l'Arrarat.
657 MEUNIER (Victor). Les Grandes Chasses.
916 — Les Grandes Pêches.
2889 MICHIELS (Alfred). Voyage d'un Amateur en Angleterre.
5298 MILLE (Pierre). Au Congo belge.
3798 MILLET (René). Souvenirs des Balkans.
3575 MILLOT (Ernest). Le Tonkin. Son Commerce et sa Mise en exploitation.
5660 MILTON et CHEADLE. Voyage de l'Atlantique au Pacifique.
6278 MISTRAL (Frédéric). Mémoires et Récits.
4460 MONNIER. Pompéi et les Pompéiens.
2709 MONNIER (Marcel). Iles Hawaï; Un Printemps sur le Pacifique.

4581 MONTANO. Voyage aux Philippines et en Malaisie.
1774 MONTEGUT. En Bourbonnais.
1775 — Souvenirs de Bourgogne.
1423 MONTEIL (Edgar). Le Rhin allemand.
3070 MOREAU (F.). Aux Etats-Unis.
5694 MOUHOT. Voyages dans les Royaumes de Siam.
3991 MURRAY. Les Russes chez les Russes.
73 NADEAU (L.). Voyage en Auvergne.
4785 NANSEN (Fridtjof). Vers le Pôle.
4986 — Même ouvrage.
2714 NARJOUX (Félix). En Angleterre. Le Pays, les Habitants, la Vie intérieure.
1477 — Un Tour en Europe.
3956 NAVERY (Raoul de). Les Voyages de Camoens.
5026 NEUFVILLE (Paul de). Notes sur un Voyage en Indo-Chine et à Java.
5991 NICOLAS (P.). Notes sur la vie française en Cochinchine.
3639 NINET (John). Arabi-Pacha.
3054 NIOX (Lieutenant-colonel). L'Expansion européenne).
3968 — Géographie de la France.
4005 NORDENSKIOLD (A.-E.). Lettres racontant la Découverte du Passage du Nord-Est.
169 OTT (A.). L'Asie occidentale et l'Egypte.
168 — L'Inde et la Chine.
60 PARDIEU (de). Excursions en Orient.
2760 PARIS et ses Environs.
1885 PARKMAN (Francis). Les Pionniers français dans l'Amérique du Nord.
6286 PAULHIAC. Promenades lointaines.
666 PAYER (J.). La Terre de François-Joseph.
4559 PENSA (Henri). L'Egypte et le Soudan égyptien.
5669 PERIGOT. Cours de Géographie.
4861 PERRODIL (Edouard de). A travers les Cactus.
3634 PERRON D'ARC. Aventures d'un Voyageur en Australie.
2665 PETIT (Maxime). Les Pays scandinaves.
2653 — A travers le Danemark.
3573 PEY (Alexandre). L'Allemagne d'aujourd'hui.
1776 PFEIFFER (Mme Ida). Voyage d'une Femme autour du Monde.
1777 — Mon Second Voyage autour du monde.
1778 — Voyage à Madagascar.
6419 et 6538 — Mêmes ouvrages que les précédents.
3004 PHILIPPE. Etapes sahariennes.
4096 PIETRALBA (H.). Dix Mois à Hanoï.
3204 PIETRI. Les Français au Niger.
2377 PIGAFETTA. Premier Voyage autour du monde sur l'escadre de Magellan.

74	PIGEONNEAU. Géographie de la France. Cours moyen.
1879	— Géographie physique et politique de la France et des Cinq Parties du Monde.
4782	PIOLET (J.-B.). Madagascar et les Hovas.
6041	PLANE (A.). Le Pérou.
4170	PORCHER. Le Pays des Camisards.
2640	POSTEL (Raoul). Les Bords du Mékong.
2641	— La Cochinchine française.
2639	— Le Sahara. (Productions et Habitants.)
2648	— En Tunisie et au Maroc.
4476	PRESCOTT (W.-H.). Vie de Fernand Cortès.
669	PROTH (Mario). Au Pays de l'Astrée.
2704	PRUSSIEN (Un). Les Prussiens en Alsace et en Lorraine.
5303	QUILLADET (M.). Suédois et Norvégiens chez eux.
6269	QUINET (Mme Edgar). Mémoires d'exil.
5030	— De Paris à Edimbourg.
343	QUINET (Edgar). Mes Vacances en Espagne.
6540	— Même ouvrage.
5247	RABOT (Ch.). Au Cap Nord. Itinéraires en Norvège, Suède, Finlande.
5117	— Aux Fjords de Norvège et aux Forêts de Suède.
4582	— A travers la Russie boréale.
4273	— Même ouvrage.
4463	RADIGUET (Max). Les Derniers Sauvages. La Vie et les Mœurs aux îles Marquises.
2662	RATTAZI (Mme). Le Portugal à vol d'oiseau.
75	RECLUS (Onésime). La Terre à vol d'oiseau. 2 vol.
3577	— France. Algérie et Colonies.
5028	REGAMEY (Félix). D'Aix en Aix. Promenade pittoresque, sentimentale et documentaire.
3701	RIOTOR (L.). Le Pays de la Fortune.
2701	RIVOYRE (Denis). Mer Rouge et Abyssinie.
2708	— Obock, Mascate, Bouchiré, Bassourah.
2710	— Les Vrais Arabes et leur Pays. Badgad et les Villes ignorées de l'Euphrate.
4666	ROBISCHUNG. Un Touriste alpin.
5339	RODOCANACHI (E.). Aventures d'un Grand Seigneur italien à travers l'Europe.
3722	ROUSSELET (Louis). Les Royaumes de l'Inde.
4583	ROUSSET (Léon). A travers la Chine.
5436	— Même ouvrage.
671	ROUX (Xavier). Les Alpes.
6091	RUFFI DE PONTEVÈS (J. de). Souvenirs de la colonne Seymour.
4490	SAINT-ARROMAN (R. de). Les Missions françaises. 2 vol.
4918	SAINTE-CROIX (L. de). Onze Mois au Mexique et au Centre Amérique.
3980	SAINT-DIDIER (A.-T.-L. de). La Ville et la République de Venise au xviie siècle.

5271	SAINT-VICTOR (G. de). Espagne.
5272	— Portugal.
1286	SAUDERVAL (de). De l'Atlantique au Niger par le Fouta-Djallon.
6480	— Même ouvrage.
5442	SAVAGE-LANDOR (A.-H.). Voyage d'un Anglais aux Régions interdites. Pays sacré des Lamas.
4947	SCHRADER (F.) et GALLOUEDEC (L.). Cours général de Géographie.
2733	SCHREINER (Alfred). La Nouvelle-Calédonie.
5185	SCHURE (Ed.). Sanctuaires d'Orient. Egypte. Grèce. Palestine.
2809	SEELEY (J.-R.). L'Expansion de l'Angleterre.
5866	SEHE (Daniel). Voyage d'agrément à travers l'Angleterre.
5025	SEHE (Désiré). Voyage d'Agrément à travers l'Angleterre sportive.
5008	SENART (Emile). Les Castes dans l'Inde.
2950	SIMOND (Ch.). L'Afghanistan. Les Russes aux Portes de l'Inde.
2531	SIMONIN (L.). Le Grand-Ouest des Etats-Unis.
5657	— Le Monde américain.
3279	— Les Pays lointains.
1428	SMILES (S.). Voyage d'un Jeune Garçon autour du Monde.
2715	SPENDER SAINT-JOHN. Haïti ou la République noire.
6270	STANLEY. Ses voyages.
5251	SVEN HEDIN (Docteur). Trois Ans de Lutte aux Déserts d'Asie.
1510	TAINE. Voyage en Italie. 2 vol.
	T. I. Naples et Rome.
	T. II. Florence et Venise.
1509	— Voyage aux Pyrénées.
4645	TALBOYS-WHEELER. Les Anglais dans l'Inde.
3073	TALLENAY (J. de). Souvenirs de Venezuela.
4584	TANNEGUY DE WOGAN. Voyage du Canot en papier.
4585	THOMSON (Jules). Au Pays des Massaï.
3800	THOUAR (A.). Explorations dans l'Amérique du Sud.
1444	TISSOT (V.). L'Allemagne amoureuse.
3456	— Les Prussiens en Allemagne.
4303	— Russes et Allemands.
4302	— La Suisse inconnue.
3901	— Voyage au Pays des Milliards.
3581	— Voyage au Pays des Tziganes.
6551	— Les Prussiens en Allemagne.
6550	— Voyage au Pays des Milliards.
5305	TOUTEE (Command'). Du Dahomey au Sahara.
4171	TREBUCHET (Léon). La baie de Cancale (Granville, Mont-Saint-Michel).
4173	— Les Baies de Saint-Malo et de Saint-Brieuc.
4172	— Belle-Isle-en-Mer.

4586	UJFALVY-BOUDON (Mme). Voyage d'une Parisienne dans l'Himalaya occidental.
5649	UXIER (Louis). Voyages aux prairies Osages.
4560	VANDERHEYM (J.-G.). Une Expédition avec le Négus Ménélick.
4365	VARIGNY (C. de). La Femme aux Etats-Unis.
5475	VATTIER D'AMBROYSE. Le Littoral de la France : Côtes normandes.
3076	VAUJANY (H. de). Alexandrie et la Basse-Egypte.
1629	VERNE (Jules). Découverte de l'Amérique par Christophe Colomb.
752	— Découverte de la Terre. 2 vol.
753	— Les Navigateurs au xviiie siècle. 2 vol.
754	— Les Voyageurs au xixe siècle. 2 vol.
1761	VERNEY LOVETT CAMERON. Notre Future Route de l'Inde.
3802	VERSCHUUR (G.). Aux Antipodes.
4275	— Voyage aux Trois Guyanes et aux Antilles.
2300	VIARD (Ed.). Au Bas-Niger.
5157	VIGNE D'OCTON. Siestes d'Afrique.
5270	VIGNERON (L.). De Montréal à Washington.
6089	VILLAMUR. Notre Colonie de la Côte d'Ivoire.
5208	VILLETARD DE LAGUERIE. La Corée indépendante russe ou japonaise.
3721	— Le Japon.
4249	VINSON et DIVE. D'Alger au Cap.
1081	VOYAGE du Comte Forban à Siam.
1463	WAHL. L'Algérie.
5553	WALSH (R.). Voyage en Turquie et à Constantinople.
1781	WEBER (de). Quatre Ans chez les Boers.
4574	WITT (Mme de), née Guizot. Mont et Manoir en Normandie.
6057	— (Baron Jean de). Des Alpes bavaroises aux Balkans.
5561	YANOSKI (Jean). La Syrie ancienne.
77	YVAN. La France en Chine.
201	ZURCHER et MARGOLLE. Histoire de la Navigation.
1082	X***. La Vie à la Campagne. Haras. Chasses. Pêches. 3 vol. (tomes 4, 5 et 6).

V

LITTÉRATURE — POÉSIE — THÉATRE

1481	ABOUT (Edmond). Causeries. 2 vol.
1315	— La Grèce contemporaine.
1478	— Rome contemporaine.
5173	AICARD (J.). L'Ame d'un Enfant.
4326	— La Chanson de l'Enfant.
4756	— Jésus.
2734	— Miette et Noré.
2668	ALAUX (J.-E.). La Langue et la Littérature françaises du xve au xviie siècle.
5297	ALBALAT (Antoine). L'Art d'écrire enseigné en Vingt Leçons.
216	ALBERT (Paul). La Littérature française au xviie siècle.
218	— La Littérature française au xviiie siècle.
3198	— La Prose.
1570	ALEMBERT (d'). Discours sur l'Encyclopédie.
3587	ALVIN (d'). André Van Hasselt ; sa Vie et ses Travaux.
3707	AMIEL (H.-F.). Grains de Mil (Poésies et Pensées).
3706	— La Part du Rêve (Nouvelles Poésies).
6381	AMIEL (L.-R.). Sonnets.
1071	ANTHOLOGIE des Prosateurs français depuis le xiie siècle jusqu'à nos jours.
3608	ANTONIO (Marco). Vingt Ans d'Exil.
3151	APPERT (Camille). Le Dernier Roi des Lombards ou Rome délivrée (drame).
3593	ARAGO (Etienne). Une Voix de l'Exil.
5588	ARISTOPHANE. Comédies.
3606	ASSELINE (Alfred). Victor Hugo intime.
220	AUBERTIN. Histoire de la Langue et de la Littérature françaises. 2 vol.
6202	AUGIER (Emile). Paul Forestier.

2688 AUGIER (Emile). Théâtre complet. 7 vol.

    T. I. La Ciguë, L'Aventurière. Un homme de bien, etc.
    T. II. Diane Philibert. Le Gendre de M. Poirier, Ceinture dorée, etc.
    T. III. La Pierre de touche. Le Mariage d'Olympe. La Jeunesse. Sapho.
    T. IV. Les Lionnes pauvres. Un beau Mariage. Les effrontés.
    T. V. Le Fils de Giboyer. M. Guérin. La Contagion.
    T. VI. Paul Forestier. Le Post-scriptum. Lions et Renards
    T. VII. Œuvres diverses.

6570 AUTEURS COMIQUES. Le Chevalier à la Mode.
364 — Le Philosophe sans le savoir.
239 — Le Chevalier à la Mode ; le Mari retrouvé, etc.
272 — L'Impertinent ; la Coquette corrigée, etc.
274 — Le Philosophe marié ; le Glorieux, etc.
316 — Le Legs ; les Fausses Confidences, etc.
234 — Le Château en Espagne. Le Vieux Célibataire, etc.
6511 — Le Chevalier à la Mode, etc.
2887 AUTEURS GRECS. Sophocle. Œdipe à Colone. 2 vol.
2885 AUTEURS LATINS. Lhomond, Epitome historiæ sacræ.
2886 — Virgile : IXe Livre de l'Enéide.
3655 AUTRAN (J.). La Légende des Paladins (poésie).
4765 AVENEL (Henri). Chansons et Chansonniers.
4877 BALZAC (H. de). Pages choisies, par G. Lanson.
3394 — Théâtre. 2 vol.

    T. I. Vautrin. Les Ressources de Quinola. Paméla Giraud, etc.
    T. II. La Marâtre. Le Faiseur.

6049 — Œuvres diverses. 2 vol.
245 BANVILLE (Théodore de). Rimes dorées : Poésies occidentales.
6244 — La Lanterne magique.
6245 — Odes funambulesques.
5987 BARBEY D'AUREVILLY (J.). Les Œuvres et les Hommes (XIXe siècle).
3785 BARINE (Arvède). Bernardin de Saint-Pierre.
4264 — Alfred de Musset.
4262 BARON (Léon). Le Souvenir. Poésies posthumes.
3571 BAUER (Eugène). Choix de Lectures littéraires.
6106 BAYET (Alfred). Les Ecrivains politiques du XVIIIe siècle.
3490 BEAUMARCHAIS. Théâtre choisi.
223 — Mémoires.
224 — Théâtre.
225 — Théâtre, suivi de ses Poésies diverses.
3848 BECQUE (Henry). Théâtre. 2 vol.

    T. I. Sardanapale. L'Enfant prodigue. Michel Pauper. La Navette.
    T. II. Les Honnêtes Femmes. Les Corbeaux. La Parisienne.

6240 BELLOT (A.) et VILLETARD (E.). Le Testament de César Girardot (comédie).
3465 BELLOT (Henri). A travers le siècle.
4007 BELON (Paul). En suivant Monsieur Carnot.
6266 BELOT (Léon). Paroles sincères (Poésies).
5046 BERANGER (Henry). La Conscience nationale.
5312 — La France intellectuelle.
2863 BERGER (B.). Cours de Langue française.
3212 BERTRAND (Joseph). D'Alembert.
5861 BIKELAS (D.). Louki-Laras.
226 BLAZE DE BURY (Henri). Tableaux romantiques de Littérature et d'Art.
227 BOILEAU. Œuvres.
2119 — Œuvres poétiques. 2 vol.
6193 — Œuvres.
4981 BOISSIER (Gaston). Cicéron et ses Amis. Etude sur la société romaine au temps de César.
3217 — Madame de Sévigné.
3051 BONNEFON. Les Ecrivains célèbres de la Grèce.
3052 — Les Ecrivains célèbres de Rome.
3050 — Les Ecrivains modernes de la France.
5135 BONNEFON (Paul). Montaigne et ses Amis. 2 v.
4591 BONNEMAIN (Henri). Pierre Loti.
5130 BORNIER (Henri de). France......... d'abord! (drame).
3803 BOSSERT (A.). Histoire abrégée de la Littérature allemande.
2122 BOSSUET. Oraisons funèbres.
229 — Avertissement aux Protestants sur les lettres du ministre Jurien.
5944 BOUCHAUD (Pierre de). Sur les Chemins de la Vie.
5257 BOUCHOR (Maurice). Traduction en vers de la Chanson de Roland.
5246 — Vers la Pensée. Vers l'Action (Poèmes).
3583 BOUDON (Mme Louise). Croquis enfantins. Recueil de Poésies.
4239 BOUFFE. Souvenirs (1800-1880).
5655 BREMER (Mlle Frédérika). Un Journal.
5368 BRISSET (Fernand). Les Sonnets de Pétrarque à Laure (traduction).
5134 BRISSON (Adolphe). Pointes sèches (Physionomies littéraires.)
6304 — Le Théâtre et les Mœurs.
4474 BRIZEUX (Auguste). Les Bretons.
4472 — Histoires poétiques. 2 vol.
4473 — Œuvres.
4561 BRUNETIERE (Ferdinand). Les Epoques du Théâtre-Français (1636-1850).
4554 — Le Roman naturaliste.
3783 — L'Evolution des Genres dans l'Histoire de la Littérature.

4265 BRUNETIÈRE (Ferdinand). Etudes critiques sur l'Histoire de la Littérature française. 5 vol.

<small>1re série. Pascal, Molière, Racine, Voltaire, etc.
2e série. Les Précieuses, Bossuet et Fénelon, Massillon, Marivaux, etc.
3e série. Descartes, Le Sage, etc.
4e série. Le roman français au XVIIIe siècle, etc.
5e série. La réforme de Malherbe et l'évolution des genres.</small>

6339 — Honoré de Balzac.
5288 — Manuel de l'Histoire de la Littérature française.
4240 BRUNO (Camille). Piécettes. Lectures et Représentations de Salon.
 308 BUFFON. Morceaux choisis.
5585 BUTLER (Samuel). Pudibras (poème). 3 vol.
3597 CARCASSONNE (Adolphe). Théâtre d'Enfants. Petites Comédies en Vers.
3216 CARO (E.). George Sand.
5440 CHAIGNET (A.-Ed.). Les Héros et les Héroïnes d'Homère.
4711 CHALON (H.). Chrétiens et Musulmans.
 248 CHATEAUBRIAND (Vicomte de). Mélanges politiques et littéraires.
 233 CHEFS-D'ŒUVRE TRAGIQUES : Ducis, Chénier, Legouvé, Luce de Lancival.
 355 — Crébillon, Lafosse, Saurin, de Belloy, Pompignan, La Harpe.
5624 CHENIER (André). Poésies.
3805 CLEDAT (Léon). Rutebeuf.
5233 COLVE DES JARDINS (G. de). Le Médecin volant (Adaptation).
5036 COMBARIEU (Jules). Les Rapports de la Musique et de la Poésie considérées au point de vue de l'expression.
5033 COMTE (Auguste). Lettres à Henry, Dix, Hutton.
4841 CONFERENCES faites aux Matinées classiques de l'Odéon. 12 vol.

<small>T. I. 1888-1889.
T. II. 1889-1890.
T. III. 1890-1891.
T. IV. 1890-1891.
T. V. 1891-1892.
T. VI et VII. 1894-1895.
T. VIII. 14 novembre 1895.
T. IX. 12 novembre 1896.
T. X. 11 novembre 1897.
T. XI. 24 mars 1898.
T. XII. 15 décembre 1899.</small>

4219 COPPEE (François). Théâtre.
 235 — Poésies. 2 vol.
5263 — A Voix Haute : Discours et Allocutions.
5592 — Poèmes modernes. Le Passant (comédie). Fais ce que dois (épisode dramatique). Lettre d'un Mobile breton.
2742 COQUELIN (C.). Molière et le Misanthrope.

1517 CORNEILLE (P.). Œuvres complètes, suivies des Œuvres choisies de Thomas Corneille. 7 vol.
2118 — Œuvres dramatiques. 3 vol.
6612 — Même ouvrage.
236 — Théâtre. 2 vol.
3595 COUPEY (Auguste). Muse des Enfants. Poésies amusantes et morales.
5637 COURIER (P.-L.). Œuvres complètes.
5139 COUSIN (Victor). Pages choisies des Grands Ecrivains. Theodor de Wyzewa.
1270 CREMIEUX (Gaston). Œuvres posthumes.
2682 CREPET (Eugène). Le Trésor épistolaire de la France. 2 vol.
1535 CREVECŒUR (Camille). Poésies.
1020 CRISTAL (Maurice). Les Délassements du Travail.
4593 CROISET (Maurice). Homère.
6058 DAMÉDOR (Raphaël). Traductions en vers.
240 DANCOURT. Théâtre. 2 vol.
6555 — Même ouvrage.
2385 DANGLARS (Mme Renée). Le Théâtre en Famille, suivi de Mieux vaut Aide que Conseil.
2491 DANTE ALIGHIERI. La Divine Comédie.
1329 DAUDET (Alphonse). Théâtre.
6204 — Le Sacrifice (comédie).
4594 DAVID - SAUVAGEOT. Morceaux choisis des Classiques français. Prose et Vers. Classes de 4e, 5e et 6e (3 vol.).
5966 DAXOR (René). Poésies martiales.
6021 DE BRAISNES (Henri). Rêve de Gloire.
2127 DECOURCELLE (A.). Les Formules du Docteur Grégoire.
5445 DELAVIGNE (Casimir). Poésies messéniennes. Chants populaires. Poésies diverses et Œuvres posthumes.
2600 DELETANG (Auguste). Une Conversion miraculeuse.
264 — Histoire des Littératures étrangères : Littératures méridionales.
263 — — Littératures septentrionales.
3864 DEPRET (Louis). Théâtre intime.
1337 DEROULEDE (Paul). Chants du Soldat.
2815 DESCHANEL (Emile). Pascal, La Rochefoucauld, Bossuet.
5731 DESMOULINS (Camille). Œuvres complètes.
3808 D'HAUSSONVILLE (Le comte). Mme de La Fayette.
4469 DIDEROT. Extraits.
1447 — Œuvres choisies.
276 — Œuvres choisies, précédées de sa Vie. 2 vol.
3584 — Œuvres choisies. 6 vol.

T. I. Contes et mélanges.
T. II. Œuvres dramatiques.
T. III, IV et V. Correspondance avec Mme Volland.
T. VI. Variétés.

5177 DIERX (Léon). Œuvres complètes. 2 vol.
 T. I. Poèmes et poésies. Les Lèvres closes.
 T. II. Les Paroles du vaincu. La Rencontre. Les Amants.
1524 DIETERWEG. Œuvres choisies (trad. de l'allemand).
3434 DORIEUX (Mme Gustave). Poésies lyriques.
3435 — De la Rénovation litéraire en Provence.
4731 DOUMIC (René). Les Jeunes.
4886 — Portraits d'Ecrivains.
3089 DRUMONT (Edouard). La Fin d'un Monde.
1418 DU BELLAY (Joachim). Œuvres choisies.
3788 DUBIEF (Eugène). Le Journalisme.
4266 DU CAMP (Maxime). Le Crépuscule.
3218 — Théophile Gautier.
277 DUCLOS. Morceaux choisis. 2 vol.
1440 DUFOUR (Théophile). Lettres à Quinet sous l'Empire.
6365 DUFOUR (Philippe). Paris pittoresque et poétique.
3138 DUMAS (Alexandre). (Bouts rimés publiés par).
4934 — Pages choisies des Grands Ecrivains. Hippolyte Parigot.
1319 DUMAS (Alexandre) fils. L'Etrangère (comédie).
1867 DUMAS (Alex.). Théâtre. 6 vol.
4899 DUPONT-VERNON (H.). L'Art de Bien Dire.
5304 DUPUY (Ch.). Conférence pour les Adultes. 2 vol.
2745 DUPUY (Ernest). Les Grands Maîtres de la Littérature russe.
4245 — Victor Hugo : L'Homme et le Poète.
5610 DURAND (Hippolyte). Les Grands Poètes.
278 — Le même ouvrage.
279 — Les Grands Prosateurs.
5507 DUSSOLIER (Alcide). Nos Gens de Lettres.
5392 DUVAL (Georges). La Vie véridique de William Shakespeare.
2115 EGGER (E.). Histoire du Livre.
1710 ERCKMANN-CHATRIAN. Alsace (drame).
1709 — L'Ami Fritz (Comédie).
1254 ESCHNAUER (M.). Echos, Poésies.
6062 FABRE (J.). La Chanson de Roland.
5455 FAGUET (Emile). Drame ancien, Drame moderne.
4477 — La Fontaine.
5594 FASTU (Mme Amable). Chroniques de France.
298 FAUST anglais de Christophe Marlowe (Le).
2097 FAVRE (Jules). Conférences et Mélanges.
5739 — Quatre Conférences.
2897 FEUILLET (Octave). Scènes et Comédies.
4694 — Roman d'un Jeune Homme pauvre.
4281 FILON (Augustin). Mérimée et ses Amis.
6427 — Même ouvrage.
4330 FLAUBERT (G.). Pages choisies par G. Lanson.
281 FLORIAN. Choix de Fables.
282 — Fables suivies de son Théâtre.
6413 — Même ouvrage.

4599	FOUILLÉE (Alfred). J.-M. Guyau.
4334	— Pages choisies de J.-M. Guyau.
1282	FOURNEL (Victor). Figures d'Hier.
5199	FOVEAU DE COURMELLES (Docteur). L'Esprit scientifique contemporain.
4933	FRANCE (Anatole). Pages choisies des Auteurs contemporains.
284	FREDERIC II. Œuvres (Résumé).
5024	GALLET (Louis). Guerre et Commune (1870-1871).
3478	— Patria.
4191	GALLOT (Louis). La Pharsale de Lucain.
4331	GAUTIER (Théophile). Pages choisies.
3469	GAY (Sophie). Les Salons célèbres.
2221	GENNEVRAYE. Petit Théâtre de Famille.
1611	— Théâtre de Famille.
2570	GERUZEZ. Cours de Littérature. Rhétorique poétique, Histoire littéraire.
5666	GIGUET (P.). Les Beautés d'Homère ou l'Iliade et l'Odyssée abrégées.
5956	GINISTY (Paul). La Vie d'un Théâtre.
2683	GIRARD (Jules). Etudes sur l'Eloquence attique : Lysias, Hypéride, Démosthènes.
5973	GIRON (Aimé) et TOZZA (Albert). Un Soir des Saturnales. Fresque romaine en deux tableaux. L'Atrium de Perse. La Mort de Pétrone.
3609	GOBINEAU (Comte de). Amadis (poème).
6238	GONDINET (Edmond). Christiane (comédie).
5977	GOURDON (Georges). Chansons de geste et Poèmes divers.
2284	GOZLAN (Léon). Balzac chez lui. Souvenirs des Jardies.
2114	GRAMONT (F. de). Les Vers français et leur Prosodie.
5979	GRANDMOUGIN (Charles). Choix de Poésies.
4267	GRÉARD (Octave). Prévost-Paradol.
2293	GRENET-DANCOURT. Monologues comiques et dramatiques.
288	GRENIER. Petits Poèmes.
6506	— Même ouvrage.
5615	GRESSET. Œuvres choisies.
290	GRISOT. Morceaux choisis de Littérature française.
6116	GROS (J.-M.). Le Mouvement littéraire socialiste depuis 1830.
5258	GUIZOT (Guillaume). Montaigne. Etudes et Fragments.
5136	— Pages choisies des Grands Ecrivains.
291	GUY (Jules). Les Femmes de Lettres.
6173	GUY DE MAUPASSANT. Contes choisis.
5023	GUYAU (J.-M.). Pages choisies des Grands Ecrivains.
4997	— Vers d'un Philosophe.

292 HALBERG (Eugène). Histoire des Littératures étrangères. 2 vol.

T. I. Littératures anglaise et slave depuis leurs origines jusqu'en 1850.

293 T. II. Littératures scandinave, allemande et hollandaise.

4980 HALLAYS (André). Les Grands Ecrivains français. Beaumarchais.
4212 HARDY (H.). La Langue nationale des Français.
4881 HARRISSE (Henry). L'Abbé Prévost.
5896 HAUFF (W.). Lichtenstein, épisode de l'Histoire du Würtemberg.
4564 HAUSSONVILLE (Comte d'). Lacordaire.
3467 HEINE (Henri). Poèmes et Légendes.
2820 — Même ouvrage.
5613 — Lutèce.
2821 — Allemands et Français.
2822 — De l'Allemagne. 2 vol.
3909 HELY (Léon). Claires Matinées.
3464 — L'Ecrin (poésies).
5205 — Mentis (poème). L'Etude; le Rêve; l'Abîme.
3851 HENNEQUIN (Emile). Quelques Ecrivains français : Flaubert, Zola, Hugo, Goncourt, etc.
6242 HERRIOT (Edouard). Précis de l'Histoire des Lettres françaises. 2 vol.
1949 HEULARD (Arthur). Pierre Corneille (1606-1684).
6059 HOGIER (Hector). Paris à la fourchette. 2 vol.
6297 HOMÈRE. L'Odyssée.
6298 HOMÈRE. L'Iliade.
5780 HORACE. Œuvres complètes traduites en vers français.
4763 HOUSSAYE (Arsène). Mlle de La Vallière et Mme de Montespan.
4773 — Souvenirs de Jeunesse. 2 vol.

T. I. 1830-1850.
T. II. 1850-1870

6246 — Voyage à ma Fenêtre.
5674 — Philosophes et Comédiens.
1311 HUGO (Victor). L'Ane.
299 — L'Année terrible.
1313 — L'Archipel de la Manche.
1303 — L'Art d'être Grand-Père.
306 — Chansons des Rues et des Bois.
295 — Les Châtiments.
305 — Les Contemplations. 2 vol.
296 — Les Enfants. (Le Livre des Mères.)
3066 — Fin de Satan.
301 — La Légende des Siècles.
1307 — La Légende des Siècles. 2 vol.
300 — Littérature et Philosophie mêlées. 2 vol.
1306 — Napoléon le Petit.
297 — Odes et Ballades.

2116	HUGO (Victor). L'Œuvre complète. Extraits.
3486	— Œuvres oratoires. Assemblée législative (1849-51), tome II.
302	— Les Orientales.
1310	— Religion et Religion.
3065	— Théâtre en Liberté.
4381	— Toute la Lyre.
304	— Les Voix intérieures, les Rayons et les Ombres.
3111	— Torquemada.
6416	— Même ouvrage.
6546	— Littérature et Philosophie. 2 vol.
205	HUGO (François-Victor). William Shakespeare.
6521	— Même ouvrage.
4732	IBSEN (Henrik). Le Petit Eyolf (drame).
5364	— Les Revenants. Maison de Poupée.
5367	— Solness le Constructeur.
5668	ION (Mlle A.-M.). Guide pratique pour un Cours de Langue française.
2131	JANIN (Jules). Variétés littéraires.
4478	JEANNEL (C.-J.). La Morale de Molière.
5195	JELIKHOVSKA (Vera). Impressions de Première Jeunesse.
2650	JEUDI (Raoul). Types et Scénarios des Drames de Shakespeare.
5386	JONIN (Henri). Vus de Profil.
5641	JULIEN (Stanislas). Nouvelles chinoises.
3357	JURANVILLE (Mlle Clarisse). La Voix des Fleurs.
5057	JUSSERAND (J.-J.). Shakespeare en France sous l'Ancien Régime.
326	KRILOF. Fables.
1801	LABICHE (Eugène). Théâtre complet. 10 vol.

    T. I. Un Chapeau de paille d'Italie. Le Misanthrope et l'Auvergnat. Edgard et sa bonne, etc.
    T. II. Le Voyage de M. Perrichon. La Grammaire. Les Petits Oiseaux, etc.
    T. III. Célimare le bien aimé. Un Monsieur qui prend la mouche, etc.
    T. IV. Moi.!... Les Deux Timides. Embrassons-nous, Folleville, etc.
    T. V. La Cagnotte. La Perle de la Cannebière, etc.
    T. VI. Le plus heureux des trois. La Commode de Victorine.
    T. VII. Les Trente millions de Gladiator. Le Petit Voyage, etc.
    T. VIII. Les Petites Mains. Deux Merles blancs, etc.
    T. IX. Doit-on le dire? Les Noces de Bouche-en-Cœur, etc.
    T. X. Le prix Martin. J'ai compromis ma femme, etc.

6209	LABICHE et DELACOUR. Le Voyage en Chine (Comédie).
3665	LA BRIERE (L. de). Madame de Sévigné en Bretagne.
309	LA BRUYERE. Caractères.
4919	— Œuvres complètes. 3 vol.
5878	LACOMBE (Paul). Petite Histoire du Peuple français.

3810 LACROIX (Octave). Quelques Maîtres étrangers et français. Etudes littéraires.
4565 LAFENESTRE (Georges). La Fontaine.
310 LA FONTAINE. Fables.
2121 — Fables. 2 vol.
1718 — Œuvres complètes. 3 vol.
1494 LAMARTINE (de). Les Confidences.
1495 — Nouvelles Confidences.
1501 — Correspondance. 4 vol.
254 — Harmonies poétiques et religieuses.
6593 — Nouvelles Confidences.
1496 — Lectures pour Tous.
1497 — Le Manuscrit de ma Mère.
1489 — Recueillements poétiques.
4228 — Toussaint Louverture.
5678 — Guillaume Tell.
4232 LANSON (Gustave). Histoire de la Littérature française.
5536 LAPOINTE (Savinien). Mémoires sur Béranger. Souvenirs, Confidences, Opinions, Anecdotes, Lettres, etc.
260 LAPRADE (Victor de). Œuvres poétiques; Poèmes; Tribuns et Courtisans.
5559 LAROUSSE (P.). Fleurs historiques.
4570 LARROUMET (Gustave). L'Art et l'Etat en France.
4242 — La Comédie de Molière. L'Auteur et le Milieu.
4283 — Etudes de Littérature et d'Art.
4995 — Même ouvrage.
5245 — Nouvelles Etudes d'Histoire et de Critique dramatiques.
5578 LAVELAYE (E. de). Les Eddas.
3811 LAVOLLEE (René). Essais de Littérature et d'Histoire.
3152 LAZARE (Job). Albert Glatigny. Sa Vie, son Œuvre.
311 LEBAIGUE (Charles). Morceaux choisis de Littérature française. 2 vol.
5432 LE BRETON (André). Le Roman au XVIIe siècle.
2758 LECONTE DE LISLE. Œuvres. 2 vol.
5176 — Derniers Poèmes.
3964 LECTURE EN FAMILLE (La). Morale, Education, Histoire, Science, Littérature. Années 1874-1893. 17 vol.
6618 LE GOFFIC. Sur la Côte.
313 LEGOUVE (Ernest). Conférences parisiennes.
5328 — Une Elève de Seize Ans.
4119 — Epis et Bleuets.
4377 — Même ouvrage.
5331 — Histoire morale des Femmes.
2635 — Soixante Ans de Souvenirs. 4 vol.
2484 LELLION-DAMIENS. Les Francs Propos de Jacques Bonhomme.

2483 LELLION-DAMIENS. Poésies. 2 vol.

>T. I. Pervenches.
>T. II. Poésies inédites.

2482 — Théâtre. Ours et Oursons. 2 vol.
2944 LEMAITRE (Jules). Les Contemporains, Etudes et Portraits littéraires. 4 vol.
2744 — Même ouvrage. **3 vol.**
2945 — Corneille et la Poétique d'Aristote.
2946 — Impressions de Théâtre. 5 vol.
5118 LENIENT (Ch.). La Comédie en France au XIX° siècle. 2 vol.
4284 — La Poésie patriotique en France. 3 vol.

>T. I. Au moyen âge.
>T. II. XVI° et XVII° siècles.
>T. III. XVIII° et XIX° siècles.

5078 LEROUX-CESBRON (C.). Souvenirs d'un Maire de Village.
3893 LEROY-BEAULIEU (Anatole). Israël chez les Nations.
6448 — Même ouvrage.
5606 LE SAGE. Œuvres complètes. 2 vol.

>T. I et II. Gil Blas de Santillane.

4728 LE SENNE (Camille). Le Théâtre à Paris. 5 vol.

>1" série. 1883-1884.
>2° série. 1885.
>3° série. 1886-1887.
>4° série. 1887-1888.
>5° série. 1888-1889.

2925 LESGUILLON (Hermance). La Femme d'aujourd'hui. Poésies, Saynètes en vers et en **prose**, Théâtre.
3466 LESGUILLON (J.). Washington (drame). Les Amis de César.
5476 LHOMME (M.-F.). Les Femmes écrivains.
4213 LICHTENBERGER (Ernest). Etude sur les Poésies lyriques de Gœthe.
5437 LIEGEARD (Stephen). Les Grands Cœurs.
6302 LINTILHAC (Eugène). La Comédie. Moyen Age et Renaissance.
6120 — Le Théâtre sérieux du Moyen Age.
5214 — Conférences dramatiques. Odéon (1888-1898). Avec des Observations techniques sur l'Art de la Parole à l'usage des Conférenciers et Professeurs.
5543 LITTRE. Histoire de la Langue française. 2 vol.
2751 LOISEAU (A.). Histoire de la Littérature portugaise.
4232 LOPE DE VEGA. La Comédie espagnole.
3846 LUCAS (Hippolyte). Portraits et Souvenirs littéraires.

262	MAISTRE (Xavier de). Œuvres choisies.
261	— Œuvres complètes.
1636	— Voyage autour de ma Chambre.
6265	— Même ouvrage.
6266	— Paroles sincères (poésies).
2748	MARCHAND (Alfred). Les Poètes lyriques de l'Autriche.
6364	MARÉCHAL (Henri). Paris. Souvenirs d'un Musicien, 185... à 1870.
6261	MARESCOT (F. de). Théâtre de Beaumarchais.
5381	MARMIER (Xavier). A travers le Monde. Diverses Curiosités.
5506	— Lettres sur l'Islande et Poésies.
2894	MAROT (Charles). Œuvres complètes. 2 vol.
1281	MARTEL. Petits Recueils de Proverbes français.
2575	MATHIEU (Gustave). Parfums, Chants et Couleurs.
5287	MAUREL (André). Essai sur Chateaubriand.
2882	MAURY (L.-F.-Alfred). L'Ancienne Académie des Inscriptions et Belles-Lettres.
6208	MEILHAC (H.) et HALÉVY. Tricoche et Cacolet.
2111	MENDELSSOHN. Lettres inédites.
656	MENIER (Mme veuve). Heures de Loisir. Fables, Contes et Pensées.
6155	MÉRAT (A.). Œuvres choisies, 1863-1864.
6299	— Poèmes de Paris.
5137	MÉRIMÉE (Prosper). Pages choisies des Grands Ecrivains. Henri Lion.
2828	— Théâtre de Clara Gazul.
3009	MERLET (Gustave). Causeries sur les Femmes et les Livres.
3555	MEURICE (Paul). La Vie nouvelle (comédie).
4566	MEZIÈRES (A.). W. Gœthe. Les Œuvres expliquées par la Vie (1795-1832). 2 vol.
4558	— Pétrarque.
4461	MICHELET. Etude de la Nature.
1299	— L'Amour.
6623	— La Femme.
323	— La Femme.
5341	— Lettres inédites adressées à Mlle Mialaret (Mme Michelet).
1298	— L'Insecte.
6482	— Même ouvrage.
2768	— Mon Journal 1820-1823.
320	— La Mer.
319	— L'Oiseau.
4336	— Pages choisies par Seignobos.
5512	— Mémoires d'un Enfant.
6268	MILLEVOYE. Poésies.
6247	MILTON. Le Paradis perdu.
4220	— La Perte d'Eden. Le Paradis perdu.

2719	MIRABEAU. Morceaux choisis.
3228	MISTRAL (Fréd.). Mirèio.
5438	— Nerto (nouvelle provençale).
5900	— Mireïo (poème provencal).
1719	MOLIERE. Œuvres complètes. 4 vol.
324	— Théâtre. 2 vol.
4780	MOLTKE (Maréchal Comte de). Lettres à sa Mère et à ses Frères Adolphe et Louis (1823-1888).
4606	MONCEAUX (Paul). Cicéron.
5692	MONTAIGNE. Essais.
3812	MONTEGUT (Emile). Dramaturges et Romanciers.
1578	MONTESQUIEU. Lettres persanes. 2 vol.
2422	— Œuvres complètes. 3 vol.
5420	MORATIN (de). Théâtre espagnol. Les Comédies de Don Léandre Fernandez de Moratin.
4607	MORILLOT (P.). Le Sage.
6536	— Même ouvrage.
5394	MOUREY (Gabriel). Les Arts de la Vie et le Régime de la Laideur.
3766	MOUTON (Eugène). Voyages et Aventures du Capitaine Cougourdan.
265	MUSSET (A. de). Comédies et Proverbes. 3 vol.
5059	— Pages choisies des grands Ecrivains. P. Sirven.
268	— Pièces Nouvelles.
267	— Premières Poésies.
5980	NAGOUR (Paul). Images et Silhouettes.
5465	NAVARRE (Marguerite de). Dernières Poésies.
4771	NIBOR (Yann). Chansons et Récits de Mer.
4776	— Gens de Mer, Poésies.
4772	— Nos Matelots.
3908	NICOT (Lucien). L'Allemagne à Paris.
5336	NOEL (Edouard) et D'HEVE (Lucien). Le Capitaine Loys : Conte de la Renaissance.
1808	NOEL (Eugène). Voltaire ; sa Vie et ses Œuvres.
167	— Voltaire et Rousseau.
2297	NORMAND (Jacques). Paravents et Tréteaux.
3708	OLIVIER (Juste). Les Chansons lointaines. Poèmes et Poésies.
4252	O'MEARA (K.). Un Salon à Paris.
6203	PAILLERON (Edouard). Les Faux Ménages.
3221	PALEOLOGUE (Maurice). Vauvenargues.
3572	PALGRAVE (W.-G.). Une Année dans l'Arabie centrale.
3331	PARODI (D.-Alexandre). Le Théâtre en France.
4306	— Théâtre. 2 vol.

T. I. Ulm le Parricide. Rome vaincue. Sóphora.
T. II. La Jeunesse de François Iᵉʳ. La Reine Juana. Le Triomphe de la paix.

5349	— Le Pape, drame historique.
5351	— Vainqueurs et Vaincus (1866-1897).

6194 PASCAL. Pensées.
5421 PATER (Walter). Portraits imaginaires.
3781 PELLISSIER (Georges). Le Mouvement littéraire au xix⁰ siècle.
5413 PERRENS (F.-T.). La Littérature française au xix⁰ siècle.
2625 PESSARD (Hector). Mes Petits Papiers.
5534 PHILIPPON DE LA MADELAINE (V.). Traduction de la Jérusalem délivrée.
2915 PICHAT (Laurent). Avant le Jour.
2910 — Chroniques rimées.
2911 — Libres Paroles.
2934 — La Païenne.
2913 — Les Réveils.
331 PIERRON (Alexis). Histoire de la Littérature grecque.
332 — Histoire de la Littérature romaine.
6382 POINSOT. Littérature sociale.
5161 POL (Stéfane). Trois grandes figures : G. Sand, Flaubert, Michelet.
1878 PONSARD (François). L'Honneur et l'Argent.
5611 PONTMARTIN (A. de). Les dernières Causeries du Samedi.
1449 PONTSEVREZ. La Vie mauvaise.
5609 POREL et MONVAL. L'Odéon. Histoire administrative anecdotique et littéraire du second théâtre français.
4983 POTTECHER (Maurice). Liberté, drame, suivi de Le Lundi de la Pentecôte (comédie).
3463 POULLAIN (Hippolyte). Proverbes et Comédies.
3501 PROUDHON (P.-J.). Les Evangiles annotés.
4445 QUINET (Edgar). Correspondance : Lettres à sa Mère. 2 vol.
345 — Ahasvérus.
338 — Prométhée. — Les Esclaves.
5311 QUINET Mᵐᵉ Edgar). Cinquante ans d'amitié. Michelet-Quinet (1825-1875).
6254 RABELAIS (F.). Les Cinq Livres de Rabelais. 3 vol.
1717 RACINE (J.). Œuvres complètes. 3 vol.
6616 — Même ouvrage.
2117 — Œuvres dramatiques. 3 vol.
3273 — Les Plaideurs.
6192 — Théâtre. 2 vol.
6283 RAISMES (Gaston de). La Revanche du Rêve.
6255 RAYNAUD (Ernest). La Couronne des Jours.
5357 RECOLIN (Ch.). L'Anarchie littéraire.
351 REGNARD. Théâtre.
5424 REGNIER (Henri). Premiers Poèmes.
4286 REINACH (J.). Diderot. 2 vol.
3219 REMUSAT (Paul de). A. Thiers.
4338 RENAN (Ernest). Pages choisies.
5459 RENOUVIER (Ch.). Victor Hugo, le poète.
3660 REUL (Xavier de). Le Roman d'un Géologue.

— 79 —

5044 REVUE BLEUE. Revue politique et littéraire (1888-1899). 10 vol.
5240 REVUE RETROSPECTIVE. Recueil de pièces intéressantes et de citations curieuses (juillet 1884 - décembre 1889). 11 vol.
4143 REVUE des Cours et Conférences. Années 1894-1895.
353 REYNAUD (Jean). Lectures variées.
3814 REYSSIE (Félix). La Jeunesse de Lamartine.
2746 RICHARD (Jacques). Poésies.
4789 RICHEPIN (Jean). Le Chemineau.
5156 ROBERT (Jacques). Lettres d'un Enfant.
4608 ROBERTET (G.). A. Thiers.
3599 ROCHE (Antonin). Histoire des principaux Ecrivains français. 2 vol.
3600 — Les Poètes français. Recueil de Morceaux choisis.
4609 ROCHEBLAVE (S.). Chateaubriand.
1908 ROCHEFORT (H.). Signes du temps.
3815 ROD (Edouard). Stendhal.
5363 — Nouvelles Etudes sur le XIXe siècle.
2289 ROGER (Achille) et FAYET. Maître Le Bègue (comédie).
4698 ROLLE (Georges). Epis et Bleuets.
4894 ROLLINAT (Maurice). La Nature.
4697 ROQUES (Antonin). Pièces dramatiques et Poésies diverses.
3816 ROUSSE (Edmond). Mirabeau.
6421 — Même ouvrage.
357 ROUSSEAU (J.-J.). Les Confessions.
4935 — Pages choisies.
358 — Petits Chefs-d'œuvre.
3168 ROUX (Amédée). La Littérature contemporaine en Italie. Troisième période (1873-1883).
3341 RUFFIN (Alfred). Poésies variées.
6340 RUSKIN (John). Sésame et les Lys.
1424 SAINT-ALBIN (E. de). Ballades allemandes.
1425 — Ballades anglaises et écossaises.
6341 SAINTE-BEUVE (de). Le Livre d'amour.
2573 — Madame Desbordes-Valmore.
2793 — Originaux et Beaux-Esprits.
5985 — Extraits des Causeries du Lundi. Choisis et mis à jour.
6183 — Chroniques parisiennes, 1843-1845.
6184 — Les Cahiers de Sainte-Beuve.
5608 SAINT-GENIEZ (Comte de). Elégies de Tibulle.
4238 SAMSON. Mémoires.
4337 SAND (George). Pages choisies.
2833 — Théâtre complet. 4 vol.

    T. I. Cosima. Le Roi attend. François le Champi. Claudie, etc.
    T. II. Le Mariage de Victorine. Les Vacances de Pandolphe, etc.
    T. III. Françoise comme il vous plaira. Marguerite de Saint-Gemme, etc.
    T. IV. Mauprat. Flaminio. Maître Favilla, etc.

6227 — Histoire de ma Vie.

6206 SARDOU (V.). Divorçons.
6207 — Nos Petits Villageois.
6237 — Séraphine.
3220 SAY (Léon). Turgot.
4309 SAYNETES et Monologues. 8 vol.

> T. I. Professeur manqué. Un Proverbe.
> T. II. Ancien Pierrot. La Veille de mariage. Tizinello, etc.
> T. III. Le Capitaliste. Infanterie et Cavalerie. Le Clown, etc., etc.
> T. IV. Le Rhumatisme. Le Cocidille. Autrefois, etc.
> T. V. L'Obsession. Trois jeunes filles. Samedi soir, etc.
> T. VI. Les Ecrevisses. Un Caissier, etc., etc.
> T. VII. Coucher de Monsieur. Certitude, etc., etc.
> T. VIII. Madame Boulard. Une goutte d'eau, etc.

4953 SCHILLER. Esthétique, Mélanges, Poésies.
363 — Théâtre. 3 vol.
3224 SEDAINE (Œuvres choisies).
1504 SEVIGNE (Mme de). Lettres de sa Famille et de ses Amis. 8 vol.
4767 SEXTIUS MICHEL. Aurores et Couchants.
3489 SHAKESPEARE (W.). Macbeth.
366 — Œuvres complètes. 3 vol.
5307 — Pages choisies des Grands Ecrivains.
3213 SIMON (J.). Victor Cousin.
5219 SIMON (M.-P.-Eugène). A la Femme.
3594 SIMON (Pierre). Fables algériennes et Poésies diverses.
3269 SOPHOCLE. Antigone.
4462 — Tragédies.
368 SOUVESTRE (Emile). Causeries historiques et littéraires. 2 vol.
5425 SOUZA (R. de). La Poésie populaire et le Lyrisme sentimental.
3854 SPRONCK (Maurice). Les Artistes littéraires.
4568 SPULLER (E.). Royer-Collard.
2179 STAHL (P.-J.). Chamfort : Pensées, Maximes, Anecdotes, Dialogues.
2180 — L'Esprit des Femmes et les Femmes d'esprit.
4237 STAPFER (Paul). Montaigne.
3377 — Rabelais. Sa Personne, son Génie, son Œuvre.
3378 — Racine et Victor Hugo.
5943 STUART-MERRILL. Les Quatre-Saisons (poème).
2757 SULLY-PRUDHOMME. Poésies. 3 vol.

> T. I. Stances et poèmes (1835-1866).
> T. II. Les Epreuves, Les Ecuries d'Augias. Croquis italiens, etc.
> T. III. Le Prisme. Le Bonheur.

3596 TAILHAND (Arthur). Poésies paternelles.
1512 TAINE. Essai sur Tite-Live.
1508 — Histoire de la Littérature anglaise. 5 vol.
1579 TASSONI. Le Seau enlevé. 2 vol.
1541 TCHENG-KI-TONG (Lieutenant-Colonel). Les Chinois peints par eux-mêmes.
2834 — Le Théâtre des Chinois.

1610 TEXIER (Ed.) et KAMPFEN. Paris capitale du Monde.
6485 — Même ouvrage.
5049 TEXTE. Etudes de Littérature européenne.
3358 THEATRE d'Education (Nouveau). 10 vol.

 T. I. Les Ricochets.
 T. II. Le Sourd ou l'Auberge pleine.
 T. III. Arlequin.
 T. IV. Les Héritiers de M. de Crac.
 T. V. Les Sabots de Noël.
 T. VI. Le Capitaine Talmont.
 T. VII. La Fée rieuse.
 T. VIII. Le Déserteur.
 T. IX. Dévouement filial.
 T. X. L'Avocat Patelin.

3592 THEVENIN (Evariste). Entretiens populaires.
2578 TIERCELIN (L.). L'Habit ne fait pas le Moine.
3981 TIERSOT. Rouget de l'Isle.
5352 TISSOT. Les Sept Plaies et les Sept Beautés de l'Italie contemporaine.
4467 TIVIER (H.). Histoire de la Littérature française.
372 TOPIN (Marius). Romanciers contemporains.
4444 TOUCHE (C.). Les Adolescents.
5058 TOLSTOI. Pages choisies des Auteurs contemporains.
5164 — Qu'est-ce que l'Art ? (Traduit du russe.)
6205 UCHARD (M.). Le Retour du Mari (comédie).
6263 VACQUERIE. Théâtre : Tragalbadas.
6263 — Tragalbadas. Les Funérailles de l'Honneur.
6236 — Jean Baudry.
3672 VADIER (Berthe). Henri-Frédéric Amiel.
3590 VERCONSIN. Saynètes et Comédies.
5426 VIELE-GRIFFIN (Francis). Phocas le Jardinier.
4241 VIENNET (M.). Fables nouvelles.
4457 VIRGILE. Les Géorgiques. Les Bucoliques, etc.
2104 — Œuvres. 2 vol.
4935 — Pages choisies des Grands Ecrivains.
4167 VIRGILE et HORACE ou le Siècle d'Auguste.
4588 VOGUE (Vicomte M. de). Devant le Siècle.
5060 — Histoire et Poésie.
5309 — Le Rappel des Ombres.
3460 VOLNEY. Les Ruines.
3921 VOLTAIRE. Lettres choisies. 2 vol.
377 — Correspondance générale. 3 vol.
375 — Essais sur les Mœurs. Annales de l'Empire.
376 — Mélanges littéraires. Commentaires sur Corneille.
374 — La Henriade et autres Poésies.
373 — Vie de Voltaire. Théâtre.
379 — Œuvres choisies.
5951 WALISZEWSKIK. Littérature russe.
3697 WEISSER (Emile). Extraits choisis et Histoire résumée de la Littérature française.

1782 WEY (Francis). Dick Moon en France.
5981 ZINDLER (Gustave). La Légende des Ecoliers de France.

VI

ROMANS FRANÇAIS ET ÉTRANGERS

1483 ABOUT (Edmond). Le Fellah.
 382 — Germaine.
1485 — L'Homme à l'Oreille cassée.
1484 — L'Infâme.
 383 — Madelon.
1486 — Maître Pierre.
 384 — Les Mariages de Paris.
6594 — L'Homme à l'Oreille cassée.
1479 — Le Roi des Montagnes.
1480 — Le Roman d'un Brave Homme.
1487 — Tolla.
6602 — Maître Pierre.
1482 — Le Turco.
5817 — La Vieille Roche. Le Marquis de Lanrose.
6595 — Le Roman d'un Brave Homme.
6230 ACHARD (Amédée). La Trésorière.
1910 — Belle Rose.
5485 — Olympe de Mézières.
5486 — Les Fourches caudines.
5876 — La Chasse à l'Idéal.
4695 — Clos-Pommier.
2933 — Entre le Bal et le Berceau.
3280 — Les Vocations.
6210 ADAM (Paul). Le Serpent noir.
5158 — La Force.
5086 ADERER (Adolphe). Le Vœu.
5501 AGRIPPA. Un Duel social.
4862 AICARD (Jean). Diamant noir.
6316 — Benjamine.
4327 — Roi de Camargue.
6342 AIGUEPERSE (M.). A dix-huit ans.
4464 AIMARD (Gustave). Le Grand-Chef des Aucas. 2 vol.
4226 AINSWORTH (W. Harisson). Crichton. 2 vol.
5547 — Jack Sheppard. 2 vol.
2132 ALDRICH (T.-B.). Un Ecolier américain.
4993 — Même ouvrage.
5520 — Marjorie Daw.
3442 ALEXANDRE (Mrs). Autour d'un Héritage. 2 v.
5112 — L'Erreur de Catherine.

5145 ALHIX (Antoine). Chemin montant.
3173 ALLAIS (Henri). Un Casque.
4366 ALONE (F.). Autour d'un Lapin blanc.
386 ANDERSON. Nouveaux Contes.
5011 ANFOSSI (Marc). Le Prince Mario.
4928 ANTAR (Michel). En Smala.
1075 — Après-dînées de ma Marraine. 2 vol.
2449 ARAGUAY (E.-D.). Gallienne.
6137 ARDEL (H.). Le Mal d'aimer.
4738 ARENE (Paul). Friquettes et Friquets.
4092 ARMAND. Mes Chasses à la Frontière indienne. 2 vol.
4093 — Episodes de la Guerre du Mexique (1846-1848).
4091 — Ma Vie au Pays des Sauvages.
4631 ARTHEZ (Danielle d'). L'Excellent Baron de Pic-Ardant.
4539 ARTOIS (Armand d'). Le Sergent Balthazar.
6530 — Même ouvrage.
1935 ASSOLANT (Alfred). Un Mariage au Couvent.
4391 — Montluc le Rouge.
2939 — La Mort de Roland.
389 — Récits de la Vieille France : François Buchamor.
5515 — Le Tigre.
5653 — Pensées de Cadet Borniche.
5795 — Pensées diverses.
5262 AUBRAM (Edouard d'). La Ferme de Plouaret.
390 AUDEBRAND (Philibert). Un Petit-Fils de Robinson.
4153 — Les Yeux noirs et les Yeux bleus.
5575 — L'Amour de Cire et l'Amour d'Ivoire.
2133 AUDEVAL (H.). Les Demi-Dots.
2136 — La Dernière.
3724 AUERBACH (B.). La Fille aux Pieds nus.
5872 — Nouvelles villageoises de la Forêt Noire.
4718 AURIAC (Eugène d'). Charlotte.
4774 — D'Artagnan.
3360 AUVRAY (Richard). Les Gens d'Epinal (1823-1844).
5528 BABOU. Les Païens innocents.
5799 BACKER. Sans remords.
2927 BADERE (Mme Clémence). Une Mariée de seize ans.
2633 BADIN (Adolphe). Jean Casteyras : Aventures de trois Enfants en Algérie.
2148 — Marie Chassaing : Episode de la Vie des Alsaciens-Lorrains en Algérie.
6553 — Même ouvrage.
4589 — Minine et Pojarski.
3831 BAILLE. Souvenirs d'Annam.
5921 BALLANCHE. L'Homme sans Nom.
2990 BALZAC (de). Argow le Pirate.
506 — Béatrix.
492 — Catherine de Médicis.
485 — Les Célibataires. 2 vol.

3385 BALZAC (de). Le Centenaire.
502 — Les Chouans, ou la Bretagne en 1789.
503 — Le Contrat de Mariage.
491 — Le Cousin Pons.
489 — La Cousine Bette.
518 — Le Curé de Village.
499 — Le Député d'Arcis.
3387 — La Dernière Fée.
508 — La Dernière Incarnation de Vautrin.
3388 — Dom Gigadas.
493 — L'Enfant maudit.
497 — L'Envers de l'Histoire.
490 — Eugénie Grandet.
3391 — L'Excommunié.
488 — La Femme de Trente Ans.
509 — Grandeur et Décadence de César Birotteau.
3392 — L'Héritière de Birague.
513 — Histoire des Treize.
6042 — Les Contes drolatiques. 2 vol.
6043 — Le Colonel Chabert.
6044 — Un Début dans la Vie.
6259 — Illusions perdues. 1 vol. illustré.
3386 — Les Contes drolatiques. 3 vol.
6559 — Catherine de Médicis.
6608 — Le Contrat de Mariage.
6603 — La Dernière Fée.
6420 — Dom Gigadas.
6525 — Grandeur et Décadence de César Birotteau.
6531 — La Maison Nucingen.
6515 — Modeste Mignon.
6050 — Les Petits Bourgeois. 2 vol.
6048 — La Vieille Fille.
6047 — Les Employés.
6046 — L'Enfant maudit.
6571 — Même ouvrage.
504 — Honorine.
484 — Illusions perdues. 3 vol.
3393 — L'Israélite.
3389 — Jane la Pâle.
3390 — Jean Louis.
496 — Louis Lambert.
514 — Le Lys dans la Vallée.
507 — La Maison du Chat qui pelote.
510 — La Maison Nucingen.
494 — Les Marana.
520 — Le Médecin de Campagne.
487 — Mémoires de Deux Jeunes Mariées.
505 — Modeste Mignon.
486 — La Paix du Ménage.
516 — Les Parisiens en Province.
519 — Les Paysans.
495 — La Peau de Chagrin.
511 — Le Père Goriot.
500 — Petites Misères de la Vie conjugale.
501 — Physiologie du Mariage.

6598 BALZAC (de). Histoire des Treize.
515 — Les Rivalités.
512 — Splendeurs et Misères des Courtisanes. 2 vol.
517 — Ursule Mirouet.
498 — Une Ténébreuse Affaire.
2991 — Le Vicaire des Ardennes.
3101 BARBEY D'AUREVILLY (J.). Ce qui ne meurt pas. 2 vol.
5467 — Même ouvrage. 1 vol.
4277 BARINE (Arvède). Bourgeois et Gens de peu.
3200 — Portraits de Femmes.
3445 BAROT (Odysse). Le Roman d'un Poète.
5300 BARRACAND (Léon). Roberte.
5813 BARTHELEMY (de). Les Filles du Régent. 2 vol.
3629 BASIL-HAAL (Le capitaine). Scènes du Bord et de Terre-Ferme.
5885 BAYEUX (Marc). Profils et Contes normands.
4540 BAZIN (René). Terre d'Espagne.
4876 — Même ouvrage.
2494 BEACONSFIELD (Lord). Endymion. 2 vol.
3605 — Même ouvrage. 2 vol.
4048 BEAL (Gabrielle). Histoire intime.
2994 BEAULIEU (C. de). Jean Mulhberg.
6343 BEAUME (Georges). La Bourrasque.
521 BEAUMONT-VASSY (de). L'Amour diplomate.
5580 — Le Rêve de Jeunesse.
5102 BEAUREGARD (G. de) et GORSSE (H. de). Le Roi du Timbre-Poste.
6095 — La Proie pour l'Ombre.
4205 BEECHER-STOWE (Mistress). Coups d'épingles.
3620 — Les Petits Renards.
4890 BELLESSORT (André). Reine Cœur.
2794 BELLOC (Mme L.-S.-W.). Derniers Récits.
6317 BELZAC (Henri). Le Crime du Fantôme.
4367 BENEDICT. La Madone de Guido-Reni.
5007 BENOIT (Emile). Faustinia.
1436 BENTZON (Th.). Un Châtiment.
5084 — Choses et Gens d'Amérique.
2952 — Contes de Tous les Pays.
1434 — Georgette.
1435 — La Grande Saulière.
3733 — Pierre Casse-Cou.
1432 — Le Roman d'un Muet.
5996 — Malentendus.
1607 — Yette.
2963 BERCHERE (N.). Le Désert de Suez.
2587 BERNARD (Charles de). Le Nœud gordien.
5548 — Un Beau-Père. 2 vol.
6433 — Le Nœud gordien.
2812 BERNARD-DEROSNE (Léon). Types—Travers.
5087 BERR DE TURIQUE (J.). Comme ils sont tous.
4962 BERTHALL. La Comédie de notre Temps. Les Enfants. Les Jeunes. Les Mûrs. Les Vieux.
4963 — La Vie hors de chez soi.
6370 BERTHAUT (Léon). L'Absente.

6211 BERTHEROY (Jean). La Beauté d'Alcias.
4590 — Ximénès.
5299 — Le Journal de Marguerite.
3166 BERTHET (Elie). Le Val d'Andorre.
5789 — Le Roi des Ménétriers.
5001 BERTHOLD (Frédéric). Rivaux.
5959 — Passion moderne.
5974 — Enigme fatale.
2732 BERTIE-MARIOTT (C.). Un Parisien au Mexique.
2961 BERTIN (M.). Les Douze.
4027 — Man Ghite.
5646 BERTRAND (Louis). Gaspard de la Nuit.
6223 BESCLAUZE DE BERMON. Demi-Mère.
3325 BIART (Lucien). Les Ailes brûlées.
2166 — Benito Vasquez.
3087 — Antonia Bezarez.
2159 — Le Bizco.
6431 — Même ouvrage.
2162 — Clientes du Docteur Bernagius.
3952 — Entre Deux Océans.
3330 — Le Fleuve d'Or.
402 — Entre Frères et Sœurs.
4965 — Grand-Père Maxime.
3326 — Jeanne de Maurice.
3327 — Le Pensativo.
6429 — La Terre tempérée.
3328 — Le Roi des Prairies.
6510 — La Terre tempérée.
2165 — Même ouvrage.
3329 — A travers l'Amérique.
3951 — Même ouvrage.
3734 — Voyages et Aventures de Deux Enfants dans un Parc.
5790 BILLIARD (Norbert). Le Monde judiciaire.
5494 BILLIAUDEL. Le Reliquaire de Haute-Cloche.
3656 BLAIRAT (Eugène). Histoires tristes.
5938 BLAIZE (Jean). Similia.
5243 BLANC (A.). Bibelot.
4357 BLANC (Martial). Les Prisonniers de Bou-Amâma.
2379 BLANDY (S.). La Benjamine.
4029 — Le Bouquet d'Algues.
4030 — Castelvert.
2380 — La Dernière Chanson.
4348 — Droit Chemin.
4028 — Pierre de Touche.
2381 — Le Procès de l'Absent.
2382 — Tante Marise.
4656 — Au Tournant du Chemin.
4049 — Trois Contes de Noël.
6212 BLASCO-HANEZ. Boue et Roseaux.
6213 — Fleur de Mai.
5153 BLAZE DE BURY (Mlle). Dames d'hier et d'aujourd'hui.

405	BOISONNAS (Mme B.). Une Famille pendant la Guerre de 1870-1871.
6440	— Même ouvrage.
3756	BOMBONNEL. Le Tueur de Panthères.
2404	BONHOMME (Paul). Deux Mariages.
2624	— Récits de l'Oncle Paul.
5574	BONNETAIN (Paul). Le Nommé Perrent.
406	BONSERGENT (Alfred). Miette et Broscoco.
4015	— Trop tard !
1259	BOUCHARD (Henri-Edme). Les Sorciers du Poitou.
6318	BOULENGER (Marcel). L'Amazone blessée.
2923	BOURDON (Mme). Andrée d'Effauges.
4941	BOURGES (Elémir). Sous la hache.
3097	BOURGET (Paul). Cruelle Enigme.
5154	— Complications sentimentales.
6033	— Un Homme d'affaires.
4696	— Le Disciple.
3852	— Etudes et Portraits. 2 vol.
3098	— Mensonges.
3428	— Sensations d'Italie.
5530	BOURSIER. Le Cousin de l'Amérique.
3871	BOUSSENARD (Louis). Aventures d'un Héritier à travers le Monde.
4317	— Orphelin.
4970	— Le Tour du Monde d'un Gamin de Paris.
3726	BOUYER (A.-C.). La Chaumière à Jean-Louis.
4946	BOVET (Marie-Anne de). Le Beau Fernand.
5140	— Par orgueil.
5274	— Pris sur le Vif.
5148	BOYLESVE (René). Le Parfum des Iles Borromées.
6214	— Le Bel Avenir.
5149	— Sainte-Marie des Fleurs.
4021	BRADA. Compromise.
4541	— Joug d'Amour.
5089	— Petits et Grands.
4418	BRADDON (Mistress). L'Amour et l'Argent.
5550	— Les Oiseaux de Proie. 2 vol.
411	— La Chanteuse des Rues. 2 vol.
3015	— Fatalité.
408	— L'Intendant Ralph et autres Histoires.
5450	BREEN (M.). Mayotte.
5519	BREHAT (de). Les Vacances d'un Professeur.
5836	— Les Chemins de la Vie.
5859	— Une Parenté fatale.
1983	BREMER (Frédérika). Bertha.
3804	BRET-HARTE. Le Blocus de Neiges.
5337	BRISSON (Adolphe). Paris intime.
5020	BUJON (Pierre). Karakow.
5022	— Louise Longhan.
113	BULWER LYTTON (Sir Edward). Rienzi. 2 vol.
5573	— Alice ou les Mystères.
5620	— Mémoires de Pisistrate Caxton. 2 vol.
414	— Les Derniers Jours de Pompéi.
415	— Alice ou les Mystères.

4542 BUSNACH (William). Cyprienne Guérard.
3735 — Le Petit Gosse.
6319 BUTEAU (Henry). Un Orage.
6320 BUTTI (E. A.). L'Amour triomphe.
416 CACCIANIGA (Antoine). La Villa Hortensia.
5856 — Le Baiser de la Comtesse Savina.
3591 CADOL (Edouard). Rose.
4633 CAHU (Th.). Le Cachalot blanc.
4740 — La Rançon de l'Honneur.
4739 — Vendus à l'Ennemi. 2 vol.
3984 CAHUN (Léon). Excursions sur les Bords de l'Euphrate.
6346 CAINE (Hall). L'Enfant prodigue.
4006 CALMETTES (Fernand). Mlle Volonté.
4050 CAMPFRANC (du). Le Balcon de la Chenaie.
4051 — La Dot de Germaine.
4592 CANDIANI (R.). Pougatcheff.
3923 CANIVET (Charles). Constance Giraudel.
5090 CANTACUZENE-ALTIERI (Olga). Responsable.
5265 CARDELINE. L'Erreur d'Hermance.
5783 CARLEN (Emilie). Un Brillant Mariage.
5091 CARO (Mme E.). Pas à pas.
3694 CARRANCE (Evariste). Histoire d'un Mort.
5523 CARRAUD (Zulma). Le Livre des Jeunes Filles
5663 — Une Servante d'autrefois.
5400 CASE (Jules). Les Sept Visages.
4052 CASSAN (Mme). Le Roi Jacques.
5244 CASTETIS (Yan de). Le Moulin du Diable.
5193 CATERS (Louis de). Les Pirates de Venise.
3663 CAUVAIN (Henry). Un Cas de Folie.
4435 — Maximilien Heller.
3963 CELIERES (Paul). Les Héroïnes du Devoir.
5348 — Les Mémorables Aventures du Docteur J.-B. Quiès.
3334 — Le Roman d'une Mère.
422 CERVANTES SAAVEDRA (M. de). Don Quichotte de la Manche. 2 vol.
2124 — Le même ouvrage. 4 vol.
2907 — Les Nouvelles.
5266 CHABROL (Albérich). Chemin d'Amour.
4248 CHAMPFLEURY. Monsieur de Boisdhyver.
3316 — Chien Caillou.
4449 — Les Excentriques.
4394 CHAMPOL. Anaïs Evrard.
5468 — Les Justes.
3842 CHANDENEUX (Claire de). Un Cœur de Soldat.
3840 — La Dot réglementaire.
524 — Les Filles du Colonel.
3841 — L'Honneur des Champavayre.
5745 CHAROT. La Chanson du Berger.
2985 CHASLE (Philarète). Scènes des Camps et des Bivouacs hongrois.
5389 CHASSERIAU (Arthur). Du côté de chez nous.
4053 CHATEAU (Pierre de). Dix-huit cents francs de Rente.

249 CHATEAUBRIAND (Vicomte de). Les Martyrs.
6371 CHASSIN (Ch.-L.). Félicien. Souvenirs d'un Etudiant de 48.
3664 CHAZEL (Prosper). La Haie blanche.
3335 — Histoire d'un Forestier.
3954   Même ouvrage que le précédent.
4562 CHERBULIEZ (Victor). Après fortune faite.
1784 — Le Comte Kostia.
1787 — La Ferme du Choquard.
3042 — Une Gageure.
1786 — Meta Holdenis.
6293 — Même ouvrage.
5109 — Jacquine Vanesse.
1783 — Noirs et Rouges.
5493 — Miss Rovel.
5816 — Paul Meré.
4292 CHERON DE LA BRUYERE (Mme). Giboulée.
2687 CHERVILLE (Marquis G. de). Les Bêtes en robe de chambre.
2771 — Contes d'un coureur des bois.
4442 CHINCHOLLE (Charles). Le Joueur d'orgue.
4279 CIM (Albert). Entre Camarades.
6029 — Emancipés.
1320 CLADEL (Léon). Crête rouge.
6481 — Même ouvrage.
4896 — Juive errante.
5797 — Kerkadec.
3318 CLARETIE (Jules). La Mansarde.
4304 — L'Américaine.
1938 — Le Million.
424 — Monsieur le Ministre.
425 — Les Muscadins. 2 vol.
1909 — Le Prince Zilah.
427 — Robert Burat.
426 — Le Train 17.
5576 — Ruines et Fantômes.
5000 CLEMENCEAU (Georges). Les Plus Forts.
6625 — Même ouvrage.
2383 CLEMENT (Mme Félix). Françoise de Sauvigny.
4395 COIGNET (J.). Chez mon Oncle.
2987 COLLIN DE PLANCY (J.). Le Ménétrier d'Echternach.
5820 COMETTANT (Oscar). Le Nouveau Monde.
4247 CONSCIENCE (Henri). Le Conscrit.
2935 — L'Orpheline.
440 — Les Veillées flamandes.
5860 — Le Gentilhomme pauvre.
444 COOPER (J.-F.). Le Bravo.
445 — Le Corsaire rouge.
446 — Le Cratère.
447 — Le Dernier des Mohicans.
441 — Les Deux Amiraux.
6407 — Le Cratère.
449 — L'Espion.

450 COOPER (J.-F.). Eve Effingham.
451 — Le Feu follet.
453 — L'Heidenmauer.
452 — Le Lac Ontario.
454 — Lionel Lincoln.
6408 — Le Cratère.
456 — Lucie Hardinge.
458 — Mœurs du Jour.
459 — Les Monikins.
6403 — Mœurs du Jour.
461 — Le Pilote.
462 — Les Pionniers.
463 — Le Porte-Chaîne.
464 — La Prairie.
465 — Précaution.
6404 — Le Porte-Chaîne.
467 — Ravensnest.
468 — Satanstoé.
6405 — Ravensnest.
470 — Wyandette.
6406 — Satanstoé.
4885 CORNUT (Samuel). Chair et Marbre.
5366 — L'Inquiet.
4730 — Miss.
5074 COUPERUS (Louis). Majesté.
2384 COURCY (Alfred de). Le Bois de la Boulaye.
2930 COURNIER (J.-M.). Une Famille en 1870-1871.
4054 CRAITE (Miss G.). Le Fils aîné.
2593 — Une Noble Femme.
4057 — Le Roi Arthur.
2921 CRAVEN (Mme Augustus). Réminiscences : Souvenirs d'Angleterre et d'Italie.
2731 CRAWFORD (F.-Marisse). Monsieur Isaacs.
4605 — Zoroastre.
398 CURRER-BELL. Jane Eyre. 2 vol.
2942 CYRANO DE BERGERAC. Histoire comique des Etats et Empires de la Lune et du Soleil.
6015 DALL (Guillaume). Nos Humbles Braves Gens.
5939 DALSEME (A.-J.). Le Mystère de Courvaillan.
4786 DANRIT (Capitaine). L'Invasion noire. 2 vol.
4124 — La Guerre en rase campagne. 2 vol.
6139 — La Guerre en ballons. 2 vol.
2141 — La Guerre de forteresse. 2 vol.
4431 DARESTE (Rodolphe). La Saga de Nial.
4025 DARTHEZ (Danielle). La Femme de mon Fils.
5099 — La Route de Damas.
2130 DARYL (Philippe). La Petite Lambton.
2157 — Signe Meltroë.
2158 — En Yacht.
6565 — La Petite Lambton.
6558 — En yacht.
1328 DAUDET (Alphonse). Les Amoureuses.
6518 — Dom Raphaël.
1330 — L'Evangéliste.

4779	DAUDET (Alphonse). La Fédor.
475	— Fromont jeune et Risler aîné.
482	— Jack. 2 vol.
476	— Lettres de mon moulin.
478	— Le Nabab.
479	— Numa Roumestan.
3397	— L'Obstacle.
477	— Le Petit Chose.
1326	— Robert Helmont.
483	— Les Rois en exil.
3440	— Rose et Ninette.
1327	— Tartarin de Tarascon.
2444	— Tartarin sur les Alpes.
2770	— Trente ans de Paris.
6334	DAUDET (Ernest). L'Espionne.
4923	— Don Raphaël. Aventures espagnoles.
5075	— La Mongautier.
4922	— Rolande et Andrée.
6235	DE LATOUCHE. Fragoletta.
2601	DELETANG (Auguste). Fables et Contes.
4778	DELORME (Amédée). Lettres d'un Zouave.
5096	DELPIT (Edouard). Sang de Corsaire.
5375	— Le Talion.
4056	DEMOULIN (Mme Gustave). Une Epave parisienne.
2138	DEQUET (A.). Histoire de mon Oncle et de ma Tante.
5844	DERISOUD. Les Petits Crimes.
4891	DE SAINT-AMAND (Imbert). La Cour de Louis XIV.
4950	DESCHAMPS (Fr.). Les Grandeurs de Sophie.
4293	— Mon Ami Jean.
4571	— L'Intrépide Marcel.
4543	DESCHAMPS (Gaston). Chemin fleuri.
5462	— La Grèce d'aujourd'hui.
2817	DESCHANEL (Emile). Racine : Le Romantisme des Classiques. 2 vol.
2816	— Le Romantisme classique.
5273	DESLYS (Charles). L'Ami du Village.
2644	— L'Aveugle de Bagnolet.
5269	— Le Blessé de Gravelotte.
4850	DES RIVES (O.). Tôt ou Tard.
4741	DESTIN. Mieux que l'Amour.
5264	DE SUZE (Esther). Journal d'une Juive au Couvent.
6451	DIAN (E.). Miss Tommy.
2409	— Même ouvrage.
3262	DICKENS (Ch.). L'Abîme.
552	— Barnabé Rudge. 2 vol.
551	— Bleak House. 2 vol.
543	— Contes de Noël.
554	— David Copperfield. 2 vol.
557	— Les Grandes Espérances. 2 vol.
555	— Le Magasin d'Antiquités. 2 vol.

3454 DICKENS (Ch.). Maison à louer.
6592 — Le Magasin d'Antiquités. 2 vol.
6585 — Maison à louer.
548 — Paris et Londres.
553 — La Petite Dorrit. 2 vol.
549 — Vie et Aventures de Martin Chuzzlewit. 2 vol.
3758 — Même ouvrage en 1 vol.
547 — Les Temps difficiles.
5542 — L'Ami commun. 2 vol.
1581 DIDEROT. Contes et Romans.
560 DIDIER (Edmond). La Petite Princesse.
4595 DIEULAFOY (Jean). Volontaire (1792-1793).
4230 DIONYS (F.). Les Funérailles du Passé.
4166 D'ISLE (Mlle Henriette). Histoire de Deux Ames.
4759 DOCQUOIS (Georges). Bêtes et Gens de Lettres.
3459 DOLENT (Jean). Amoureux d'Art.
5840 — Même ouvrage.
4938 DOMBRE (Roger). Les Demoiselles Danaïdes.
4059 — Mademoiselle d'Ypre.
4939 — Le Médecin de Belle-Maman.
4634 — Pain d'Epice.
5933 DORIS (Henri). Trait d'union.
4307 DOSTOIEVSKY (Th.). Les Etapes de la Folie.
5317 — L'Eternel Mari.
6321 — Carnet d'un Inconnu.
5851 — Le Crime et le Châtiment. 2 vol.
4233 DOUBLE (Lucien). L'Empereur Titus.
5871 DOUGLAS (Enold). Sous les rideaux.
3896 DROZ (Gustave). Autour d'une source.
3897 — Le Cahier Bleu de Madame Cibot.
6535 — Même ouvrage.
3441 — Les Etangs.
4657 DUBARRY (Armand). Les Colons de Tanganiska.
4614 DUBOIS (Félix). La Vie au Continent noir.
5155 DUJARRIC (Gaston). Le Roman d'un capitaine de navire.
3453 DUMAS (Alexandre). Amaury.
567 — Ange Pitou. 2 vol.
573 — Le Capitaine Pamphile.
3920 — Le Capitaine Richard.
565 — Le Chevalier de Maison-Rouge. 2 vol.
4509 — Le Collier de la Reine. 3 vol.
564 — Les Compagnons de Jéhu. 3 vol.
566 — Le Comte de Monte-Christo. 6 vol.
2836 — La Comtesse de Charny. 6 vol.
563 — La Dame de Monsoreau. 3 vol.
4714 — Gabrielle Lambert.
6601 — Le Capitaine Pamphile.
2989 — Les Hommes de fer.
572 — Joseph Balsamo. 5 vol.
3855 — Louis XIV et son siècle. 4 vol.
568 — Les Louves de Machecoul. 3 vol.
2337 — Les Mohicans de Paris. 4 vol.
4510 — Les Quarante-Cinq. 3 vol.
2338 — La Reine Margot. 2 vol.

4777	DUMAS (Alexandre). Salvator. 5 vol.
569	— Les Trois Mousquetaires. 2 vol.
570	— Le Vicomte de Bragelonne. 6 vol.
571	— Vingt Ans après. 3 vol.
5914	— Casse-Noisette.
562	— Le Véloce. 2 vol.
6231	— Les Confessions de la Marquise.
6292	— Les Drames de la Mer.
1086	— Tiphaine.
5497	— Les Deux Reines. 2 vol.
5570	— Le Chevalier d'Harmental. 2 vol.
2780	DUMAS (Alexandre) fils. La Dame aux Camélias
6353	— Même ouvrage que le précédent.
3148	— La Vie à vingt ans.
4615	DUPIN DE SAINT-ANDRE (F.). Ce qu'on dit à la maison.
3667	DUPIN DE SAINT-ANDRE (Mme). Le Tourment de la maison.
4692	DUPUY (Antonin). Le Comte de Tréazek.
5792	DURANTY. Les Combats.
6423	EDMOND (Charles). Zéphirin Casavan.
5596	— Même ouvrage.
2413	EDWARDS (Miss Amélie). Mystérieuse disparition de lord Brackenburry.
2580	ELIOT (Georges). Adam Bede.
2590	— La Conversion de Jeanne.
2407	— Silas Marner.
5248	ENAULT (Louis). Un Drame au Marais.
4587	— Pour un !
1634	— En province.
5793	— Pêle-Mêle.
5874	EPINAY (Mme). Lettres à mon Fils.
1696	ERCKMANN-CHATRIAN. Le Banni.
1708	— Le Blocus.
1695	— Le Brigadier Frédéric.
1691	— Une Campagne en Kabylie.
1705	— Confidences d'un Joueur de Clarinette.
1701	— Contes de la Montagne.
1702	— Contes des bords du Rhin.
1683	— Contes populaires.
1697	— Contes vosgiens.
1685	— Les Deux Frères.
1692	— Le Grand-Père Lebigre.
1703	— La Guerre.
1688	— Histoire d'un Conscrit de 1813.
1682	— Histoire d'un Homme du Peuple.
6517	— Contes des bords du Rhin.
1684	— Histoire d'un Plébiscite.
1706	— Histoire d'un Sous-Maître.
1686	— L'Illustre Docteur Mathéus.
1694	— L'Invasion.
1690	— Madame Thérèse.
1704	— La Maison forestière.
1707	— Maître Daniel Rock.

1687. ERCKMANN-CHATRIAN. Maître Gaspard Fix.
6262. — Histoire d'un Paysan. La Révolution française 1789-1815. 1 vol. illustré.
6532. — Histoire d'un Conscrit de 1813.
6549. — Histoire d'un Plébiscite.
6563. — L'Illustre Docteur Mathéus.
1681. — Histoire d'un Paysan. 4 vol.

    1" partie. — Les Etats généraux, 1789.
    2°   —   — La Patrie en danger, 1792.
    3°   —   — L'An I de la République, 1793.
    4°   —   — Le citoyen Bonaparte, 1794-1815.

1698. — Souvenirs d'un Ancien Chef de Chantier.
1693. — Les Vieux de la Vieille.
6322. ERLANDE (Albert). Le Paradis des Vierges sages.
3547. ERNOUF (Baron). Souvenirs d'un Officier polonais.
5934. ESPARBÈS (Georges d'). Le Roi.
6347. — Printemps.
5353. ESTAUNIE (Edouard). Le Ferment.
577. FABRE (Ferdinand). L'Abbé Tigrane.
5454. — Mon Ami Gaffarot.
1937. — Le Chevrier.
1897. — Le Courbezon.
3865. — Germy.
1416. — Julien Savignac.
3773. FATH (Georges). Perdus au milieu de Paris.
5076. FATH (René). Mariage américain.
6281. FAURE (Abel). La Clef des Carrières.
5355. FAUTY (F.). Supplice de Tantale.
2574. FAVRE (Adolphe). Le Bracelet de Corail.
280. FENELON. Aventures de Télémaque.
3476. — Même ouvrage.
2120. — Le même ouvrage. 2 vol.
579. FERRY (Gabriel). Le Coureur des Bois. 2 vol.
3746. — Les Exploits de Martin Robert.
3069. — Scènes de la vie sauvage au Mexique.
5809. — Les Squatters.
3661. FERVACQUES. Mémoires d'un Décavé.
2818. FEUILLET (Octave). Histoire de sibylle.
1864. — Monsieur de Camors.
1865. — Petite Comtesse (La).
2279. — Le Roman d'un Jeune Homme pauvre
4694. — Même ouvrage.
2277. — La Veuve.
5092. FEUILLET (M™e Octave). La Filleule de Monseigneur.
3857. FÉVAL (Paul). Les Mystères de Londres. 2 vol.
4152. FEYDEAU (Ernest). Catherine d'Overmeire.
4635. FICY (P.). La Destinée de Silvère.
4397. — Le Ménétrier des Hautes-Chaumes.
4062. — Rolande Marney.
5891. FIEVEE. Légende militaire.

4762 FIGUIER. Les Bonheurs d'outre-tombe.
5868 FIGUIER (Mme Louis). Le Gardien de la Camargue.
5854 — Nouvelles languedociennes.
5867 — Mos de Lavène.
4596 FILON (Augustin). L'Elève de Garrick.
4597 — Renégat (1586-1593).
3806 — Violette Mérian.
4736 FLAMMARION (Camille). Stella.
4146 — Uranie.
580 FLAUBERT (Gustave). Madame Bovary.
4598 — Salammbô.
5822 — Bouvard et Pécuchet.
5433 FLEURIOT (Mlle Zénaïde). Le Cœur et la Tête.
4295 — Un Fruit sec.
4572 — Les Prévalonnais.
4880 FLORAN (Mary). Le Mariage de Clément.
5374 — La plus riche.
4547 FLORAN (Mary). Carmencita.
4546 — La Faim et la Soif.
3452 FLORANGE (Emile). Maison Blanche.
583 FONCY (Charles). Contes et Nouvelles.
4415 FONVIELLE (W. de). Aventures aériennes.
3201 — Les Affamés du Pôle Nord.
2988 — Neridah. 2 vol.
5267 FOULON DE VAULX (André). Le Veuvage.
6324 FRANAY (Gabriel). Elaine.
6103 FRANCE (Anatole). Crainquebille. Putois et Riquet.
6215 — Sur la Pierre Blanche.
584 FRANKLIN (Alfred). Ameline du Bourg.
6384 FRAYCOURT (Paul). De la Charrue à la Pourpre.
3905 FREBAULT (Elie). La Vie de Paris.
4016 FREHEL (Jacques). Bretonne.
3075 FROMENTIN (Eugène). Dominique.
6152 FUNCK-BRENTANO (Frantz). Joliclerc. Volontaire aux Armées de la Révolution.
3003 GABORIAU (Emile). La Corde au Cou.
1534 — Mariages d'Aventures.
2784 GASKELL (Mrs). Autour du sofa.
2998 — Marie Barton.
2591 — Cousine Phillis.
526 GASPARIN (Comte Agénor de). Vesper.
5390 GAUTHIER (Pierre). La Dame du Lac.
3363 GAUTHIER (Judith). La Conquête du Paradis.
4604 — Fleurs d'Orient.
3364 — La Sœur du Soleil.
4603 — Le Vieux de la Montagne.
1868 GAUTHIER (Théophile). Le Capitaine Fracasse. 2 vol.
6410 — Nouvelles.
589 — Nouvelles.
1869 — Le Roman de la Momie.
588 — Romans et Contes.
6554 — Nouvelles.

5111 GEBHART (Emile). Au Son des Cloches.
4601 — Autour d'une Tiare (1075-1085).
2135 GENNEVRAY (A.). Une Cause secrète.
4384 — La Petite Louisette.
4373 — Marchand d'allumettes.
5837 GERARD (André). Envers et contre tous.
3636 GERSTAECKER (F.). Une Charmante Habitation.
527 GIRARDIN (Mme Emile de). Nouvelles.
6325 GLADÈS (André). Florence Monneroy.
1361 GLOUVET (Jules de). Le Berger.
1335 — La Famille Bourgeois.
4602 — France (1418-1429).
4930 — Même ouvrage que le précédent.
4484 GODARD (Léon). Soirées algériennes.
3604 GODET (Philippe). Le Cœur et les Yeux.
287 GOETHE. Wilhem Meister. 2 vol.
5757 — Werther.
2995 GOGOL (Nicolas). Les Ames mortes. 2 vol.
2783 — Tarass Boulba.
605 GOLDSMITH. Le Vicaire de Wakefield.
5537 GONCOURT (Edmond et Jules de). Charles Demailly.
2782 GONZALES (Emmanuel). Les Frères de la Côte.
5858 GOUBAUX. Nouvelles.
2726 GOURDAULT (Jules). L'Homme blanc au Pays des noirs.
3738 GOUZY (P.). Promenade d'une Fillette autour d'un Laboratoire.
2560 — Voyage d'une Fillette au Pays des Etoiles.
2134 GOZLAN (Léon). Les Emotions de Polydor Marasquin.
6596 — Même ouvrage.
5746 GRAMMONT (F. de). Chants du Passé.
3002 GRANDMOUGIN (Charles). Contes d'aujourd'hui.
5774 GREBAUVAL. Le Gabelou.
6216 GREEN (A.-K.). L'Affaire Leavenworth.
1260 GRENIER (Edouard). Marcel.
3264 GRENVILLE-MURRAY (E.-G.). Une Famille endettée.
3993 — Les Turcs chez les Turcs.
3843 GREVILLE (Henry). L'Amie.
1849 — Ariadne.
3844 — Aurette.
5080 — L'Aveu.
6587 — Même ouvrage.
5079 — Céphise.
6519 — Même ouvrage.
608 — Dosia.
1852 — Les Epreuves de Raïssa.
4921 — Le Fil d'Or.
6590 — Même ouvrage.
3616 — L'Héritage de Xénie.
6434 — Même ouvrage.

4012 GREVILLE (Henry). L'Héritière.
1850 — Les Koumiassine. 2 vol.
1426 — Louis Breuil.
3615 — Lucie Rodey.
4011 — Le Mari d'Aurette.
6662 — Même ouvrage que le précédent.
5504 — Frankley.
5513 — Rosa Rosier.
5521 — Bonne Marie.
6622 — Le Mari d'Aurette.
5482 — Nicanor.
5810 — Le Fiancé de Sylvie.
1939 — Les Mariages de Philomène.
3613 — Marier sa Fille.
3829 — Le Moulin Frappier. 2 vol.
3614 — La Niania.
609 — Nouvelles russes.
4013 — Péril.
610 — Suzanne Normis.
1851 — Un Violon russe. 2 vol.
6035 — Zoby.
4066 GUE (Paul). Arrière-Saison.
3780 GUENOT (Henri). Le Vieux Pilote.
2620 GUERRIER DE HAUPT (Marie). Marthe.
4742 GUIRAUD (Paul). La Conversion de Gaston Ferney.
6028 GUY DE MAUPASSANT. Les Dimanches d'un Bourgeois de Paris.
5998 GUY-VALVOR. Les Treize.
4403 GUYON (Charles). Les Aventures d'un Volontaire.
4121 GYP. Madame la Duchesse.
5377 — Monsieur de Folleuil.
3380 — Une Passionnette.
1792 HACKLANDER (F.-W.). La Vie militaire en Prusse. 4 vol.
2954 HAGGARD (Rider). Découvertes des mines de Salomon.
4378 — Même ouvrage.
1929 HALEVY (Ludovic). L'Abbé Constantin.
1918 — Criquette.
3749 HAMELIN (La Famille), par l'Auteur de Tout Droit.
6217 HARDY DE PERINI. Le Roman d'un Assiégé.
5316 HAREL (Paul). Le Demi-Sang.
5358 HARRADEN (Béatrice. Des Ombres qui passent.
612 HARTE (Bret). Scènes de la Vie californienne.
5785 HAWTHORNE. La Lettre rouge.
2387 HAY (Mary-Cécil). Jolette. 2 vol.
613 HENTY (C.-A.). Les Jeunes Francs-Tireurs.
1080 HISTORIETTES et Anecdotes.
3809 HOFFMANN (E.-T.-W.). Fantaisies dans la Manière de Callot.
4430 HONG-TJYONG-OU. Le Bois sec refleuri.

3765 HOUDETOT (Comtesse de). Lis et Chardon.
4637 — Isabel.
2595 HOUSSAYE (Arsène). Les Charmettes.
1407 — La Couronne de Bleuets.
1637 — Les Femmes comme elles sont.
618 HUGO (Victor). Bub-Jargal.
6288 — Bub-Jargal. Le Dernier Jour d'un Condamné. Claude Gueux.
617 — Han d'Islande.
6301 — Même ouvrage que le précédent.
347 — Les Misérables. 5 vol.
614 — Les Misérables. 8 vol.
4625 — Les Misérables. 8 vol.
616 — Notre-Dame de Paris. 2 vol.
1305 — Quatre-Vingt-Treize. 2 vol.
615 — Les Travailleurs de la Mer. 2 vol.
4626 — Même ouvrage que le précédent. 2 vol.
3861 HUGUES (Clovis). Monsieur le Gendarme.
3684 HUMBERT (Auguste). Les Dimanches de ma Tante Emélie.
2779 IERMOLA. Histoire polonaise.
4224 JACQUES. Contes et Causeries.
619 JANIN (Jules). Le Chemin de traverse.
5913 — La Fin d'un Monde.
5825 JOLIET. Trois Uhlans.
2825 JULLIOT (François de). Terre de France.
4733 KAISER (Isabelle). Sorcière.
626 KARR (Alphonse). Le Chemin le plus court.
5888 — Contes et Nouvelles.
5618 — Les Femmes.
3451 — Clovis Gosselin.
628 — Les Dents du Dragon.
4494 — Fa dièze.
625 — La Famille Alain.
629 — Les Gaîtés romaines.
623 — Une Heure trop tard.
3444 — Le Pot aux Roses.
627 — Promenades au bord de la mer.
622 — Sous les Tilleuls.
4638 KERGOMARD (Mme P.). Heureuses Rencontres.
5842 KNORRING.
3611 KOMPERT (Léopold). Nouvelles Juives.
5863 LABOULAYE (Ed.). Le Prince Caniche.
4712 LACROIX (Octave). Padro Antonio.
1572 LAFAYETTE (Mme de). La Princesse de Clèves.
2405 LALAING (S. de). Mademoiselle Bréval.
4720 LA LANDELLE (G. de). Un Corsaire sous la Terreur.
3169 — Les Coureurs d'Aventures.
5744 — Une Haine à bord.
5873 — Troisième Quart de Nuit.
4456 LA MADELEINE (Henry de). Le Comte Gaston de Raousset-Boulbon.
4260 LAMARTINE (de). Héloïse et Abélard.
624 — Geneviève.

3685 LAMBER (Juliette). Mon Village.
5794 — Récits du Golfe Juan.
5499 — Jean et Pascal.
4458 LAMOTHE (A. de). Le Capitaine Ferragus.
4439 — Histoire d'une Pipe. 2 vol.
4351 LAMY (Georges). Voyage du Novice Jean-Paul.
4788 LANGLOIS (Mme H.). Pâté de Pigeons.
5928 LANO (Pierre de). Suprême Pardon.
4959 LAPOINTE (Armand). Les Déserts africains.
3670 LAPOINTE (Savinien). Contes.
3410 LAURIE (André). Le Bachelier de Séville.
3412 — Le Capitaine Trafalgar.
2555 — L'Héritier de Robinson.
2556 — Histoire d'un Ecolier hanovrien.
4618 — Le Nain de Rhadameh.
4619 — Les Naufragés de l'Espace.
6110 — L'Escholier de Sorbonne.
4620 — Le Rubis du Grand Lama.
4617 — Le Secret du Mage.
3411 — Sélène-Compagnie. 2 vol.
2557 — Tito le Florentin.
5003 LAVEDAN (Henri). Leurs Sœurs.
5805 LAWRENCE (Georges-Alfred). Frontière et Prison.
5824 — Guy Livingstone.
3759 LECADET (H.). Les Contrebandiers.
3586 LECOCQ (Ad.). Chroniques, Légendes, Curiosités et Biographies beauceronnes.
6309 LECOMTE (Georges). Les Valets.
6310 — Les Cartons Verts.
6311 — Les Hannetons de Paris.
4937 LE COZ (Mme Octave). Sans Mari.
3671 LEFEVRE (André). La Flûte de Pan.
5760 LE FEVRE DEUMIER. Vittoria Colonna.
2588 LE GAL DE LA SALLE. L'Héritage de Jacques Farruel.
635 LEGER (Achille). La Fille du Péché.
6300 LEGRAND-CHABRIÉ. Mangwa.
4258 LEILA-HANOUM. Un Drame à Constantinople.
2485 LELLION-DAMIENS. Madame Louise.
2487 — Nouvelles.
5623 — Un Coin de Village.
3621 LEMONNIER (Camille). Contes flamands et wallons.
4426 LÉO (André). La Justice des Choses. 2 vol.
    I. Les Aventures d'Edouard.
    II. Une Maman qui ne punit pas.
4881 — Les Aventures d'Edouard.
4182 — Une Maman qui ne punit pas. (Suite du précédent.)
4427 — Une Maman qui ne punit pas.
3997 LEOUZON-LEDUC (L.). L'Ours du Nord.
4385 — Les Filles de Quinnebasset.
6345 LE ROY (Eugène). Les Gens d'Auberoque.

5603	LE SAGE. Histoire de Guzman. 2 vol.
5604	— Le Bachelier de Salamanque.
3147	LINDEN (Adrien). Aventures de Chasse.
3449	LIX (Tony). Les Neveux de la Chanoinesse.
636	LOCKROY (M.-S.). Contes à mes Nièces.
3274	LOCMARIA (Le comte de). La Chapelle Bertrand.
3847	LOLIÉE (Frédéric). Nos Gens de Lettres.
6383	LOREDAN (Jean). La peine de vivre.
5823	LORES. Raphaël et Marguarita.
1442	LORIN (Georges). Paris Rose.
4642	LOTI (Pierre). Le Désert.
4120	— L'Exilée.
6326	— Les Désenchantées.
6335	— La troisième jeunesse de Madame Prune.
3858	— Mon Frère Yves.
3041	— Au Maroc.
2973	— Pêcheur d'Islande.
4854	— Ramuntcho.
5097	— Reflets sur la Sombre Route.
3659	LUDWIG (Otto). Entre Ciel et Terre.
5553	MAC-INTOSH (Miss). Contes américains. 2 vol.
5546	MADELEINE (Jules de La). Brigitte.
5552	— Les Amours d'Asnières.
4319	MAEL (Pierre). Amour d'Orient.
5399	— Cendrionnette.
4869	— Le Cœur et l'Honneur.
4519	— Le Drame de Rosmeur.
5388	— Les Derniers Hommes Rouges.
5141	— Eva et Lilian.
4455	— Un Manuscrit.
4898	— Marc et Lucienne. 2 vol.
5387	— Mer bénie. Mœurs maritimes.
5147	— Pas de Dot.
4868	— Petit Ange.
4639	— Robinson et Robinsonne.
6285	— Le Roman de Joël.
6239	— Les Lurons de Jeanne.
4354	MAGBERT (Mme). Histoire d'un Vaurien.
4355	— Les Lunettes bleues.
4954	MAIGRON (Louis). Le Roman historique à l'époque romantique.
4100	MAIRE (Joseph). Bourse plate.
4099	— Madame la Préfète.
5849	MALERAIX (Alfred). Castel aux Chênes. 3 vol.
5713	MALLEFILLE. Le Collier.
4512	MALOT (Hector). Les Amants.
4321	— Amours de Jeune.
4320	— Amours de Vieux.
3894	— La Belle Madame Donis.
5125	— Beau-Frère.
4263	— Une Bonne Affaire.
4747	— Complices.
5127	— Conscience.
2800	— Le Docteur Claude. 2 vol.

4511	MALOT (Hector). Les Enfants.
4513	— Les Epoux.
4734	— En Famille. 2 vol.
1268	— Raphaëlle.
1269	— Une Femme d'argent.
5480	— Un Bon Jeune Homme.
5484	— Pompon.
5498	— Baccara.
5500	— Vices français.
6348	— La Duchesse d'Arvernes.
6368	— Même ouvrage que le précédent.
4746	— Mariage riche.
639	— Un Mariage sous le Second Empire.
3281	— Les Millions honteux.
5126	— Paulette.
4129	— La Petite Sœur. 2 vol.
4745	— Le Roman de mes Romans.
640	— Sans Famille. 2 vol.
1362	— Séduction.
4305	— Zyte.
4748	MALOT (Mme Hector). L'Amour dominateur.
642	MALRAISON. La Politique et le Cœur.
3081	MANDAT-GRANCEY (Baron E. de). La Brèche aux Buffles.
4920	— Chez John Bull.
2711	— Dans les Montagnes rocheuses.
3084	— Même ouvrage que le précédent.
4710	MANE-THECEL-PHARES. Histoires d'il y a vingt ans.
4055	MANTEUFFEL (U.-Z. de). Lora.
1557	MAQUET (Auguste). Dettes de Cœur.
2576	MAQUET (Charles). Le Cap du Néant.
2360	MARCEL (Etienne). Dymitr le Cosaque. 2 vol.
4069	— Elle et Moi.
2361	— La Famille du Baronnet. 2 vol.
2362	— La Future du Baron Jean.
2363	— Grand'Mère.
2366	MARECHAL (Marie). L'Hôtel Woronzoff.
2369	— La Roche-Noire.
5841	— Nos Petits Camarades.
4936	MARGUERITTE (Paul). L'Eau qui dort.
4423	— Simple Histoire.
6200	— Le Pas sur le sable.
6032	— (Paul et Victor). Le Jardin du Roi.
5835	MARION. Parisiens et Parisiennes.
2370	MARLITT (E.). Barbe Bleue.
2371	— Chez le Conseiller. 2 vol.
4039	— La Dame aux Pierreries. 2 vol.
2372	— Elisabeth aux Cheveux d'Or. 2 vol.
2373	— Gisèle. 2 vol.
4038	— La Maison des Hiboux. 2 vol.
2374	— La Maison Schilling. 2 vol.
2375	— La Petite Princesse des Bruyères. 2 vol.
2389	— La Seconde Femme. 2 vol.

2390 MARLITT (E.). Le Secret de la Vieille Demoiselle. 2 vol.
2391 — La Servante du Régisseur.
3011 MARMIER (Xavier). Contes populaires.
5901 — Histoires allemandes et scandinaves.
4766 MARTIN-DONOS (Ch. de). Légendes et Contes de Provence.
5318 MARTIN-VIDEAU (Ed.). L'Irrémissible.
5133 MASSON-FORESTIER. Angoisses de Juge.
5458 — Remords d'Avocat.
3116 MATHIEU-D'AURIAC (E.). Les Marmottes parisiennes.
6218 MAUCLAIR. Les Mystères du visage.
2411 MAUTHNER (Franz). Histoire du Pauvre Petit Franichko.
3317 MAYNARD (Docteur Félix). Souvenirs d'un Zouave devant Sébastopol.
3666 MAYNE-REID. Bruïn ou le Chasseur d'Ours.
3648 — Le Chasseur de Chevelures.
654 — Même ouvrage.
3647 — Le Chasseur de Plantes.
647 — Les Deux Filles du Squatter.
3263 — Le Doigt du Destin.
3645 — A fond de cale.
2414 — Le Gantelet blanc.
648 — Les Jeunes Esclaves.
2599 — A la Mer.
655 — Les Naufragés de l'Ile Bornéo.
3012 — La Piste de Guerre.
2592 — La Quarteronne.
6613 — Même ouvrage.
2940 — Le Roi des Seminoles.
3646 — Les Vacances des Jeunes Boërs.
6241 — Aventures de chasses et de voyages.
4042 MAYRAN (M.). Annie.
4043 — Dans un Vieux Logis.
2392 — L'Erreur d'Isabelle.
2393 — La Faute du Père.
2394 — L'Héritage de Paule.
4070 — Huberte.
2395 — Le Manoir des Célibataires.
2396 — Les Rêves de Marthe.
2397 — Rosa Trévern.
5961 MAZE (Jules). Les Petites Litte.
4737 MEISCHKE SMITH (W.). Croquis chinois.
5940 MELANDRI (Achille). Chevaliers errants. Corsaires et Flibustiers.
2827 MERIMÉE (Prosper). Colomba.
5128 MEROUVEL (Charles). Le Docteur Mont-Dore.
4705 MERY. Le Château de la Favorite.
164 — La Guerre du Nizam.
3322 — Les Nuits parisiennes.
3276 — La Floride.
6054 MESNAGE (Louis). Le Mari de ma Femme.

6219 MEUNIER-SURCOUF (Mme). L'Eternelle Méprise.
4392 MEYER (H.). Le Serment de Paul Marcorel.
6138 MICHELET (Jules). Les Chats.
4723 MICHIELS (Alfred). Drames politiques.
6199 MILLE (Pierre). Sur la vaste terre.
5819 MIRAGLIA-BIAGIO. Cinq Nouvelles calabraises.
4312 MOINAUX (Jules). Les Tribunaux comiques. 5 v.
3642 MOLENES (Paul de). Aventures du Temps passé.
3643 — Caractères et Récits du Temps.
3640 — Chroniques contemporaines.
3641 — Histoires intimes.
3506 — Mémoires d'un Gentilhomme du Siècle dernier.
5695 MONCHOISY. La Nouvelle Cythère.
5522 MONEAUT. Le Colporteur des Pyrénées.
5626 MONSELET (C.). De Montmartre à Séville.
2766 MONTET (Joseph). Contes patriotiques.
658 MONTGOMERY (Mme Alfred). Miss Snowden.
6439 — Même ouvrage que le précédent.
6096 MORÉAS (J.). Contes de la Vieille France.
5321 MOREAU-VAUTHIER (Ch.). Le Sentier du Mariage.
4014 — La Vie d'Artiste.
3190 MORET (Eugène). Le Roi des Sauveteurs.
2398 MOUEZY (André). Rosaïk (Petite Rose des Bois) Etude bretonne.
2399 — Vie-en-Sèche.
3823 MOUSSAC (Mme la Marquise). Popo et Lili.
5227 MULE (Antonin). La Maison de Jean Fourcat.
3995 MULLER (Eugène). Les Aventures de François Leguay en deux Iles désertes.
3633 — La Boutique du Marchand de Nouveautés.
4441 — Contes rustiques.
3487 — Quelle Heure est-il?
5483 — La Mionnette.
1532 MURGER (Henri). Madame Olympe.
661 — Les Vacances de Camille.
663 — Le Sabot rouge.
6182 — Propos de ville et Propos de théâtre.
4073 MUSSAT (Louise). Mon Roman.
536 MUSSET (Alfred de). La Confession d'un enfant du siècle.
538 MUSSET (Paul de). Lui et Elle.
5610 — Extravagants et Originaux.
4451 NADAR. Quand j'étais Etudiant.
4640 NANTEUIL (Mme P. de). Alain le Baleinier.
4390 — Alexandre Vorzof.
3750 — Une Poursuite.
5064 NAUROUZE (Jacques). Fils de Bourgeois.
5941 — Autour d'un drame.
5132 — L'Otage.
5294 — Séverine.
4613 — A travers la Tourmente.
2986 NAVERY (Raoul de). Avocats et Paysans.

5909 NERTHAL. L'Anneau du Nibelung.
5529 — Scènes de la Vie orientale. Les Femmes du Caire. 2 vol.
5711 — Les Filles du Feu.
1715 NERVO (Baron de). Les Confidences d'une Hirondelle.
3673 NETTEMENT (Mlle Marie-Alfred). L'Epave.
5429 NENKOMM (Edmond). Les Dompteurs de la Mer.
2408 NEUILLIES (Mme Berthe). Le Mari d'Ianthe.
2410 — L'Expiation de Lady Culmore.
4074 — Ismay Waldron.
2577 NIXARPA (Mme Eiluj). Ilona.
5636 NODIER (Charles). Souvenirs de jeunesse.
5829 NOEL (Eugène). Mémoires d'un Imbécile.
4098 NOEL (P.). Aventures de Trois Canonniers.
4235 NOIR (Louis). Le Médecin juif.
5516 NORIAC (Jules). Le 101e Régiment.
4624 NOUSSANNE (Henri de). Jasmin Robba.
4356 NOUVELLES SUEDOISES. Jours d'Epreuves
5725 NYNA et MERVYN.
1331 OHNET (Georges). La Comtesse Sarah.
1332 — Le Maître de Forges.
6362 — Même ouvrage que le précédent.
1333 — Serge Panino.
4450 — Dette de Haine.
2969 — Le Docteur Rameau.
2441 — La Grande Marnière.
1443 — Lise Fleuron.
6031 — La Marche à l'amour.
6094 — Le Chemin de la gloire.
6220 — La Conquérante.
6327 — La Dixième Muse.
6529 — Dette de Haine.
6597 — Lise Fleuron.
4902 — Les Vieilles Rancunes.
4285 OUIDA. Guilderoy. 2 vol.
3652 — Deux Petits Sabots.
3813 — Syrlin. 2 vol.
5815 — Edouard Ourliac.
5448 PARDIELLAN (P. de). La Vie militaire en Russie.
873 PARVILLE (Henri de). Un Habitant de la planète Mars.
5152 PASCAL (Lucien). Deux Patries.
6144 PASSY (F.). Les Causeries du Grand-Père.
3899 PATUROT. Gustave.
3005 PAUGMARTEN (Comtesse Marie de). Etoile filante.
2899 PAUL (Adrien). Les Finesses de d'Argenson.
5560 PAULTRE (Emile). Capharnaüm.
3760 PERELAER (Le colonel M.-T.-H.). A travers Bornéo.
4243 PERRET (Paul). Les Bourgeois de Campagne.
1427 — Les Demi-Mariages.

6344 PETTIT (Charles). Le Chinois de Mlle Bambou.
4075 PINOT (Mme). Le Premier Violon.
6523 — Même ouvrage.
5206 PLANCY (Baron de). Souvenirs et Indiscrétions d'un Disparu.
4940 PLESSIS (Frédéric). Le Mariage de Léonie.
6513 — Même ouvrage.
3096 POE (Edgar). Aventures d'Arthur Gordon Pym.
2932 — Histoires extraordinaires.
2583 — Histoires grotesques et sérieuses.
2582 — Nouvelles Histoires extraordinaires.
2401 POITEVIN (Mlle Marie). Les Grancogne-Léogan.
4077 — L'Héritage de Tantale.
5517 PONTMARTIN (Arm. de). Les Jeudis de Madame Charbonneau.
4268 PORADOWSKA (Marguerite). Les Filles du Pope.
4567 — Marylka.
4977 PORCHAT (Jacques). Les Deux Auberges (l'Ours et l'Ange).
5848 — Contes merveilleux.
4308 POUCHKINE (Alexandre). L'Aube russe.
3175 POYNTER. Hetty (trad. de l'anglais).
4900 PRADEL (Georges). Cœur de Mère.
3654 PRESSENSE (Mme E. de). Deux Ans de Lycée.
3653 — Une Joyeuse Nichée.
3679 — Petite Mère.
668 PREVOST-DUCLOS. Une Aventure à Tombouctou.
6349 PRÉVOST (Marcel). Léa.
5945 — L'Heureux Ménage.
6034 — Les Vierges fortes. Frédérique.
6221 — La Princesse d'Erminge.
5492 PROTH (Mario). Les Vagabonds.
5371 PSICHARI (Jean). L'Epreuve.
2171 QUATRELLES. Les Amours extravagants de la Princesse Djalavann.
2169 — L'Arc-en-Ciel.
2176 — Casse-Cou.
2172 — Les Mille et une Nuits matrimoniales.
2174 — Le Parfait Causeur parisien.
3414 — Mon Petit Dernier.
2168 — Sans Queue ni Tête.
2173 — Tout Feu tout Flamme.
2170 — Vie à Grand Orchestre.
2175 — Voyage autour du Grand Monde.
6284 RABUSSON. Vaine Rencontre.
3174 — L'Illusion de Florestan.
5734 RAMBAUD (Louis). Voyage de Martin à la Recherche de la Vie.
5396 — Le Bonheur de Christiane.
6222 RAMEZ (C.-F.). Aline.
2348 RAYMOND (Mme Emmeline). Nouvelles. Aide-toi, le Ciel t'aidera. Oncle et Nièce. Mélanges.
2349 — A quelque chose malheur est bon.

3903	RAYMOND (Mme Emmeline). Les Grands et les Petits Devoirs.
2351	— Histoire d'un Famille et Mélanges.
2353	— Lettre d'une Marraine à sa Filleule.
2356	— Un Récit qui se termine par un Mariage.
2357	— Les Rêves dangereux.
2358	— Le Secret des Parisiennes suivi de Mélanges.
4749	REAL (Antony). La Belle Bachelette.
5937	RECOLIN (Charles). Vers la vie.
5391	REIBRACH (Jean). A l'Aube.
5365	RENAUDIN (Paul). Silhouettes d'humbles.
6114	REVAL (G.). La Cruche cassée.
2389	REYBAUD (Louis). Jérôme Paturot à la recherche de la meilleure des Républiques. 2 vol.
1921	— Scènes de la Vie moderne.
4853	RICHE (Daniel). L'Agonie d'une Jeunesse.
4750	— Trouble d'Ame.
5932	— La Folie maternelle.
4864	RICHEBOURG (Emile). La Jolie Dentellière.
5144	— Cœurs de Femmes.
5146	— Les Martyrs du Mariage.
5129	RICHEBOURG (Emile) et COLLAS (Louis). Les Grands Dévouements. Récits patriotiques (1870-1871).
5115	RIEDER (Charlotte). Rose et Violette.
6233	RIVIERE (H.). La Main coupée.
3676	ROBERT (Adrien). La Guerre des Gueux.
4058	ROBERT DE CERISY. Contes de Dickens.
3689	ROBINSON SUISSE (Le). Journal d'un père de famille naufragé avec ses enfants (trad. de l'allemand).
3635	ROCHEFORT (Henri). La Grande Bohême.
4751	RODOCANACHI (E.). Tolla la Courtisane.
4537	ROE (Art.). Racheté.
4538	— Sous l'Etendard.
670	ROEHRICH (Mme L.). Crétel : Récit alsacien.
3682	— Même ouvrage.
2616	ROLAND D'HENVAL (Mme). Henriette Delaporte.
5463	ROLLAND (Jean). Sous les Galons.
1279	RONDE DES CONTEURS (La). Récits, Contes et Nouvelles.
5293	ROSNY (J.-H.). L'Aiguille d'Or.
2755	ROUAULT DE CHAMPGLIN. Récit forestier.
5964	ROUVRE (Charles de). Française du Rhin.
3675	SACHER-MASOCH. Le Cabinet noir de Lemberg.
3479	SAINT-GERMAIN (de). Le Chalet d'Auteuil.
3480	— Lady Clare.
539	— Pour une Epingle.
3481	— La Veilleuse.
5234	SAINT-HILAIRE (Emile). L'Amour d'un Poète.
672	SAINTINE. Dans les Moments Perdus.
5605	— Les Soirées de Jonathan. 2 vol.
6079	SAINT-JOUAN. Un Anarchiste au Régiment.

4754 SALES (Pierre). Le Corso Rouge.
5142 — L'Honneur du Mari.
4755 — L'Ecuyère.
4752 — L'Enfant du Péché.
4520 — Fille de Prince.
4753 — Le Haut du Pavé.
4872 — Jeanne de Mercœur.
4871 — Louise Mornans.
4322 — Les Madeleines.
4323 — La Malouine.
5042 — Passions de Jeunes Filles.
4521 — Premier Prix d'Opéra.
6351 — La Fée du Guildo.
6350 — Le Rachat de la Femme.
5869 SAMAN (Mme P. de). Derniers Enchantements. Gertrude.
5796 — Les Enchantements de Prudence.
5346 SAMSON (Mme Jules). Temps d'Epreuve.
1819 SAND (George). André.
3267 — Cadio.
684 — Elle et Lui.
4325 — L'Homme de Neige. 3 vol.
3001 — Indiana.
1821 — Jean de la Roche.
680 — François le Champi.
6308 — Teverino. 2 vol.
6336 — Histoire de ma vie.
6586 — Elle et Lui.
6526 — Jean de la Roche.
681 — La Petite Fadette.
682 — Le Diable aux Champs.
1820 — Lettres d'un Voyageur.
3189 — Les Maîtres Sonneurs. Mauprat.
1818 — Le Marquis de Villemer.
1256 — Le Meunier d'Angibault.
675 — Mauprat.
676 — Lélia. 2 vol.
677 — La Filleule.
678 — La Mare au Diable.
679 — Jacques.
2142 — Promenades autour d'un Village.
3628 — Teverino : Leone Leoni.
3630 — La Ville noire.
5567 — Les Maîtres Mosaïstes.
6522 SANDEAU (Jules). Madame de la Seiglière.
689 — Le Docteur Herbeau.
687 — Jean de Thommeray.
2298 — Le Jour sans lendemain.
685 — Madeleine.
686 — Madame de la Seiglière.
688 — La Roche aux Mouettes.
2299 — Sacs et Parchemins.
2281 SARCEY (Francisque). Le Piano de Jeanne.

3196 SAULT (Alix de). Le Docteur Richard.
3160 SCHMID (Christophe). Geneviève.
4549 SCHULTZ (Jeanne). Les Fiançailles de Gabrielle.
693 SCOTT (Walter). L'Abbé.
694 — L'Antiquaire.
695 — Les Aventures de Nigel.
696 — Bob-Roy.
697 — Charles le Téméraire.
6402 — L'Antiquaire.
700 — Chronique de la Canongate.
701 — Le Connétable de Chester.
702 — Eaux de Saint-Ronan (Les).
703 — La Fiancée de Lamermoor. L'Officier de Fortune.
705 — Guy Mannering.
692 — Histoire d'Ecosse. 3 vol.
6401 — Les Aventures de Nigel.
6390 — Le Connétable de Chester.
707 — Kenilworth.
708 — Le Monastère.
709 — Le Nain noir.
710 — Peveril du Pic.
711 — Le Pirate.
712 — La Prison d'Edimbourg.
4250 — Le Pirate.
6391 — Chronique de la Canongate.
6392 — Même ouvrage.
6389 — Les Eaux de Saint-Ronan.
6388 — Guy Mannering.
6438 — Même ouvrage.
6386 — Kenilworth.
6387 — Même ouvrage.
6610 — Histoire d'Ecosse. 3 vol.
6394 — Le Monastère.
6395 — Le Nain noir.
6397 — Peveril du Pic.
6396 — Le Pirate.
6393 — Richard en Palestine.
6609 — Romans poétiques. 2 vol.
6400 — Robert de Paris.
6398 — Woodstock.
6399 — Même ouvrage.
714 — Redgauntlet.
715 — Richard en Palestine.
691 — Romans poétiques. 2 vol.
716 — Robert de Paris.
717 — Woodstock.
5821 — Anne de Geierstein (tome 16).
5827 — La Dame du Lac.
5916 — Le Château dangereux. Les Eaux de Saint-Ronan (tome 9).
5917 — Le Talisman (tome 19).
5918 — La Prison (tome 6).
5919 — Le Vieillard des Tombeaux. Les Puritains (tome 7).
5920 — Les Fiancés (tome 18).

3474 SECOND (Albéric). Les Demoiselles du Ronçay.
5834 — La Vicomtesse Alice.
3824 SEOL (Jacques). Mademoiselle Fleurette.
5393 SERAO (Mathilde). Cœur souffrant (trad. de l'italien).
5398 — La Conquête de Rome.
6328 — Après le pardon.
6039 SIENKIEWICZ. Par le Fer et par le Feu.
2147 SILVA (F. de). Le Livre de Maurice.
4769 SIMON (Jules). Derniers Mémoires des Autres.
5715 SMILES (Samuel). Self-Help.
6019 SOULIÉ. Si jeunesse savait. 2 vol.
5479 — Le Magnétiseur.
3443 SOUVESTRE (Emile). Au Bord du Lac.
1635 — Les Clairières.
2931 — La Goutte d'Eau.
369 — Lectures journalières.
728 — Le Mémorial de Famille.
729 — Confession d'un Ouvrier.
723 — Souvenirs d'un Vieillard.
724 — Les Soirées de Meudon.
725 — Pendant la Moisson.
726 — Sous la Tonnelle.
727 — Au Coin du Feu.
6294 — Même ouvrage.
5877 — Un Philosophe sous les toits.
5828 SPIELHAGEN. L'Echéance, Lady Clara.
273 STAEL (Mme de). Corinne ou l'Italie.
6539 — Même ouvrage.
2181 STAHL (P.-J.). Les Bonnes Fortunes parisiennes. Les Amours d'un Pierrot.
2177 — Voyage d'un Etudiant. Histoire d'un homme enrhumé.
5830 — Les Bonnes Fortunes parisiennes.
6527 — Voyage d'un Etudiant. Histoire d'un homme enrhumé.
659 STAHL et MULLER. Le Nouveau Robinson suisse.
2183 STAHL (P.-J.). et DE WAILLY. Histoire d'un Prince et d'une Princesse.
6561 — Même ouvrage.
2182 — Les Vacances. Marie Bell. William et Lafaine.
6560 — Même ouvrage.
4399 STANY (Le commandant). Mabel.
5526 STAUBEN (Daniel). Scènes de la vie juive en Alsace.
5800 — Même ouvrage.
2841 — Le Rouge et le Noir. 2 vol.
5855 STEPHENS (Miss Ann. S.). Opulence et Misère.
5887 — Même ouvrage.
2145 STEVENSON (R.-L.). L'Ile au Trésor.
3825 STOLZ (Mme de). Le Petit Jacques.

3006 STRETTON (Ilesba). Le Trésor d'Euclide ou En Prison et en Liberté.
4550 SUDDERMANN (H.). Le Moulin silencieux.
1875 SUE (Eugène). La Famille Jouffroy. 3 vol.
2440 — Les Fils de Famille. 3 vol.
2778 — Mémoires d'un Mari. 2 vol.
3192 — Les Mystères de Paris. 2 vol.
1318 — La Salamandre.
4866 — Miss Mary ou l'Institutrice.
4865 — Mathilde : Mémoires d'une Jeune Femme. 4 v.
5803 — Les Sept Péchés capitaux : L'Avarice, la Gourmandise.
6528 — Mémoires d'un Mari. 2 vol.
3208 SUMMER (Mme). Mary. Le Dernier Amour de Mirabeau.
5207 SUTTNER (Baronne de). Bas les armes!
6425 — Même ouvrage.
1577 SWIFT. Voyages de Gulliver. 2 vol.
4101 TELLER (A.). Les Voyages merveilleux de Jacques Vernot.
1791 THACKERAY (W.). La Foire aux Vanités. 2 vol.
1789 — Henry Esmond : Mémoires d'un Officier de Malborough. 2 vol.
1788 — Histoire de Pendennis. 3 vol.
2589 — Le Livre des Snobs.
2846 — Même ouvrage.
1790 — Mémoires de Barry Lyndon du Royaume d'Irlande.
5539 — Mémoires de Barry Lindon.
6490 — Histoire de Pendennis. 3 vol.
5905 THEROULDE. La Chanson de Roland suivie de la Chronique de Turpin.
4553 THEURIET (André). Années de Printemps.
5150 — Dans les Roses.
4610 — La Chanoinesse.
5260 — Dorine.
2519 — Eusèbe Lombard.
4897 — Fleur de Nice.
6337 — Chanteraine.
2521 — La Maison des Deux Barbeaux. Le Sang des Finoël.
6026 — Frida.
6329 — Mon Oncle Flô.
2520 — Les Mauvais Ménages.
745 — Raymonde.
746 — La Fortune d'Angèle.
747 — Mademoiselle Guignon.
741 — La Filleule d'un Marquis.
742 — Toute Seule.
743 — Sous Bois.
744 — Le Fils Maugars.
4699 — Reine des Bois.
5261 — Villa Tranquille.
2516 — Tante Aurélie.
5191 — La Vie rustique.

5453 THIERY (Jean). Monsieur le Neveu.
5050 THIERRY (Gilbert-Augustin). Le Stigmate.
3194 — La Savelli (1854).
6224 THIERRY (Marie). Monsieur Marcel.
5143 THOREL (Jean). Devant le Bonheur.
3447 TIENNOT DES ABLETTES. Grappinus de Gigondas.
4082 TILLIERE (Mme P.-A.). Majorie.
6330 TINAYRE (Marcelle). La Rebelle.
5422 — Hellé.
6102 — La Vie amoureuse de François Barbazanges.
4443 TINSEAU (Léon de). Faut-il aimer?
5947 — Mensonge blanc.
5093 — Dans la Brume.
6331 Les Etourderies de la Chanoinesse.
3761 TISSOT et T. MALDAGUE. La Prisonnière du Madhi.
6338 TOLSTOI (Comte Léon, fils). Aspirations et Apaisement.
3226 TOLSTOI (Comte Léon). Les Cosaques.
5360 — Résurrection.
5597 TONY-REVILLON. La Belle Jeunesse de François Lapallud.
749 TOPFFER (R.). Nouvelles génevoises.
2493 — Le Presbytère.
6514 — Même ouvrage.
2492 — Rosa et Gertrude.
4955 TOUDOUZE (Gustave). La Vengeance des Peaux de Bique.
5910 — Le Coffret de Salomé.
5495 — Le Pompon vert.
5569 — Le Vice.
2192 TOURGUENEFF (Ivan). Dimitri Roudine.
2187 — Les Eaux printanières.
2188 — Etranges Histoires.
2189 — Fumée.
2194 — Une Nichée de Gentilshommes.
6452 — Les Eaux printanières.
2195 — Œuvres dernières. L. Tourgueneff, sa Vie, ses Œuvres, par le vicomte E.-M. de Vogüé.
2191 — Les Reliques vivantes.
2193 — Terres vierges.
5514 — Mémoires d'un Seigneur russe. 2 vol.
2532 — Pères et Enfants.
2761 — Scènes de la Vie russe.
5029 TRENARD (Frédéric). Ave.
6446 — Même ouvrage.
4344 TROUESSART (Mlle). Cœur fermé.
4084 — Deux Fiancées.
3686 ULBACH (Louis). Lettres de Ferragus.
1928 — Simple Amour.
5831 — Chauve-Souris (*suite du précédent*).
750 URBAIN (Martial). Le Loup et le Renard dans la Guerre d'Italie.

3745	VADIER (B.). Blanchette : Histoire d'une Chèvre.
3622	— Entre Chien et Loup.
3650	— Mon Etoile.
5826	VALERA (Juan). Le Commandeur Mendoza.
2149	VALLERY-RADOT (René). L'Etudiant d'aujourd'hui.
6270	VALLES (Jules). L'Insurgé. 1870.
4087	VALLON (Georges du). La Comtesse Xénie.
4088	— Mariée à quinze ans.
1410	VALMONT (V.). L'Espion prussien.
4089	VALTINE (Marie-Alix de). Sans Foyer.
2955	VAN BRUYSSEL (E.). Scènes de la Vie des Champs et des Forêts aux Etats-Unis.
2572	VANDER (Jules). L'Honnête Vernon.
4775	VANDEREM (Fernand). Les Deux Rives.
3150	VAN DE WIELE (Marguerit). Filleul du Roi.
5808	VAN LENNER. La Dame de Wardembourg.
4352	VARIGNY (de). Voyage du Matelot Jean-Paul en Australie.
3627	VATTIER (V.). Martine.
4090	VAUDELIN (Jane de). Le Prophète des Montagnes rocheuses.
4289	VERLEY (A.). Dernier Rayon.
3681	VERON (Pierre). Les Pantins du Boulevard.
4151	— Le Sac à la Malice.
5832	— Les Marionnettes de Paris.
4770	VIGNE D'OCTON (P.). Journal d'un Marin sur la route d'exil.
4852	— Même ouvrage.
5899	VIGNON (Claude). Un Drame en Province.
5892	— Récits de la Vie réelle.
542	VIGNY (Comte de). Servitude et Grandeur militaires.
3624	VILARS (F.). Les Mauvais Jours.
3623	— Roland d'Escours.
6228	VILLE (Léon). L'Hercule du Nord.
6068	VILLETARD (Pierre). Monsieur et Madame Bill.
5319	VOGUE (E.-M. de). Les Morts qui parlent.
5061	— Jean d'Agrève.
5051	WAGNER (G.). Auprès du Foyer.
5549	WAILLY (Léon de). Angelica Kauffmann. 2 vol.
5423	WELLS (H.-G.). La Machine à explorer le temps.
3450	WERTHERELL (Elisabeth). Le Vaste Monde.
2936	WEY (Francis). Trop Heureux.
4340	WEYMAN (Stanley). La Maison du Loup.
3612	WHYTE-MELVILLE (G.-J.). Kate Conventry.
2674	WILKIE-COLLINS. Une Poignée de Romans.
3688	— Même ouvrage.
2154	— Sans Nom. 2 vol.
5487	— Armadale. 2 vol.
2996	— Cache-Cache ou le Mystère de Marie Gryce. 2 vol.

4632	WITT (Mme de), née Guizot. Père et Fils. Les Rois de la Mer.
3071	WOELMONT (Baron Arnold de). Souvenirs de Far West.
1261	WYNDHAM (Emilia).
781	YVAN (Le docteur). Légendes et Récits.
6229	YVER (Collette). Comment s'en vont les Reines.
3472	ZACCONE (Pierre). Les Aventuriers de Paris.
4044	ZARI. Le Fada.
3618	— La Fête des Neiges.
6233	ZEMLAC (Sémène). L'Impur.
2306	ZOLA (E.). Contes à Ninon.
3873	— La Débâcle.
3062	— Le Rêve.
5784	X***. Amour ou Patrie (Souvenirs d'Alsace, 1870-1871).
5579	X***. Un Coin du Monde.
3749	X***. La Famille Hamelin.

VII

ENSEIGNEMENT — PÉDAGOGIE

5397 ARUS (Arsène). La Graphologie simplifiée.
3058 BAIN (A.). La Science de l'Education.
4256 BARRAU. Méthode de Composition et de Style.
2073 BAUDE (Louis). Calligraphie.
4493 BENNER (E. et J.). Le Livre de la Patrie.
1277 BERT (Paul). Instruction civique à l'Ecole.
1539 — Première Année d'Enseignement scientifique.
5198 BEURDELEY (Paul). L'Ecole nouvelle.
786 BRACHET. Grammaire historique de la Langue française.
3191 CHARBONNEAU. Cours théorique et pratique de Pédagogie.
3558 CHAUVIN. Histoire des Lycées et Collèges de Paris.
3717 CHERVIN. Exercices de Lecture à haute voix. 2 vol.
    1re. Divisions élémentaires.
    2e. Divisions supérieures.
2677 COMPAYRE. Histoire critique de l'Education en France depuis le xvie siècle. 2 vol.
972 CORBON (A.). L'Enseignement professionnel.
6117 CORNET (E.). Le Livre du Certificat d'aptitude des Conférences pédagogiques.
2684 COURNOT. Des Institutions d'Instruction en France.
4195 CUISSART. Conférences pédagogiques.
2964 DARYL. Renaissance physique.
5095 DESCHANEL (E.). Les Déformations de la Langue française.
1284 DESSOYE. Jean Macé et la Ligue de l'Enseignement.
3887 DORMOY. Le Balta (Langage international conventionnel).
2468 DUBOIS (A.). La Gerbe de l'Ecolier.
2469 — Les Leçons de Monsieur Henri.

3105	DUPRAT (Pascal). Les Encyclopédistes et leurs Travaux.
791	EBELING. Manuel de la Conversation.
3696	FIRMIN-DIDOT. Réforme de l'Orthographe française.
4676	FRANKLIN. Ecoles et Collèges.
2522	GIDEL (Charles). L'Art d'écrire enseigné par les Grands Maîtres.
5489	GREARD (Oct.). Education des Femmes par les Femmes.
3416	GRIMARD. L'Enfant, son Passé, son Avenir.
2983	GUERRIER DE HAUPT. Cours classique et raisonné de la Langue française.
5280	HAEFFELE. Guide des Sociétés de Tir.
5908	HANRIOT. Choix de Lectures.
5712	HERBERT-SPENCER. De l'Education intellectuelle morale.
796	HIPPEAU. Instruction publique : En Angleterre.
797	— — Aux Etats-Unis.
798	— — En Allemagne.
800	HOVELACQUE (A.). La Linguistique.
4573	KERGOMARD (Mme Pauline). Education maternelle. 2 vol.
4255	LABBE. Manuel de la Dissertation.
5296	LACOMBE. Esquisse d'un Enseignement basé sur la Psychologie de l'Enfant.
2090	LADREYT. Instruction publique en France et en Amérique.
6081	LAISANT (C.-A.). L'Education fondée sur la Science.
2498	LAISNE. Action oratoire : Voix, Physionomie, Gestes.
2497	— Modèles d'Exercices oratoires, Vers et Prose.
803	LANGLOIS-FREVILLE. Traité de Récitation et de Prononciation.
5782	LAROUSSE. La Lexicologie des Ecoles.
5865	— Les Jeudis de l'Institutrice.
1598	LAURIE (A.). La Vie de Collège en Angleterre.
1678	— Une Année de Collège à Paris.
2634	— Autour d'un Lycée japonais.
5428	LAVERGNE. Les Ecoles et les Œuvres municipales d'Enseignement.
2807	LAVISSE. Questions d'Enseignement national.
3056	— Même ouvrage.
2980	LECLAIR. Grammaire française (Cours moyen).
810	LEGOUVE. L'Art de la Lecture.
2125	— Conférences des Matinées littéraires.
2126	— Une Education de Jeunes Filles.
2098	— Traité de Lecture à haute voix.
3321	LIARD. Universités et Facultés.
2594	MAGNAT. Cours d'Articulation.
2943	MAINTENON (Mme de). Institutrice.
3559	MARTEL. Où en sommes-nous ?
6483	OCAGNE (d'). Les Grandes Ecoles de France.
1672	— Même ouvrage.

1603	ORDINAIRE. Rhétorique nouvelle.
3504	PAPE-CARPENTIER (Mme). Conférences sur l'Introduction de la Méthode des Salles d'Asile dans l'Enseignement primaire.
4157	PAPILLON (J.). Manuel français-anglais.
3010	PECAUT. Études sur l'Education nationale.
2962	PETIT (Arsène). Grammaire de la Ponctuation.
4254	— La Grammaire de l'Art d'Ecrire.
3182	PETIT (Edouard). Alentour de l'Ecole.
3431	— L'Ecole moderne.
2978	POITEVIN. Cours de Dictées.
2714	PONTIS. Petite Grammaire de la Prononciation.
5936	RIBOT (A.). La Réforme de l'Enseignement secondaire.
2992	RIQUIER. Cours complet de l'Enseignement secondaire.
5325	ROCAFORT. L'Education au Lycée.
3593	ROCHE (A.). Du Style et de la Composition latine.
3059	ROEHRICH. Théorie de l'Education.
26	ROUSSEAU. Emile ou l'Education.
6581	SAMSON (Mme Jules). Une Education dans la Famille.
3961	— Même ouvrage.
2776	SARCEY (Francisque). Le Mot et la Chose.
361	SAYOUS (A.). Principes de Littérature.
6412	— Même ouvrage.
3505	SEE (Camille). La Loi Camille Sée. Documents, Rapports et Discours relatifs à la Loi sur l'Enseignement secondaire des Jeunes Filles.
2088	— Même ouvrage.
4412	SIMON (Jules). L'Ecole.
6167	SYMIAN (Julien). L'Œuvre de l'Université.
2678	THERY. Conseils aux Mères sur les Moyens de diriger et d'instruire leurs Filles. 2 vol.
2307	VAUCHEZ. Manuel de l'Instruction nationale.
4492	VAUCLIN. Les Mémoires d'un Instituteur français.
3513	VAUDOUER. Lectures morales et littéraires.
1724	VERGNES (C.). Manuel de Gymnastique.
2762	VESSIOT (A.). De l'Enseignement à l'Ecole.
3958	WADDEVILLE. Le Monde et ses Usages.
6061	WAGNER (X.). Jeunesse.
5838	YON. Sujets de Compositions françaises.
5779	— Guide pratique pour un Cours de langue française.
3700	X***. A B C ou Première Année d'Etude.
1364	— Annuaire Société philotechnique (Années 1882 et 1887). 2 vol.
2435	— — (Années 1886 et 1889). 3 vol.
2605	— — (Année 1886). 1 vol.
1078	— Cours d'Etudes (Ecoles régimentaires). 2 vol.
1077	— Encyclopédie à l'Usage des Bibliothèques scolaires.
3126	— Comment élever nos Enfants?

VIII

SCIENCES MATHÉMATIQUES

822	ADHEMAR (J.). Traités d'Arithmétique et d'Algèbre.
6583	— Même ouvrage.
1845	ANDRE (Ph.). Nouveau Cours d'arithmétique.
1877	— Nouveau Cours d'algèbre.
2750	BARRE (Joseph). Cours complet de Comptabilité. 2 vol.
3317	BAUDOT (Ch.). Premières Leçons de Comptabilité.
5582	BERTRAND (Joseph). Traité d'Algèbre. 2 vol.
824	BOS (H.). Eléments de Trigonométrie rectiligne.
2858	— Petite Arithmétique élémentaire.
2859	— Arithmétique élémentaire.
826	BOURGEOIS et CABART. Leçons pratiques de Géométrie et de Trigonométrie.
4832	BRASILIER. Traité d'Arithmétique commerciale.
2475	BRIOT (Ch.). Leçons d'Algèbre.
828	— Eléments de Géométrie.
829	— Leçons de Mécanique.
834	BRIOT et BOUSQUET. Leçons de Trigonométrie.
2868	— Leçons de Géométrie analytique.
2861	BURAT (E.). Cours d'Arithmétique élémentaire.
3970	CLAPERON. Cours de Comptabilité. 2 vol.
866	COLLIGNON. Cours de Mécanique.
5184	COR et RIEMŒNN. Traité d'Algèbre élémentaire.
872	DELAUNAY. Traité de Mécanique rationnelle.
977	— Cours élémentaire de Mécanique.
835	DELISLE et GERONO. Eléments de Trigonométrie.
836	DESBOVES. Questions de Trigonométrie.
2680	DESGRANGES (Ed.). Arithmétique commerciale et pratique.
2681	— La Tenue des Livres.

4834 DUCATEL (A.). Leçons d'Arithmétique.
2872 DUFAILLY (J.). Algèbre.
2873 — Géométrie.
1957 — Cosmographie.
1958 — Eléments de Géométrie.
1959 — Trigonométrie rectiligne.
2865 F. L. C. Cours de Géométrie.
5405 FOURREY. Récréations arithmétiques.
2871 FRAICHE. Eléments d'Algèbre.
2870 — Eléments d'Arithmétique.
830 FRANCŒUR. Traité d'Arithmétique appliquée aux Banques, etc.
2869 GAND. Leçons nouvelles de Mécanique.
4459 GERARD. Géométrie à l'usage des Candidats aux Baccalauréats de l'Enseignement secondaire.
1238 GERARDIN. Cours de Mécanique expérimentale.
2442 GIROD (Félicien). Cours d'Arithmétique théorique et pratique.
4835 GOULLY (A.). Géométrie descriptive : Sphère, Cône et Cylindre de révolution. Sections coniques.
4836 — Géométrie descriptive : Changements de Plans de Projections, Rotations. Trièdres. Polyèdres.
4837 — — Point. Ligne droite. Plan.
5167 GREVY (A.). Arithmétique pour les Elèves de Troisième.
6617 GUILMIN (A.). Cours de Mathématiques appliquées.
1816 — Même ouvrage que le précédent.
4801 IMBER (A.). Cours de Géométrie analytique.
1275 LACROIX (S.). Eléments de Géométrie.
1276 — Eléments d'Algèbre.
837 LIARD. Définitions géométriques et empiriques.
838 LIONNET. Algèbre élémentaire.
841 MAYER et CHOQUET. Traité élémentaire d'Algèbre.
2220 MICHEL (A.). Comptabilité universelle.
920 MOIGNO (l'Abbé). Leçons de Mécanique analytique.
6135 NEVEU (H.). Cours d'Algèbre.
3374 NIEWENGLOWSKI. Cours d'Algèbre. 2 vol.
842 OSSIAN-BONNET. Leçons de Mécanique élémentaire.
2975 PICHOT. Arithmétique élémentaire (1882).
2867 — Arithmétique élémentaire (1874).
3709 REDOULY. Grammaire et Logique des Mathématiques.
2860 RITT (E.). Nouvelle Arithmétique théorique et pratique. Applications contenant 1.200 exercices.

1990	ROZAN. Leçons de Géométrie. 1 vol.
1597	— Leçons de Géométrie élémentaire. 2 vol.
2862	SARDAN. Dessin linéaire géométrique.
843	SAUCET. Arithmétique et Opérations pratiques.
845	— TARNIER. Eléments de Trigonométrie.
3468	— Nouvelle Arithmétique.
846	VACQUANT. Précis de Trigonométrie.
847	VIANT. Eléments d'Algèbre.
848	— Exercices d'Algèbre.
3969	WARGNIES-HULOT et PAQUIER (P.). Cours de Comptabilité. 2 vol.

1re partie. Notions générales de commerce et de banque.
2e partie. Tenue des livres.

IX

SCIENCES PHYSIQUES ET NATURELLES

4810 ACLOQUE (A.). Faune de France. 2 vol.
4811 — Flore de France.
 849 ADHEMAR (J.). Révolutions de la Mer, Déluges périodiques
2695 AMIGUES (E.). A travers le Ciel.
3519 ANDRE et RAYET. Astronomie pratique.
3129 ANIMAUX (Intelligence des).
 850 ARAGO. Leçons d'astronomie.
 852 ASTON (Georges). L'Ami Kips : Voyage d'un Botaniste dans sa Maison.
6467 — L'Ami Kips.
6468 — Même ouvrage.
5955 AUBERT (L.). La Photographie de l'Invisible. Les Rayons X.
 853 AUDOYNAUD. Entretiens familiers sur la Cosmographie.
6457 — Même ouvrage.
6458 — Même ouvrage.
 854 BADIN (A.). Grottes et Cavernes.
6472 — Même ouvrage.
5169 BASIN (J.). Leçons de Chimie.
5174 — Leçons de Physique. 2 vol.
3517 BEAUMONT (Elie de). Géologie des Alpes et du Tunnel des Alpes.
2508 BEAUREGARD (H.). Zoologie générale.
2547 BERGSOE (Guillaume). L'Homme de pierre.
5617 BERSOT (E.). Mesmer et le Magnétisme animal.
 855 BERT (Paul). Leçons de Zoologie.
3695 — Revues scientifiques.
4206 BERTHOUD (H.). Causeries sur les Insectes.
4251 — Fantaisies scientifiques de Sam.
 856 BERTRAND (Alexandre). Lettres sur la Révolution du Globe.
4368 BERTRAND (Joseph). Les Fondateurs de l'Astronomie moderne.
 857 — Même ouvrage que le précédent.

858	BEUDANT. Cours élémentaire d'Histoire naturelle.
2646	BITARD (Ad.). La Mer habitée.
52	BLERZY (H.). Torrents, Fleuves et Canaux de la France.
1456	BLEUNARD (A.). Lectures sur la Physique et la Chimie.
860	BOCQUILLON (H.). La Vie des Plantes.
3532	BOICHOT. Notions sur l'Astronomie.
861	BOILLOT (A.). Les Entretiens de Fontenelle sur la Pluralité des Mondes habités.
5066	BOIS (J.-F.). Expériences et Manipulations. 2 vol.
6287	BONNIER (Gaston). L'Enchaînement des Organismes.
963	BOUANT (Emile). Les Grands Froids.
2970	BOUDREAUX. Traité élémentaire de Manipulation.
4792	BOURBOUZE (J.-G.). Modes opératoires de Chimie.
867	BREVANS (de). La Migration des Oiseaux.
4969	BRONGNIART (Ch.). Histoire naturelle populaire. L'Homme et les Animaux.
964	BROTHIER (Léon). Histoire de la Terre.
6575	— Même ouvrage.
3537	BROWN (A.). Conquête de l'Air.
967	BUNSEN (Robert). Méthodes gazométriques.
2661	BUREAU (G.). La Vapeur.
4184	CANU. Précis de Météorologie endogène.
3021	CAPUS. L'Œuf chez les Plantes et les Animaux.
863	CATALAN. Notions d'Astronomie.
5402	CAUSTIER. L'Homme et les Animaux.
865	CAZIN (Achille). La Chaleur.
6473	— Même ouvrage.
969	— L'Etincelle électrique.
864	— La Force physique.
1588	CLAUSIUS (R.). Théorie mécanique de la Chaleur. 2 vol.
5886	COSTE. La Pisciculture.
4796	COURCHET. Traité de Botanique. 2 vol.
1973	CUVIER. Discours sur les Révolutions du Globe.
3246	DALLET (G.). La Prévision du Temps et les Prédictions météorologiques.
2013	DANA (J.-B.). Manuel de Géologie.
5781	DARWIN. De l'Origine des Espèces.
870	DEHERRYPON. La Chimie.
871	DELAUNAY. Cours élémentaire d'Astronomie.
3022	DELEVEAU (P.). La Matière et ses Transformations.
4976	DIDIER (A.). Les Merveilles des Champs.
6036	DILLAYE (Frédéric). La Pratique en Photographie.
876	DRION et FERNET. Traité de Physique élémentaire.
2727	DUBARRY (Armand). La Mer.
3770	DUMONTEIL (Falbert). Portraits zoologiques.

1592	DU TEMPLE (Louis). Introduction à l'Etude de la Physique.
6477	— Même ouvrage.
4797	DUVAL (Mathias). Cours de Physiologie.
987	FABRE (J.-H.). Aurore.
982	— Les Auxiliaires.
990	— La Chimie.
879	— Le Ciel.
983	— Lectures scientifiques sur la Botanique.
881	— — sur la Physique.
880	— Menus Propos sur les Sciences.
1947	— Notions préliminaires de Physique.
2974	— Physique à l'Usage des Classes de Lettres.
1889	— La Plante.
981	— Les Serviteurs.
985	— La Terre.
6459	— Même ouvrage.
882	FARADAY. Histoire d'une Chandelle.
883	FERNET (E.). Traité de Physique élémentaire.
4800	— Cours de Physique.
1026	FERRIÈRE (E.). Le Darwinisme.
2722	FIGUIER (Louis). Les Aérostats.
2598	— L'Année scientifique et industrielle. 8 vol. Première, deuxième, troisième, quatrième, cinquième et sixième années et les années 1888 et 1891. 14 vol.
2427	— Histoire du Merveilleux dans les Temps modernes. 3 vol.
2606	— Scènes et Tableaux de la Nature.
2428	— Vies des Savants illustres. 4 vol.
884	FLAMMARION (Camille). Les Merveilles célestes.
2439	— La Pluralité des Mondes habités.
4863	— Mes Voyages aériens.
5431	— Contemplations scientifiques. 2 vol.
3518	FOCILLON (Ad.). Cours élémentaire de Chimie.
1573	FONTENELLE. Pluralité des Mondes.
869	FONVIELLE (Wilfred de). Eclairs et Tonnerre.
6474	— Même ouvrage.
3025	— Le Monde des Atomes.
868	— Du Monde invisible.
3016	— Le Pôle Sud.
1085	FOUCOU (Félix). Histoire du Travail : la Nature.
6501	— Même ouvrage.
885	FOUCROY (A.-F.). Philosophie chimique.
6084	FRICK (P.). Le Verre.
887	GARCET. Leçons nouvelles de Cosmographie.
3027	GARNIER (Edouard). Les Nains et les Géants.
4569	GAUTIER (Emile). Année scientifique.
3818	GAY (Jules). Lectures scientifiques : Physique et Chimie.
889	GEIKIE (A.). Notions de Géologie.
1287	GERARDIN (Auguste). Chimie.

1289 GERARDIN (Léon). Les Bêtes.
1290 — Les Plantes.
1893 — La Terre.
4102 — Zoologie.
4798 — Botanique, Anatomie et Physiologie.
4815 GIRARD (Henri). Aide-Mémoire de Botanique cryptogamique.
4816 — — de Botanique phanérogamique.
4817 — — d'Embryologie.
4818 — — de Géologie.
4819 — — de Minéralogie.
4820 — — de Paléontologie.
4821 — — de Zoologie.
4814 — — d'Anatomie comparée.
891 GIRARD (Jules). Les Plantes étudiées au Microscope.
892 GIRARD (Maurice). Les Métamorphoses des Insectes.
895 GIRARDIN (M.-J.). Chimie générale et appliquée. 4 vol.
2645 GOURMONT (Remy de). En Ballon.
3256 GRAFFIGNY (Henri de). La Navigation aérienne et les Ballons dirigeables.
2536 — Récits d'un Aéronaute.
1027 GRATIOLET (Pierre). De la Physionomie et des Mouvements d'expression.
5170 GRIGNON (A.). Cosmographie à l'usage des élèves de rhétorique et de seconde moderne.
993 GRIMARD (Ed.). La Botanique à la Campagne.
6455 — Même ouvrage.
992 — La Goutte de Sève.
6456 — Même ouvrage.
2045 — L'Herboriseur.
994 — Le Jardin d'Acclimatation.
5696 GRIMAUX. Chimie organique élémentaire.
2663 GROLLET (Docteur Camille). Le Ciel et ses Merveilles.
66 GROVE. Océans et Continents.
3154 GUILLEMIN (Amédée). Les Etoiles.
3159 — La Lumière, les Couleurs.
3911 — Même ouvrage.
3156 — La Lune.
3155 — Les Nébuleuses.
3157 — Le Soleil.
3158 — Le Son.
996 HELENE (Maxime). Les Galeries souterraines.
6512 — Même ouvrage.
3526 HEMENT (Edgar). Histoire d'un morceau de charbon.
3384 — L'Origine des Etres vivants.
1994 HETET. Chimie générale élémentaire. 2 vol.
6614 HUXLEY (Th.). Premières Notions sur les Sciences.
2505 — L'Ecrevisse.
897 — Premières Notions sur les Sciences.

3345	IMBERT (Martial). Des Centres des Populations primitifs de la France.
5642	JANNETAZ (Ed.). Les Roches, Descriptions de leurs Eléments.
5786	— Le Chalumeau.
974	JUSSIEU (de). Botanique.
5787	KOBELL (de). Les Minéraux (Guide pratique).
2545	LABESSE et H. PIERRET. Le Monde terrestre : La Terre et les Végétaux.
2622	LAMBERT (Ed.). Traité pratique de Botanique.
2417	— Même ouvrage.
1001	LANDRIN (Armand). Les Inondations.
902	— Les Monstres marins.
6465	— Même ouvrage.
901	— Les Plages de la France.
1838	LANESSAN (de). Le Sapin. Introduction à la Botanique.
1969	LANGLEBER. Chimie.
1970	— Physique.
259	LANOYE (Ferdinand de). L'Homme sauvage.
6492	— Même ouvrage.
6072	LEBON (Ernest). Histoire abrégée de l'Astronomie.
903	LEFEBVRE (Eugène). Le Sel.
5562	LE MAOUT. Leçons élémentaire de Botanique.
2291	LE MARCHAND (Victorien). Chimie de l'Unité.
1593	LEROLLE (Léon). Botanique appliquée à la Culture des Plantes.
6478	— Même ouvrage.
904	LESBAZEILLES. Monde polaire.
1754	— Les Forêts.
5218	— Les Merveilles du Monde polaire.
906	LEVY (A.). Histoire de l'Air.
2001	LIEBIG. Introduction à l'Etude de la Chimie.
5607	— Chimie organique. 3 vol.
5635	— Chimie organique appliquée à la Physiologie.
2692	LUBBOCK (J.). Fourmis, Abeilles et Guêpes. 2 vol.
5564	— L'Homme avant l'Histoire.
5638	— Même ouvrage.
1030	MACE (Jean). Histoire d'une Bouchée de Pain.
1031	— Les Serviteurs de l'Estomac.
3032	MAINDRON. Les Papillons.
4207	MANGIN (Arthur). Nos Ennemis.
1944	MANGIN (L.). Botanique élémentaire.
908	MARGOLLE (Elie). Les Phénomènes de la Mer.
910	MARION. Les Ballons et les Voyages aériens.
1007	— L'Optique.
1006	— La Végétation.
2425	MAURY (L.-F.-Alfred). La Terre et l'Homme.
321	MENAULT (Ernest). L'Amour maternel chez les Animaux.
912	— L'Intelligence des Animaux.
3527	MENAULT (E.) et BOILLOT (A.). Le Mouvement scientifique pendant l'Année 1864.

— 130 —

322 MERY. Les Fleurs mystérieuses.
5477 MEUNIER (Mme Stanislas). Géologie expérimentale.
3698 — Le Ciel géologique.
915 — Le Ciel géologique.
914 — Cours élémentaire de Géologie appliquée.
913 — L'Ecorce terrestre.
3282 — Géologie.
2615 — Géologie technologique.
917 MEUNIER (Victor). Philosophie zoologique.
6572 — Même ouvrage.
6314 — Les Ancêtres d'Adam. Histoire de l'Homme fossile.
918 MILLET (C.). Des Fleuves et des Ruisseaux.
6462 — Même ouvrage.
878 MILNE (E.). Zoologie. Cours élémentaire d'Histoire naturelle.
921 MOITESSIER. La Lumière.
923 MORAND. Introduction à l'Etude des Sciences physiques.
3488 MULLER (Eugène). Les Voyages de la Pensée.
924 NOEL (Eugène). La Vie des Fleurs.
6578 — Même ouvrage.
6461 — Même ouvrage.
1589 NOGUES (A.-F.). Guide pratique de Minéralogie appliquée : Histoire naturelle inorganique. 2 vol.
3540 ODLING (M.-William). Les Métamorphoses chimiques du carbone.
3495 PARVILLE (Henri de). Causeries scientifiques (Année 1867).
3530 — — (Année 1870).
2621 — — (Année 1886).
2866 PELOUZE (J.) et FREMY (E.). Abrégé de Chimie.
925 PERCHERON (Gaston). Le Perroquet : Histoire naturelle, Hygiène, Maladie.
3034 PEREZ (J.). Les Abeilles.
3525 PETER, GUTHRIE, TAIT. Esquisse historique de la Théorie dynamique et de la Chaleur.
3035 PETIT (Maxime). Les Grands Incendies.
5471 PEUPIOU (A.). Traité de Pisciculture.
3338 PIZETTA (J.). Le Feu et l'Eau.
3960 — Galerie des Naturalistes.
3959 — Les Loisirs d'un Campagnard.
2618 PLANCHON (L.). Le Microscope.
926 PLESSIS. L'Astronomie de la Jeunesse.
927 POIRE (Paul). Leçons de Physique à l'usage des Demoiselles.
5788 QUATREFAGES. Charles Darwin et ses Précurseurs.
346 QUINET (Edgar). La Création. 2 vol.
928 RADAU (R.). L'Acoustique.
1011 — Le Magnétisme.
5444 RAMBOSSON. Histoire des Météores.

4715 RAYNALY. Les Propos d'un Escamoteur.
5404 REBIERE. Pages choisies des Savants modernes.
929 RECLUS (Elisée). Histoire d'un Ruisseau.
1676 — Histoire d'une Montagne.
2424 — Les Phénomènes terrestres. 2 vol.
    T. I. Les Continents.
    T. II. Les Mers et les Météores.

6460 RENARD (Léon). Le Fond de la Mer.
931 — Même ouvrage.
2554 REY (Aristide). Travailleurs et Malfaiteurs microscopiques : Microbes, Ferments.
933 RICHARD (Charles). Origine et fin des Mondes.
936 ROULIN (F.). Histoire naturelle et Souvenirs de Voyage.
1992 SACC (Docteur). Chimie minérale.
1993 — Chimie organique.
3484 SAFFRAY (Docteur). La Chimie des Champs.
3531 SAIGEY (Emile). La Physique moderne.
5664 — Petite Physique du Globe.
937 SANSON (André). Les Principaux Faits de la Chimie.
3742 SAPORTA (Le comte). Le Monde des Plantes avant l'Apparition de l'Homme.
938 SECCHI-WOLF, BRIOT et DELAUNAY. Soleil. Etoiles. Comètes.
939 SIMONIN (L.). Histoire de la Terre : Origines et Métamorphoses du Globe.
1014 — Les Merveilles du Monde souterrain.
1430 SMILES (Samuel). Vie d'un Naturaliste.
940 SONSEL (L.). Le Fond de la Mer.
1612 SOURDEVAL (Ch. de). Le Cheval à côté de l'Homme et dans l'Histoire.
6484 — Même ouvrage.
943 TISSANDIER (Gaston). L'Eau.
945 — Les Fossiles.
944 — La Houille.
3039 — La Navigation aérienne.
4839 — Recettes et Procédés utiles. 4 vol.
5466 TISSERAND et ANDOYER. Leçons de Cosmographie.
6085 TOUDOUZE (G.). La Conquête des Mers.
5584 TROOST (Louis). Chimie.
3859 — Traité élémentaire de Chimie. 2 vol.
    T. I. Métalloïdes; Métaux; Sels
    T. II. Précis de chimie.

946 — Traité élémentaire de Chimie.
3535 TURGAN (Julien). Les Ballons.
3520 TYNDALL (John). Chaleur et Froid.
6548 — Dans les Montagnes.
947 — Même ouvrage.
3720 — Les Glaciers et les Transformations de l'Eau.
3522 — Programme d'un Cours en Sept Leçons sur les Phénomènes et les Théories électriques.

3922	VARIGNY (Henry de). Curiosités de l'Histoire naturelle.
1834	VERLOT. Guide du Botaniste herborisant.
3801	VERNEAU (Le docteur). L'Enfance de l'Humanité : L'Age de pierre.
3534	WURTZ (Ad.). Histoire des Doctrines chimiques depuis Lavoisier jusqu'à 1869.
4829	— Leçons élémentaires de Chimie moderne.
949	ZABOROWSKI. Les Migrations des Animaux.
2696	— Les Mondes disparus.
78	ZURCHER et MARGOLLE. Les Ascensions célèbres.
909	— Les Météores.
951	— Les Tempêtes.
952	— Le Monde sous-marin.
953	— Volcans et Tremblements de terre.
954	— Les Glaciers.
955	— Télescope et Microscope.
956	— Les Phénomènes de l'Atmosphère.
957	— Les Phénomènes célestes.
1016	— Trombes et Cyclones.
6463	— Les Météores.
6464	— Même ouvrage.
5043	X... Revue scientifique. 10 vol.

X

AGRICULTURE — INDUSTRIE — MÉTIERS ET COMMERCE

2499 AGOSTINI (E.). La France et le Canada : Agriculture, Industrie et Commerce.
2228 AUDOT (L.-E.). La Cuisinière de la Campagne et de la Ville.
5045 AVENEL (Le vicomte D.-G.). Le Mécanisme de la Vie moderne. 3 vol.

T. I. Les Magasins de Nouveautés, l'Industrie du fer, etc.
T. II. Le Papier, l'Eclairage, les Compagnies de Navigation, etc.
T. III. La Maison parisienne, l'Alcool, les Liqueurs, etc.

2686 BABEAU (Albert). Les Artisans et les Domestiques d'Autrefois.
3817 BAILLE (J.). L'Electricité : Production de l'Electricité, Lumière électrique, Galvanoplastie.
3418 BARBERET (J.). La Bohème du Travail.
2774 — Le Travail en France : Monographies professionnelles. 4 vol.
2037 BARBOT (Charles). Guide du Joaillier ou Traité complet des Pierres précieuses.
2025 BASSET (N.). Culture et Alcoolisation de la Betterave.
5175 BAUDRILLARD. Histoire d'une Bouteille.
4141 BERTHIER (A.). L'Iconogène.
2039 BERTHOUD (Marc). La Charcuterie pratique.
3301 BISTON-JANVIER. Le Mécanicien fontainier.
5327 BLANCHON (H.-L.). L'Art et la Pratique en Reliure.
1627 BLOCK (Maurice). L'Agriculture.
1628 — Le Commerce.
1626 — L'Industrie.
4999 BLONDEL. L'Essort industriel du Peuple allemand.

3303	BOITARD. Le Naturaliste préparateur.
2012	BONNICEAU. Construction à la mer.
6507	— Même ouvrage.
3248	BOUANT. La Galvanoplastie.
4531	BOUCHET. La Lithographique.
2019	BOURDAIN. Commerce des Tissus.
2052	BOURGOIN D'ORLI. Cultures exotiques : Caféier, Cacaoyers, Canne à Sucre.
4830	BOURLET. Traité des Bicycles.
4831	BOURSAULT. Calcul du temps de pose en photographie.
2022	BOUSQUET. Architecture navale.
3293	BOUTEREAU. De la construction des escaliers en bois. 2 vol.
3296	BRANDELY. Galvanoplastie. 2 vol.
4840	BRAULT. Histoire de la Téléphonie.
3255	BREVANS. La Fabrication des Liqueurs.
965	BROTHIER. Causeries sur la Mécanique.
2002	BRUN (J.). Fraudes et Maladies du Vin.
5612	CALMARD DE LA FAYETTE. L'Agriculture progressive.
2054	CANN et LARBALETRIER. Météorologie agricole.
2032	CHATEAU (Théodore). Corps gras industriels.
1586	CHEVALIER (Arthur). L'Etudiant photographe.
2568	COFFIGNON (A.). L'Estomac de Paris.
2614	— Le Pavé parisien.
6569	— Même ouvrage.
970	COLLIGNON (E.). Les Machines.
6541	— Même ouvrage.
3693	COURCELLE-SENEUIL (J.-G.). Manuel des Affaires : industrielles, commerciales et agricoles.
2059	COURTOIS-GERARD. Culture maraîchère.
1273	DAVAINE (E.-N.). Mémoire sur le nouveau mode de construction de la vis d'Archimède.
2055	DEDIEUX (Mariot). L'Education des Lapins.
2057	— Education des Oies et des Canards.
973	DEHARME (E.). Les Merveilles de la Locomotion.
5031	DEISS. A travers l'Angleterre.
4123	DEJONC (Eugène). La Mécanique pratique; Guide du Mécanicien.
6567	— Même ouvrage.
3485	DELON (C.). Le Cuivre et le Bronze.
3723	— Histoire d'un Livre.
1800	DESCLOSIERES (Gabriel). Biographie des Grands Inventeurs dans les Sciences et l'Industrie. 2 vol.
3314	DESORMEAUX (Paulin). Du Treillageur. 2 vol.
2015	DESSOYE (J.-B.-J.). Emploi de l'Acier.
4137	DIBON (Henri). Traité de Photographie.
2434	DIDOT (Ambroise-Firmin). Essai sur la Typographie.

875 DIEULAFAIT (Louis). Diamants et Pierres précieuses.
6470 et 6471 — Mêmes ouvrages.
2020 DINEE (M.-F.-G.). Engrenages de la Vis sans fin et des Cames.
2028 DROMART (E.). Carbonisation des Bois en Forêts.
2721 DUBARRY (Armand). Le Boire et le Manger.
2027 DUBIEF (L.-F.). Du Féculier et de l'Amidonnier.
2072 — Le Liquoriste des Dames.
2034 — Traité de la Fabrication des Liqueurs.
2044 — Vinification ou Art de faire le Vin.
2070 — Des Vins factices et des Boissons vineuses.
2053 DUBOS (Ernest). Choix de la Vache laitière
3719 DUCOS DU HAUBON (Frères). Traité pratique de Photographie des Couleurs.
877 DUFOUR. Petit Dictionnaire des Falsifications.
3705 DUFRENE (Hector). Etude sur l'Histoire de la Production et du Commerce de l'Etain.
1752 DU MONCEL (Comte Th.). L'Electricité comme force motrice.
3024 — Le Téléphone.
6442 — Même ouvrage.
2972 — Le Téléphone, le Microphone et le Phonographe.
5217 — Le Microphone, le Radiographe.
1591 DU TEMPLE (Louis). Transmission de la Pensée et de la Voix.
6476 — Même ouvrage.
1732 ERNOUF (Le baron). Denis Papin, sa Vie et son Œuvre.
1733 — Deux Inventeurs célèbres : Philippe de Girard, Jacquard.
1740 — Histoire de Trois Ouvriers français.
986 FABRE (J.-H.). L'Industrie.
984 — Le Livre des Champs.
988 — Le Ménage.
2014 FAIRBAIRN (William). Le Fer.
2725 FIGUIER (Louis). L'Art de l'Eclairage.
3306 FINK. Peinture et Vernissage des Métaux et des Bois.
4138 FISCH (A.). La Photocopie ou Procédés de Reproductions industrielles par la lumière.
4139 — Nouveaux Procédés de Reproductions industrielles avec ou sans teintes modelées.
2061 FLEURY-LACOSTE. Le Vigneron.
3425 FOL (Frédéric), chimiste. Guide du Teinturier.
3910 FONTENAY (L. de). Voyage agricole en Russie.
3283 FONTENELLE (Julia de) et MALEPEYRE. Du Bijoutier-Joaillier et du Sertisseur.
4372 FONT-REAULX (de). Les Canaux.
3026 FONVIELLE (Wilfrid de). Le Pétrole.
6104 FOURNIER (H.). Traité de la Typographie.

2066 FRAICHE (F.). L'Ostréiculteur.
3133 FRANKLIN (Alfred). La Vie privée d'autrefois : Comment on devenait Patron.
4679 — Les Repas.
4677 — La Cuisine.
4680 — Le Café, le Thé et le Chocolat.
4688 — L'Annonce et la Réclame. Les Cris de Paris.
4690 — Les Magasins de Nouveautés. 3 vol.
2000 FRESENIUS (Docteur) et WILLE. Potasses-soudes.
2011 FROCHOT (Alexis). Cubage et Estimation des Bois.
991 GARNIER (Jules). Le Fer.
888 GASTINEAU. Le Génie de la Science et de l'Industrie.
1585 GAUDRY (Jules). Guide pratique pour l'Essai des Matières industrielles.
4481 GIARD (E.). Lettres sur la Photographie.
5054 GIFFARD (Pierre). La Fin du Cheval.
3295 GILLOT (A.). Fondeur de Fer et de Cuivre. 2 v.
2049 GOBIN (H.). Entomologie agricole et Petit Traité de la Destruction des Insectes.
1594 GOSSIN (L.). Guide pratique des Conférences agricoles.
6474 — Même ouvrage.
3037 GRAFFIGNY (H. de). L'Horlogerie.
3253 — Les Industries d'Amateurs.
3421 — L'Ingénieur électricien.
971 — Les Moteurs anciens et modernes.
6436 — Même ouvrage.
2354 GRAND'HOMME (Mlle E.). Coupe et Confection de Vêtements de Femmes et d'Enfants.
1595 GUETTIER (A.). Guide pratique des Alliages métalliques.
896 GUILLEMIN (Amédée). Les Chemins de fer.
2008 GUY (M.-P.-J.). Guide du Géomètre-Arpenteur.
2047 GUYOT (Eugène). Habitations des Animaux. 2 v.
  T. I. Ecuries. Etables.
  T. II. Bergeries. Porcheries.

3259 HERAUD (A.). Les Secrets de l'Alimentation.
3258 — Les Secrets de la Science et de l'Industrie.
1988 HIRTZ (Elisa). Méthode de Coupe et de Confection.
1584 HOUZE (J.-P.). Le Livre des Métiers manuels.
3309 HUBERSON (G.). Photographie sur Papier et sur Verre.
1035 HUSSON (C.). Le Café, la Bière et le Tabac.
1034 — Le Lait, la Crème et le Beurre.
1036 — Du Vin.
3137 IMBERT (Calixte). Le Tonkin : industriel et commercial.
2030 JAUNEZ (A.). Du Chauffeur.
621 JOURDAN (Louis). Contes industriels.

2450 JOURDAN et DUMONT. Etude sur les Ecoles de Commerce d'Europe et des Etats-Unis.
3284 JULLIEN (M.-M.-C.-E.). Du Chaudronnier.
4133 KEIGNART (E.). Guide pratique de l'Amateur électricien.
3257 KNAB (Louis). Les Minéraux utiles et l'Exploitation des Mines.
2063 KOLTZ (M.-J.-P.-J.). Culture du Saule et du Roseau.
2619 LA BLANCHERE (H. de). Les Oiseaux utiles et les Oiseaux nuisibles.
1742 LABOUCHERE (Alfred). Oberkampf (1738-1815).
5034 LAFFARGUE (J.). Manuel pratique du Monteur électricien.
2018 LAFFINEUR (Jules). De la Construction des Roues hydrauliques.
2007 — Hydraulique et Hydrologie.
2046 — L'Ingénieur agricole.
2452 LAHR (Firmin). Nouveau Guide de l'Inventeur.
257 LAMARTINE (de). Jacquard.
1822 — Gutenberg.
6557 — Jacquard.
2016 LANDRIN (M.-H.-C.). Traité de l'Acier.
4140 LAQUEUILLE (H.-B. de). Petit Manuel d'Impression positive sur Papier.
976 LASTEYRIE (de). Histoire de l'Orfèvrerie.
4790 LEAUTEY (Eugène). Traité des Inventaires et des Bilans.
3288 LEBEAUD (Julia de FONTENELLE-) et MALEPEYRE. Du Distillateur-Liquoriste.
5470 LEBLOND (H.). Moteurs électriques.
1431 LEBRETON (Mme J.). Histoire et Applications de l'Electricité.
3294 LEBRUN et MALEPEYRE. Ferblantier. Lampiste.
1002 LEFEVRE (André). Les Parcs et les Jardins.
3247 LEFEVRE (Julien). La Photographie.
4902 LEGOUEZ (Ray). Emploi du Bouclier dans la Construction des Souterrains.
1946 LEMOINE (L.). Les Artisans et l'Industrie : Autrefois et Aujourd'hui.
1989 LENOIR. Calculs et Comptes faits à l'usage des Industriels.
3297 LENORMAND (S.), JANVIER et D. MAGNIER. L'Horloger. 2 vol.
3311 LENORMAND (Seb.). Relieur en tous Genres.
6143 LOUIT (Pierre). Quarante Bêtes.
2042 LUNEL (Docteur A.-B.). Guide de l'Epicier.
2041 — Guide du Parfumeur.
2065 LUNEL (B.). Acclimatation des animaux domestiques.
2003 — Les Falsifications et Altérations des Substances alimentaires.

1004	MAIGNE (M.). Arts et Manufactures. 3 vol.
907	— Lectures variées sur les Sciences usuelles.
2511	MAIGNE (P.). Les Mines de la France et de ses Colonies.
3307	— Du Pelletier-Fourreur et du Plumassier.
3291	MAIGNE et MATHEY (O.). Dorure, Argenture et Nickelage.
3300	MAIGNE et ROBICHON. Du Marqueteur, du Tabletier et de l'Ivoirier.
5379	MARCEVAUX (F.). Char antique et l'Automobile.
911	MARZY (E.). L'Hydraulique.
2036	MERLY (J.-F.). Le Livre du Charpentier.
2772	MICHAUT (L.). Leçons élémentaires de Télégraphie électrique.
3420	MICHOTTE (Félicien). Traité de la Fabrication industrielle des Eaux gazeuses et des Boissons qui s'y rattachent.
1997	MIEGE (B.). Télégraphie électrique.
3539	MILLET-ROBINET (Mme). Basse-Cour : Pigeons et Lapins.
2043	MONIER. Essai et Analyse des Sucres.
3250	MONTILLOT (L.). La Lumière électrique.
3249	— La Télégraphie actuelle.
2040	MOREAU (L.). Guide du Bijoutier.
4131	MOURLON (Charles). Les Téléphones usuels.
2033	MULDER (J.-G.). Le Brasseur.
5242	NANSOUTY (Max). Premières Visites à l'Exposition 1900.
3292	NOSBAN et MAIGNE. L'Ebéniste et le Tabletier.
1582	ORTOLAN (A.). Guide pratique de l'ouvrier mécanicien. Textes et Atlas. 2 vol.
3529	PARVILLE (Henri de). Progrès de la Science et de l'Industrie.
1324	— L'Electricité et ses Applications : Exposition de Paris.
3880	PAULET (G.). Annuaire de l'Enseignement commercial et industriel. Première année 1892.
3493	PELLETAN (J.). Pigeons, Dindons, Oies, Canards.
3543	PELLETIER (Eugène et Auguste). Le Thé et le Chocolat dans l'Alimentation publique.
2567	PENDRIE (H.). Nos Chemins de Fer et leur Réforme radicale.
3298	PERSEGOL (J.-E.). L'Horloger rhabilleur.
3725	PIERRET (V.-A.). Horlogerie : Outillage et Mécanique.
3716	PIZZICHELLI (Joseph). La Platinotypie.
1890	POIRE (Paul). Leçons de Chimie appliquée à l'Industrie.
2068	POURIAU (A.-F.). Manuel du Chimiste agriculteur.

2048 POURIAU (A.-F.). Eléments des Sciences physiques appliquées à l'Agriculture. Chimie inorganique.
3541 — Même ouvrage que le précédent.
1999 — Eléments des Sciences physiques appliquées à l'Agriculture. Chimie inorganique.
3542 — Même ouvrage que le précédent.
6140 PRÉCIS (V.). Guide du Plombier-Zingueur. 2 vol.
2038 PROUTEAUX. De la Fabrication du Papier et du Carton.
1832 RAMÉE (D.). Histoire de l'Origine des Inventions, des Découvertes et des Institutions humaines.
5472 RAMPON (C.). Les Ennemis de l'Agriculture.
5330 REGAMEY (Félix). Le Japon pratique.
959 RENARD (Léon). L'Art naval.
960 — Les Phares.
932 REYNAULT (Jean). Des Minéraux usuels.
4132 REYNIER (Emile). Piles électriques et Accumulateurs.
3286 RIFFAULT (Toussaint), VERGNAUD et MALEPEYRE (F.). Du Fabricant de Couleurs à l'huile et à l'eau. Des Laques, des Couleurs fines, etc. 2 vol.
3304 — Peintre en Bâtiments, Vernisseur, Vitrier et Colleur de papiers de tenture.
4125 RIS-PAQUOT. Le Mobilier.
3302 ROBERT et DE VALICOURT. Du Mouleur en Plâtre : au Ciment, à l'Argile, à la Cire, à la Gélatine.
934 ROBERTSON. La Photographie.
935 ROBIQUET (E.). Manuel théorique et pratique de Photographie.
4291 ROGER-MILÈS. La Bijouterie.
3285 ROMAIN (M.-A.). Du Chauffage et de la Ventilation.
3315 — Du Fabricant de Vernis.
3310 — Du Plombier, Zingueur, Couvreur et de l'Appareilleur à Gaz.
3313 — De la Télégraphie électrique et de ses Applications.
2026 ROULAND (E.). Nouveaux Barèmes de Serrurerie.
4127 ROUSSEAU (Mme Louise). Plantes d'Appartements.
1012 ROUXEL, MOSSMANN et LARCHEY. Les Grands Hommes de la France : Industriels.
6453 — Même ouvrage.
1948 SACHOT (Octave). Inventeurs et Inventions.
3715 SAINT-EDME (Ernest). L'Electricité appliquée aux Arts mécaniques, à la Marine, aux Théâtre.
3565 — La Science pendant le Siège de Paris.
3290 SAULO (M.-J.). De la Dorure sur bois à l'eau et à la mixtion.
2724 SAUVAGE (Docteur H.-E.). La Grande Pêche.

1013	SAUZET (A.). La Verrerie.
2546	SAVIGNY et BISCHOFF. Les Richesses du Tonkin : Les Produits à y importer et l'Exploration française.
2856	SCHEFER (Mme G.). Méthode de Coupe et d'Assemblage pour Robes de Femmes et Vêtements d'Enfants.
2857	— Le même ouvrage. Nouvelle édition revue et augmentée du Trousseau et de la Layette.
3349	SCHNEIDER (J.). Manuel de l'Employé de Banque, de Commerce et d'Industrie.
3930	SERAND (E.), sous-intendant militaire. Etudes sur les Céréales : Le Blé. 2 vol.
2050	SERIGNE. Maladies de la Vigne.
2064	SICARD (Adrien). Culture du Cotonnier.
958	SIMONIN (L.). L'Or et l'Argent.
179	SMILES (Samuel). La Vie des Stephenson comprenant l'Histoire des Chemins de fer et de la Locomotion.
2006	SNOW (W. Harirs). Leçons d'Electricité.
1587	STEERK (Le major). Guide pratique de la Fabrication des poudres et salpêtres et des Feux d'artifices.
6447	— Même ouvrage.
2023	TARTARA. Bris et Naufrages.
3252	TASSART. La Teinture.
941	TERNANT. Les Télégraphes. 1 vol.
4134	— Même ouvrage. 2 vol.
2835	THIERRY-MIEG. La France et la Concurrence étrangère.
942	TISSANDIER. Merveilles de la Photographie.
5010	— La Photographie.
1540	TOPART (Edmond). Petit Guide commercial et professionnel.
2067	TOUCHET (M.-J.-H.). Vidange agricole.
3287	TOUSSAINT (M.-M.-C.-J.). De la Coupe des pierres. 2 vol.
3299	TOUSSAINT, MAGNIER et PICART. Maçon, Stucateur, Carreleur et Paveur.
3521	TYNDALL (John). Faraday inventeur.
3900	VIBERT (Paul). L'Electricité à la portée des gens du monde.
4783	— Les Industries nationales.
1082	VIE A LA CAMPAGNE (La). Haras, Chasse, Pêche. 3 vol. (tomes III, IV, V).
4135	VILLON (A.-M.). Le Phonographe et ses Applications.
2031	VIOLETTE (Henry). Fabrication des Vernis.
4130	VIVAREZ (Henry). Notions générales sur l'Eclairage électrique.
2637	VON-GAISBERG (S. Baron). Montage des Appareils pour l'Eclairage électrique.
6441	— Même ouvrage.
2456	X***. Rapport d'ensemble (Exposition d'Anvers, Année 1885).

2488 X***. Exposition coloniale et internationale (Amsterdam, 1883). Rapport.
2489 — Exposition universelle internationale (1883). 2 vol.
2604 — Expositions anglaises (1886). Rapport d'ensemble.

XI

SCIENCES MÉDICALES — HYGIÈNE

4189 ARTHUS (M.). Coagulation des liquides organiques.
1017 BECLARD (Jules). Hygiène de la première enfance.
6055 BENECH (Dr Louis). Hygiène des voyageurs en chemin de fer.
1473 BORDIER (Dr A.). Géographie médicale.
1840 BOUCHUT (E.). Hygiène de la première enfance (Guide des Mères pour l'Allaitement).
5847 BOURGAREL. Conseils aux Mères sur l'Hygiène de l'enfance.
3238 BRAMSEN. Les Dents de nos Enfants.
4823 BRISSAUD. Hygiène des Asthmatiques.
2694 BROQUERE. Médecine des Accidents.
6621 BURLUREAUX. La lutte pour la santé.
4824 CASTEX. Hygiène de la Voix (parlée et chantée).
3239 CORFIELD. Les Maisons d'habitation.
3882 CORNET. L'Art d'administrer les Médicaments aux Enfants.
4979 COUTANCE. Venins et Poisons (Leur danger pour l'homme).
1021 CRUVEILHIER. Hygiène générale.
2058 DEDIEUX. Chasseur Médecin.
2433 DELABARRE. Les Accidents de Dentition chez les enfants.
5211 DEPIERRIS. Le Tabac.
5229 — La Lutte contre l'abus du Tabac.
874 DEPPING (Guillaume). De la Force et de l'Adresse.
3177 DONNE. Conseils sur la Manière d'élever les enfants.
3251 — Hygiène des gens du monde.
2476 DUFAUX DE LA JONCHERE. Hygiène et Soins maternels.
1024 DUPASQUIER. L'Ami de l'Homme, ou le Médecin.

2884 ESPANET. La Pratique de l'Homéopathie.
6087 FISCHER (D'). Hygiène de la Première Enfance.
1951 FONSAGRIVES. Entretiens familiers sur l'Hygiène.
4491 GALTIER. Notions élémentaires d'Hygiène pratique.
4612 — Même ouvrage.
5490 GIRETTE. La Civilisation et le Choléra.
4188 HELD. Les Alcaloïdes de l'Opium.
6372 HÉRICOURT (D' J.). L'Hygiène moderne.
3236 HUFELAND. L'Art de prolonger la Vie.
3242 JOLLY. Hygiène morale.
3241 — Le Tabac et l'Absinthe.
4425 LABORDE. La Lutte contre l'Alcoolisme.
4826 LACASSAGNE. Précis d'Hygiène privée et sociale.
6134 LAURENT (D'). Manuel d'Hygiène populaire.
3580 LAUSSEDAT. Etudes médicales ou sociales (Suisse).
3237 LE BLOND. La Gymnastique et les Exercices physiques.
1961 LE BON (D'). Hygiène pratique du soldat et du blessé.
3339 LELIEVRE. Hygiène pratique.
1087 LE PILEUR. Le Corps humain.
5949 LEROY (J.). Les Droits de l'Enfant.
3544 LETHEBY. Les Aliments.
1029 LETOURNEAU. La Biologie.
2077 LUNEL. Hygiène et Médecine usuelle.
3243 MAGNE. Hygiène de la Vue.
4829 MANACEINE (Marie de). Le Sommeil.
4827 — Surmenage mental.
4190 MARTHA. Les Intoxications alimentaires.
5027 MERCIER. Les Petits Paris.
1264 MESSAGER. Manuel de la Jeune Mère.
2917 MONIN. L'Alcoolisme.
3422 — Hygiène du Travail.
2451 — La Propreté de l'Individu et de la Maison.
1744 MULLER (L.). Ambroise Paré.
3244 MURRELL. La Pratique du Massage.
1464 NAPIAS et MARTIN. Etude et Progrès de l'Hygiène.
4799 NAPIAS. Manuel d'Hygiène industrielle.
4791 NOIR. Hygiène, Secours et Premiers Soins à donner aux Malades et aux Blessés.
3557 OCHOROWICZ. De la Suggestion mentale.
3713 OLLIVIER. Etudes d'Hygiène publique (3 vol.).
2096 PASTEUR. Histoire d'un Savant, par un Ignorant.
6090 PETIT (D'). Conférences sur l'Alcoolisme.
6171 PINARD (D' A.). Puériculture du 1er âge. Nourriture. Vêtement. Hygiène.
2451 PRECHAUD. Maladies des yeux à l'Assistance publique.
2227 PRATERRE. Les Dents; Maladies de ces organes

— 146 —

3130	REBOUIS. Etude historique et critique de la Peste.
3235	REVEILLE. La Goutte et les Rhumatismes.
5200	RIBARD (Dr). La Tuberculose est curable.
3538	ROBERT (J.). Guide du Médecin et du Touriste.
1278	ROGER (Dr). Voltaire malade.
5231	ROTHSCHILD (Dr). Hygiène de l'Allaitement.
3483	SAFFRAY (Dr). Les Remèdes des Champs.
3261	SAINT-VINCENT (de). Nouvelle Médecine des Familles.
1926	TESSEREAU. Cours élémentaire d'Hygiène.
5332	TRELAT. La Salubrité.
1033	TURCK. Médecine populaire.
3582	VALCOURT (de). Cannes et son Climat.
3245	ZABOROWSKI. Les Boissons hygiéniques.
3240	X***. Mémoires d'us Estomac.
3164	X***. Hygiène et Education de la première Enfance.

XII

SCIENCES MILITAIRES

- 4665 AMBERT (Général). Les Soldats Français.
- 6257 ANDRÉ (Emile). 100 Coups de Jiu-Jitsu.
- 4707 AUBRAY. Le 145ᵉ Régiment.
- 3888 BASTARD. Charges Héroïques.
- 3889 — Sanglants Combats.
- 3890 — Un Jour de Bataille.
- 6142 BAUDIN (Pierre). L'Armée moderne et les Etats-Majors.
- 1038 BOUTARIC. Institutions militaires de la France.
- 4405 BUJAC. Armée Russe.
- 3548 CHALENDAR (de). Manuel du Volontaire.
- 99 CHOPPIN (Henri). Histoire générale des Dragons depuis leur origine jusqu'à l'Empire.
- 3359 DALLY. La France militaire Illustrée.
- 6067 — Même ouvrage.
- 5370 - - Même ouvrage.
- 6180 DAMENY (Georges). Exercices physiques dans les écoles.
- 6179 DAVELUY (René). La Lutte pour l'empire de la mer.
- 3439 DERISOUD (Em.). Guide du Télégraphiste en Campagne.
- 2310 DESVOYES. Obligations de la Gendarmerie.
- 1046 DISLERE. Guerre d'Escadre et Guerre de Côtes.
- 283 FOUBERT (A.). Le 39ᵉ d'Artillerie.
- 1756 HENNEBERT. Les Torpilles.
- 136 HENNEGUY. Histoire de l'Italie militaire.
- 6366 HENRY (Georges). Nos Alpins en campagne.
- 3523 ISSALENE. Manuel pratique militaire des Chemins de fer.
- 6053 JUSSERAND (J.-J.). Les Sports et les Jeux d'exercice.
- 2636 JUVEN. Comment on devient Officier.
- 3994 KARAZINE. Le Pays où l'on se battra.
- 3704 LABICHE. Cours d'Artillerie.

1000	LACOMBE. Les Armes et les Armures.
6454	— Même ouvrage.
5333	LA MARCHE (Claude). L'Epée.
3455	LAVENEZ (Victor). Les Volontaires d'un an en Allemagne.
4358	LAVISSE. Tu seras Soldat.
3703	LE BARZIE. Manuel d'Artillerie.
3545	MOIGNO (Abbé). Recherches sur les Agents explosifs modernes et leurs Applications.
1044	MONTZEY (C.). Institutions d'Education militaire (2 vol.).
3702	MUGNIER. Projet de Canon de campagne.
4253	MULLER. Guide législatif du Sous-Officier.
5289	NIESSEL. Les Cosaques.
4159	NY (Général). La situation stratégique de la France dans la Guerre de demain.
3554	OMEGA. La Défense du Territoire français.
3551	PLESSIS. Cours spécial à l'usage des Sous-Officiers.
3553	RAU. L'Etat militaire des principales Puissances étrangères.
4768	RICHARD. Cantinières et Vivandières françaises
5952 et 6624	RICHET. Les Guerres et la Paix.
1039	STREHLY (G.). L'Acrobatie et les Acrobates.
1053	SUSANNE (Général). Histoire de l'Artillerie française.
1054	— Histoire de la Cavalerie française. 3 vol.
1055	— Histoire de l'Ancienne Infanterie française. 8 vol.
1056	— Histoire de l'Infanterie française. 5 vol.
3550	TURLIN. Manuel complet à l'usage des Officiers.
1854	VANIER (Léon). Les 28 jours d'un Réserviste.
6177	VILLETARD DE LAGUERRIE. Trois mois avec le Maréchal Oyama en 1905.
2214	VIOLLET-LE-DUC. Siège de la Roche-Pont.
2105	X***. Organisation de l'Armée. Pourquoi la France n'est pas prête.
2106	X***. L'Armée française en 1879.
3552	X***. Années militaires (4 vol.). 1877, 1878, 1879, 1880.
3549	X***. Eléments d'Administration d'une Batterie d'Artillerie.
1079	X***. De la Sprée à l'Escaut par la Marne (Garde à vous!).
5278	X***. Notre Marine de guerre.
3524	X***. Manuel des Connaissances militaires pratiques pour l'Officier de l'état-major.

XIII

BEAUX-ARTS ET ARTS INDUSTRIELS — MUSIQUE

§ 1er. — Beaux-arts et arts industriels.

2340	ADELINE (J.). Lexique des termes d'art.
1057	ADHEMAR. Beaux-Arts et Artistes.
2537	ARNAUD (Angélique). François Del Sarte ; ses Découvertes en Esthétique.
83	AUGE (Lucien). Les Tombeaux.
6487	— Même ouvrage.
4716	AURIAC (Eugène d'). Description de la fameuse Eglise Sainte-Cécile d'Albi.
3690	BARBE (H.). Jublains (Mayenne). Notes sur ses antiquités, époque gallo-romaine.
5192	BAYARD (Emile). L'Illustration et les Illustrateurs.
1452	BAYET (Charles). L'Art byzantin.
6576	et 6577 — Mêmes ouvrages.
2345	— Précis d'Histoire de l'Art.
6191	— Même ouvrage.
1040	BELLEVAL (le Comte de). La Panoplie, du xve au xviiie siècle.
3957	BIART (Lucien). Mes Promenades à travers l'Exposition. Souvenirs de 1889.
4429	BILBAUT (Théophile). L'Art céramique au coin du feu.
2553	BOUCHOT (Henri). Le Livre, l'Illustration, la Reliure.
6579	— Même ouvrage.
3020	— Jacques Callot, son œuvre et ses continuateurs.
3289	BOUTEREAU (C.). Du Dessinateur. 2 vol.
968	CASTEL (Albert). Les Tapisseries.
6458	— Même ouvrage.

2720 CERFBERR et MEDELSHEIM (G.). L'Architecture en France.
5354 CHAMBERLAIN (H. S.). Richard Wagner ; sa Vie et ses Œuvres.
2342 CHAMPEAUX (A. de). Le Meuble (2 vol.).
2763 CHESNEAU (Ernest). L'Education de l'Artiste.
1058 — Peintres et Statuaires romantiques.
1342 — La Peinture anglaise.
5439 CLEMENT (Félix). Les grands Musiciens.
1345 COLLIGNON (Max). Mythologie figurée de la Grèce.
2845 CONFERENCES sur la Science et l'Art industriels (Année 1888).
2629 CORROYER (Edouard). L'Architecture romaine.
3662 DARDENNE (E.-J.). L'Ecole de Pontillieu.
1934 DARGENTY (G.). Eugène Delacroix.
1883 DAVID (Emeric-T.-B.). Vies des Artistes anciens et modernes.
2551 DECK (T.). La Faïence.
1340 DELABORDE (Le vicomte Henri). La Gravure.
6279 DREYFOUS (Maurice). L'Art et les Artistes.
1404 DU CAMP (Maxime). Le Salon de 1857.
1060 DUPLESSIS (Georges). Les Merveilles de la Gravure.
2110 DURANDE (Amédée). Correspondance et Biographie de Joseph Carle et Horace Vernet.
1700 ERCKMANN-CHATRIAN. L'Art et les grands Idéalistes.
4163 FOURNIER (Edouard). Histoire des Enseignes de Paris.
1061 FRANCE (Anatole). Les Œuvres de Bernard Palissy.
5361 GANDOLPHE (Maurice). La Vie et l'Art des Scandinaves.
2503 GAUCKLER (Ph.). Le Beau et son Histoire.
4532 GAYET (Al.). L'Art persan.
5056 GEFFROY (A.). Etudes italiennes : Florence, la Renaissance, Rome, Histoire monumentale.
4160 GEFFROY (Gustave). La Vie artistique (2 vol.).
2338 GERSPACH. L'Art de la Verrerie.
1344 — La Mosaïque.
6580 — Même ouvrage.
4299 GIRARD (Paul). La Peinture antique.
2552 GONSE (Louis). L'Art japonais.
5411 GUILLAUME (Eugène). Discours et allocutions.
4887 — Essais sur la Théorie du Dessin et de quelques parties des Arts.
5356 — Etudes sur l'Histoire de l'Art.
3603 GUIMET (Emile). Aquarelles africaines.
3850 HENNEQUIN (Emile). La Critique scientifique.
898 JACQUEMART (A.). Les Merveilles de la Céramique. 3 vol.
1734 JOUVEAUX (Emile). Histoire de trois Potiers célèbres : Bernard Palissy, Josiah Wedgwood, Frédéric Bottger.

1972	KOENIG (Frédéric). Léonard de Vinci.
3312	LACOMBE (S.). De la Sculpture sur bois.
2344	LAFENESTRE (Georges). La Peinture italienne.
5163	— La Tradition dans la Peinture française.
3113	LALOUX (V.). L'Architecture grecque.
4882	LAVIGNAC (Albert). Le Voyage artistique à Bayreuth.
6073	LECLÈRE (Tristan). Salons 1900-1904.
2341	LECOY DE LA MARCHE. Les Manuscrits et la Miniature.
2628	LEFEBURE (Ernest), Broderie et Dentelles.
1062	LEFEVRE (André). L'Architecture
3947	LEMONNIER (Henry). L'Art français au temps de Richelieu et de Mazarin.
1341	LENORMANT (F.). Monnaies et Médailles.
1088	LESBAZEILLES. Les Colosses.
6500	— Même ouvrage.
1346	LOSTALOT (A. de). Les Procédés de la Gravure.
6109	LUMET (Louis). L'Art pour tous. Conférences.
5409	MAINDRON (Maurice). L'Art indien.
2597	MARMOTTAN (Paul). L'Ecole de Peinture (1792-1830).
2526	— Les Statues de Paris.
3225	MARTHA (Constant). La Délicatesse dans l'Art.
3324	MARTIN (Alexis). Faïences et Porcelaines.
5948	— Une Visite à Paris en 1900.
2550	MASPERO. L'Archéologie égyptienne.
2339	MAYEUX (Henri). La Composition décorative.
3033	MENANT (Joachim). Ninive et Babylone.
4533	MERSON (Olivier). Les Vitraux.
1583	MESTA (J.) et ORTOLAN (A.). Guide pratique pour l'étude du Dessin linéaire. Texte et Atlas.
2890	MICHIELS (Alfred). L'Architecture et la Peinture en Europe depuis le IVe siècle jusqu'à la fin du XVIe siècle.
1063	— L'Art flamand dans l'Est et le Midi de la France.
2888	— Rubens et l'Ecole d'Anvers.
3787	MOLINIER (Auguste). Les Manuscrits.
6443	— Même ouvrage.
3819	— L'Emaillerie.
1009	MOYNET (M. J.). L'Envers du Théâtre.
3114	MUNTZ (Eugène). Guide de l'Ecole nationale des Beaux-Arts.
1521	NARJOUX (Félix). Histoire d'un Pont.
1991	ORTOLAN (A.) et MESTA (J.). Guide pratique pour l'Etude du Dessin linéaire. Texte et Atlas. 2 vol.
3691	OSTOYA (Gaëtan). Les Anciens Maîtres et leurs Œuvres à Florence.
2627	PALEOLOGUE (M.). L'Art chinois.
3115	PARIS (Pierre). La Sculpture antique.
5369	PECAUT (Elie) et BAUDE (Charles). L'Art. Simples Entretiens à l'usage de la Jeunesse.

3424	PELLEGRIN (V.). Théorie pratique de la Perspective : Etude à l'usage des Peintres.
1064	PICHAT (L.). L'Art et les Artistes en France.
3820	POTTIER (E.). Les Statuettes de terre cuite dans l'antiquité.
5616	POUGIN (Arthur). Bellini : Sa Vie, ses Œuvres.
173	QUICHERAT (L.). Adolphe Nourrit : sa Vie, son Caractère, sa Correspondance (3 vol.).
3305	REBOULLEAU et MAGNIER. Peinture sur Verre, sur Porcelaine et sur Email.
1065	REGAMEY (Félix). Enseignement du Dessin aux Etats-Unis.
1419	REGNAULT (Henri). Correspondance.
4126	RIS-PAQUOT. Faïences et Porcelaines.
6083	ROUX (Alphonse). La Visite artistique de l'Humanité.
2474	ROUX (J.). Le Dessin.
5334	SCHOPFER (Jean). Voyage idéal en Italie : l'Art ancien et l'Art moderne.
1420	SILVESTRE (Théophile). Les Artistes français : Etudes d'après nature.
6258	SIMOND (Charles). Paris de 1800 à 1830.
	T. I. — 1800 à 1830. Le Consulat. Le 1ᵉʳ Empire. La Restauration.
5179	SOUBIES (Albert). Histoire de la Musique en Russie.
3308	VERGNAUD (A.-D.). Perspective appliquée au Dessin et à la Peinture.
1068	VIARDOT (Louis). Les Merveilles de la Peinture, 1ʳᵉ série.
1069	— Le même ouvrage, 2ᵉ série.
1070	— Les Merveilles de la Sculpture.
1931	VIOLLET-LE-DUC. Comment on devient Dessinateur.
2010	— Comment on construit une maison.
5540	— Histoire d'un Dessinateur.
2436	VOITURON (Paul). Recherches philosophiques sur les Principes de la Science du Beau (2 vol.).
1451	WAUTERS (A.-J.). La Peinture flamande.
2507	WILKINS (A.-S.). L'Antiquité romaine.

§ 2. — Musique.

1090	ADAM (Adolphe). Le Brasseur de Preston.
1089	— Le Chalet.
2242	— Le Farfadet.
2231	— Giralda.
2243	— La Poupée de Nuremberg.
1658	— Si j'étais Roi.
2230	— Le Toréador.

— 155 —

2236	AUBER. Actéon.
1097	— L'Ambassadrice.
1100	— Le Cheval de Bronze.
1093	— Les Diamants de la Couronne.
2256	— Le Dieu et la Bayadère.
2240	— L'Enfant prodigue.
2255	— La Fiancée.
1096	— Fra-Diavolo.
1094	— Haydée.
1099	— Le Maçon.
1092	— La Muette de Portici.
1390	— Le Philtre.
1098	— Le Premier jour de Bonheur.
2241	— Le Serment.
2247	— La Sirène.
1102	AUDRAN (Edmond). Gillette de Narbonne.
2234	— Le Grand Mogol.
1103	— La Mascotte.
1104	BALFE (M. W.). La Bohémienne.
2258	BAZIN (François). Cours d'Harmonie.
1105	— Le Voyage en Chine.
5038	BEETHOVEN. Fidelio.
2325	— Ses 38 Sonates pour piano seul. (2 vol.).
2321	— Symphonies pour piano à 4 mains (2 vol.).
5925	— Duos, Sonates, Rondes pour piano, violon et violoncelle (2 vol.).
5924	— Duos pour piano, violon et violoncelle (2 vol.).
2327	BEETHOVEN, MOZART et HAYDN. 40 Mélodies.
4301	BELLAIGUE (Camille). L'Année Musicale et Dramatique (2 vol.).
4300	— Psychologie musicale.
1106	BELLINI (V.). Norma.
1387	BERLIOZ (Hector). Benvenuto Cellini.
1656	— Les Troyens à Carthage.
1378	BERNICAT (Firmin). François les Bas-Bleus.
4855	BERTINI (H.). Etudes pour piano (9 vol.).
1835	BISSON (A.). et Th. de LAJARTE. Grammaire de la Musique.
1107	BIZET (Georges). Carmen.
1641	— La Jolie Fille de Perth.
1108	BOIELDIEU. La Dame blanche.
2328	— Le Nouveau Seigneur du Village.
4725	CATEL. Traité d'Harmonie.
1662	CHABRIER (Emmanuel). L'Etoile.
3351	COCHERY (Louis). Premières leçons de Lecture musicale.
1059	COLOMB (Casimir). La Musique.
2329	COQUARD (Arthur). Le Mari d'un Jour.
3601	CORMON (Eug.) et MICHEL CARRE. Lara.
2447	DAUPHIN (L.). Petite Anthologie des Maîtres de la Musique.
1352	DAVID (Félicien). Le Désert.
2237	— Herculanum.
1382	— La Perle du Brésil.

— 156 —

1358	DELIBES (Léo). Coppélia.
4913	— Jean de Nivelle.
4912	— Kassya (Opéra).
1660	— Lakmé.
1400	— Le Roi l'a dit.
1359	— Sylvia.
1357	DELIBES (Léo) et MINKOUS. La Source.
1115	DIAZ (E.). La Coupe du roi de Thulé.
5923	DIVERS. Pot-Pourris et Danses pour piano et violon (2 vol.).
5922	— Duos pour piano et violon.
2232	DONIZETTI. Don Pasquale.
1117	— La Favorite.
1116	— La Fille du Régiment.
1391	— Lucie de Lammermoor.
2257	DURAND (Emile). Réalisations des Leçons du Cours d'Harmonie.
2259	— Traité d'Accompagnement au Piano.
2260	— Traité complet d'Harmonie théorique et pratique.
1172	ECHOS d'Europe (3 vol.).
1135	ECHOS de France (2 vol.).
4437	ESCUDIER (Léon). Des Souvenirs : les Virtuoses.
3878	FLAMINIO. Collection de morceaux de Musique pour chant.
4726	— Recueil de morceaux choisis pour chant.
3876	— Recueil : Morceaux de Danse pour piano.
3877	— Collection de morceaux pour piano.
4859	— Valses chantées pour soprano.
1111	FLOTOW (de). Martha.
1112	— L'Ombre.
2254	— Zilda.
2320	FRELON (L.-F.-A.). Transcriptions pour orgue expressif.
4917	GANNE (Louis). La Czarine, Valse des Blondes, Valse des Lotus, Marches, La Tzigane, etc. (2 vol.).
1393	GAUTIER (Eugène). Le Mariage extravagant (Opéra comique).
2239	GLUCK. Alceste.
2244	— Iphigénie en Aulide.
2245	— Iphigénie en Tauride.
1399	— Orphée.
4916	GODARD (Benjamin). Jocelyn.
1653	GOUNOD (Charles). La Colombe.
1642	— Les deux Reines.
1119	— Faust.
1659	— Gallia.
2332	— Le Médecin malgré lui.
1118	— Mireille.
2314	— Mors et Vita.
2274	— La Nonne sanglante.
1122	— Philémon et Baucis.
1392	— La Rédemption.

1121	GOUNOD (Charles). La Reine de Saba.
1120	— Roméo et Juliette.
1394	— Sapho.
2272	— Tobie.
1379	— Le Tribut de Zamora.
2273	— Ulysse.
1123	GRETRY. Richard Cœur de Lion.
2443	GZERNY (Ch.). Cent Exercices pour piano.
1125	HALEVY (F.). Charles VI.
1127	— L'Eclair.
1124	— La Juive.
1128	— Les Mousquetaires de la Reine.
1129	— La Reine de Chypre.
1126	— Le Val d'Andorre.
3353	HANON (C.-L.). Leçons élémentaires d'Harmonie pour la théorie de la méthode. Système nouveau.
3354	— Méthode élémentaire de piano : Introduction au pianiste virtuose.
3356	— Morceaux de piano en quatre cours (4 vol.).

T. I. Les Délices des jeunes pianistes.
T. II. Six Fantaisies élégantes.
T. III et IV. Morceaux divers.

2355	— Le Pianiste virtuose en 60 exercices.
2323	HAYDN. Symphonies pour piano à 4 mains. (2 vol.).
1131	HEROLD (F.). Le Pré aux Clercs.
1130	— Zampa.
1663	HERVE. La Belle Poule.
4522	JAEL (Marie). Le Toucher. Nouveaux principes élémentaires pour l'enseignement du piano (2 vol.).
1649	JONAS (Emile). La Bonne Aventure.
2233	JONCIERES (V.). Le Chevalier Jean.
2263	— Le Dernier Jour de Pompéi.
3401	— Dimitri.
1647	LACOME (P.). Madame Boniface.
2204	— La Musique en famille.
1651	— Pâques fleuries.
1643	LAJARTE (Théodore de). Le Portrait.
1835	LAJARTE (Théodore de) et BISSON (A). Grammaire de la Musique.
2895	LALO (Edouard). Le Roi d'Ys.
2343	LAVOIX (H.). Histoire de la Musique.
2613	LE CARPENTIER. Cours pratique de piano (2 vol.).
2612	— Méthode de piano pour les Enfants.
1134	LECOCQ (Charles). Le Cœur et la Main.
4915	— La Fille de Madame Angot.
1389	— La Marjolaine.
1377	— L'Oiseau Bleu.
1132	— Le Petit Duc.
1646	— La Petite Mariée.
2330	— Plutus.
1388	— Giroflé-Girofla.

4523	LULLI à MEHUL. Airs à danser.
2313	LULLY (J. B. de). Armide.
1136	MAILLART (A.). Les Dragons de Villars.
1137	— Lara.
2312	MASSE (Victor). La Fée Carabosse.
1654	— La Fiancée du Diable.
2262	— Le Fils du Brigadier.
2270	— Fior d'Aliza.
1138	— Galathée.
2250	— Graziella.
1644	— La Mule de Pedro.
1139	— Les Noces de Jeannette.
1140	— Paul et Virginie.
1645	— La Reine Topaze.
1657	— Les Saisons.
2315	MASSENET (J.). Le Cid.
3122	— Esclarmonde.
2248	— Eve.
3400	— Le Mage.
2229	— Marie-Magdeleine.
1368	— Le Roi de Lahore.
1141	MEHUL. Joseph.
1386	MERMET (A.). Jeanne d'Arc.
1355	— Roland à Roncevaux.
3398	MESSAGER (André). La Bazoche.
2333	— La Fauvette du Temple.
1146	MEYERBEER. L'Africaine.
1147	— L'Etoile du Nord.
1143	— Les Huguenots.
5039	— Mélodies.
1145	— Le Pardon de Ploërmel.
1142	— Le Prophète.
1144	— Robert le Diable.
4339	MORCEAUX choisis concertants pour piano à quatre mains (2 vol.).
4524	MORCEAUX DIVERS. Piano et Chant.
4525	—
4526	—
4527	—
1149	MOZART. Don Juan.
1150	— La Flûte enchantée.
1148	— Les Noces de Figaro.
2326	— Œuvres pour piano seul (18 sonates).
2322	— Symphonies pour piano à quatre mains.
3927	NAUDET (O.). Méthode très élémentaire d'Harmonium pour l'accompagnement du plain-chant.
1375	NICOLO. Joconde.
1151	— Les Rendez-vous Bourgeois.
2271	NIEDERMEYER (L.). Marie Stuart.
2316	OFFENBACH (J.). Bagatelle.
1154	— La Belle Hélène.
2317	— La Boîte au lait.
2268	— La Boulangère a des écus.
1152	— Les Braconniers.

1372 OFFENBACH (J.). Les Contes d'Hoffmann.
2269 — Le Docteur Ox.
1370 — La Grande-Duchesse de Gérolstein.
2266 — Madame l'Archiduc.
1155 — Orphée aux Enfers.
1373 — La Périchole.
2265 — Pomme d'Api.
1385 — La Princesse de Trébizonde.
2319 — Le Roi Carotte.
1156 — La Vie parisienne.
1157 PAER (Ferdinand). Le Maître de chapelle.
2512 PALADILHE (E.). Patrie.
2426 PARENT (H.). L'Etude du piano.
2251 PEDROTTI (Carlo). Les Masques.
2238 PERGOLESE. La Servante Maîtresse.
1652 PESSARD (Emile). Le Char.
1655 — Tabarin.
2252 PLANQUETTE (Robert). La Cantinière.
4724 — La Cocarde Tricolore.
4169 — Rip.
3118 POISE (Ferdinand). L'Amour Médecin.
1396 — Les Trois Souhaits.
1648 PUGNO (Raoul). Ninetta.
3120 REYER (E.). Salambô.
1369 — Sigurd.
4911 — La Statue.
1158 RICCI (F. et R.). Le Docteur Crispin.
1162 ROSSINI. Le Barbier de Séville.
1163 — Le Comte Ory.
1160 — Guillaume Tell.
1164 — Moïse.
2261 — Othello.
1384 — Sémiramis.
1381 — Le Siège de Corinthe.
1161 — Stabat Mater.
5168 ROUSSEAU (Samuel). La Cloche du Rhin.
2246 SACCHINI. Œdipe à Colonne.
3117 SAINT-SAENS (C.). Ascanio.
1356 — Henri VIII.
1650 — Etienne Marcel.
1383 — Le Timbre d'Argent.
4909 — Vingt Mélodies et Duos. 1er Recueil.
4908 SALVAYRE (G.). Egmont.
1987 SCHMOLL (A.). Nouvelle Méthode de Piano.
2473 — Dix Sonatines progressives.
1066 SCUDO (M.-P.). Critique et Littératures musicales.
1067 — La Musique en 1862.
1376 SERPETTE (G.). Fanfreluche.
1351 — Madame le Diable.
4787 SPINETTI (Guido). Treize Poésies.
4849 SUPPE (F. de). Boccace.
1397 — Fatinitza.
2965 TAVAN (Emile). Méthode pratique d'Orchestration symphonique.

1398 THOMAS (Ambroise). Le Caïd.
1380 — Françoise de Rimini.
1165 — Mignon.
4910 — Psyché.
1166 — Le Songe d'une Nuit d'Eté.
2249 TRADITIONS du Pianiste (Les Bonnes). 8 vol.
3875 VARNEY (Louis). La Femme de Narcisse.
3868 — Les Mousquetaires au Couvent.
2267 VASSEUR (Léon). La Timbale d'Argent.
1371 VERDI (G.). Aïda.
1170 — Le Bal masqué.
3121 — Ernani.
4504 — Falstaff.
3123 — Macbeth.
1171 — Rigoletto.
1168 — Le Trouvère.
1169 — Violetta. (La Traviata.)
4508 WAGNER (R.). Le Crépuscule des Dieux.
1374 — Lohengrin.
4505 — L'Or du Rhin.
4506 — Parsifal.
4904 — Rienzi.
4905 — Siegfried.
1348 — Tannhaüser.
4907 — Tristan et Yseult.
4906 — Le Vaisseau Fantôme.
4168 — La Walkyrie.
1113 WEBER (C.-M. de). Le Freyschütz.
1114 — Obéron.
4503 WIDOR (Ch.-M.). La Korriganne.
2331 — Maître Ambros.

XIV

LANGUES VIVANTES — OUVRAGES ÉCRITS EN LANGUES ÉTRANGÈRES

1247 ADDISON, Stocle and others. Selections from the Spectator. (Extraits du Spectateur.) 2 vol.
785 AHN (F.). La Langue allemande.
1241 AMERICAN ADVENTURES BY LAND AND SEA. (Aventures américaines par Terre et par Mer.) 2 vol.
1198 ANDREWS (E.-A.). Selections from the Metamorphoses and Heroides of Ovide. (Extraits des Métamorphoses et des Héroïdes d'Ovide.)
1204 — Latins exercices. (Thèmes latins.)
1202 ANDREWS AND STODDARD. Grammar of the Latin language. (Grammaire de la Langue latine.)
1232 BELKNAP (Jeremy). American Biography. (Biographie américaine.) 3 vol.
1200 BETHUNE (W. George). Oration and occasional discourses. (Oraisons et Discours de Circonstances.)
1192 BLAKE. Natural Philosophy. Conversations. (Philosophie naturelle. Conversations.)
1194 BOTHAM. Improved and self explanatory arithmétic. (Arithmétique corrigée et s'expliquant d'elle-même.)
1210 BREWSTER (David). The Martyrs of Science. (Les Martyrs de la Science.)
1245 BROUGHAM (Lord Henry). The Advantages of Sciences. (Les Avantages de la Science.)
1220 BUCKE (Charles). Beauties, Harmonies and Sublimities of Nature.
1185 BUCKMINSTER-LEE. Naomi or Boston two hundred yards age. (Néomi ou Boston il y a deux cents ans.)
1242 BUNNER (E.). History of Louisiana from its first discovery and settlement to the present time. (Histoire de la Louisiane, depuis sa découverte et sa colonisation jusqu'à nos jours.)

1191 BURNHAM (G.). A new system of arithmétic on the Cancelling plan. (Nouvelle Arithmétique d'après le plan de Cancelling.)

1215 CAMP (Sydney-Georges). Democracy. (Démocratie.)

1177 CAMPBELL (Thomas). Poetical works. (Œuvres poétiques.)

1184 COBB (Lyman). New-North American reader. (Le Nouveau Livre de l'Amérique du Nord.)

1183 COMSTOCK (J.-L.). Eléments of Chemistry. (Eléments de Chimie).

1239 COOK. Voyages round the world. (Voyages autour du monde).

1217 CORMACK (John). Lives of the ancient Philosophers. (Vies des anciens Philosophes.)

1214 CRICHTON (Andrew). Scandinavia ancient and modern. (Scandinavie ancienne et moderne.) 2 vol.

1182 CUTTER (Calvin). Treatise on Anatomie, Physiology and Hygiene. (Traité d'Anatomie, de Physiologie et d'Hygiène.)

1230 DAVENPORT (A.). Perilous Adventures. (Aventures périlleuses.)

1190 DAVIES (Ch.). Elementary Algebra. (Algèbre élémentaire.)

1196 — New Elementary Algebra. (Nouvelle Algèbre élémentaire.)

1562 DESFEUILLES. Abrégé de Grammaire allemande.

1213 DIVIGHT (Théodore). The History of Connecticut from the first settlement to the present time. (Histoire du Connecticut depuis le premier établissement jusqu'à nos jours.) 2 vol.

1231 DRUER (Alexandre). Jurisprudence of the United States. (La Jurisprudence aux Etats-Unis.)

1565 ELWALL. Cours gradué de Thèmes anglais.

1563 — Morceaux choisis des Classiques anglais.

1251 FERGUSON (Adam). History of the Progress and Termination of the Roman Republic. (Histoire du Progrès et de la Chute de la République romaine.) Abrégé.

1179 — Même ouvrage que le précédent. 3 vol.

1243 FLORIAN (Translated of). History of the Moors of Spain. (Histoire des Maures d'Espagne.)

1228 FRASER. Mesopotamie and Assyria. (La Mésopotamie et l'Assyrie.)

3625 GENTILE (Anna). Nora.

1203 GRAMMELL (W.). Life of Roger Williams, founder of the State of Rhodes. (Vie de Roger Williams, fondateur de l'Etat de Rhodes.)

1234 GRAVES (A.-J. M^{rs}). Woman in America. (La Femme en Amérique.)

— 164 —

1199 GREENE (Richard W.). Gradations in Algebra. (Leçons graduées d'Algèbre.)
1197 GREENE (Samuel S.). First Lessons in Grammar. (Premières Leçons de Grammaire.)
1186 GREENLEAF (Benjamin). National Arithmetic. (Arithmétique nationale.)
3044 HALBWACHS. Chamiso. Pierre Schlemihl.
1224 HAZEN (Edouard). Popular Technology, or Professions and Trades. (Technologie populaire, ou Professions et Métiers.) 2 vol.
1219 HENRY (C.-S.). An Epitome of the History of Philosophy. (Abrégé de l'Histoire de la Philosophie.) 2 vol.
795 HEUMAN (C.). Modèle d'Analyse grammaticale. (Langue allemande.)
1211 HISTORIAL and Descriptive account of Seeland, Greenland and the Faroë Islands. (Histoire et Description de l'Islande, du Groenland et des îles Feroë.)
799 HOLLER. L'allemand usuel. Eléments.
1193 HUNT (Freeman). Library of Commerce, pratical, theorical and historical. (La Bibliothèque du Commerçant, ouvrage pratique, théorique et historique.)
1216 LANMAN (James (H.). History of Michigan. (Histoire du Michigan.)
1244 LEE Charles). The Elements ot Geology for Popular use. (Eléments de Géologie à l'usage du Peuple.)
1221 LIEBER (Francis). Essays on property and labour. (Essais sur la Propriété et le Travail.)
1248 LOCKE AND BACON. Essays moral economical and political. (Essais moraux, économiques et politiques.)
2790 MAGE (G.). Langue allemande. Morceaux choisis.
1212 MANNERS AND CUSTOMS of the Japonese in the nineteenth century. (Mœurs et Coutumes des Japonais au XIXe siècle.)
2904 MANZONI (A.). I. Promessi Sposi.
1249 MAURY (L'abbé). Principles of Eloquence. (Les Principes de l'Eloquence.)
1209 MEASE (James). A Geological account of the United-States. (Géologie des Etats-Unis.)
2739 MELZI (J.-B.). Correspondance allemande.
2740 — Correspondance anglaise.
3433 MISTRAL (F.). Mireia.
1206 MONDERFUL. Fables for critics. (Fables pour Critiques.)
1252 MOORE (Thomas). Works of the late right honourable Richard Brinsley Sheridan. (Les Œuvres de Richard Brinsley Sheridan.)
1246 MOSELEY (H.). Familiar illustrations of Mechanics. (Etudes sur la Mécanique.)

1240	MURRAY (H.). Travels of Marco Polo. (Voyages de Marco Polo.)
1195	PARSONS (Usher). Physician for ship. (Le Médecin à bord.)
1205	PENSYLVANIA BIOGRAPHY or Memoir of eminent Pensylvanians. (Biographie ou Notice sur les Pensylvanians remarquables.)
1560	PEY (Alexandre). Grammaire allemande. (Cours élémentaire.)
1253	PHILIPS (Edward). The Poetical works of John Milton. (Les Œuvres poétiques de Jean Milton.)
1237	POTTER (A.). Modern history. (Histoire moderne.)
1238	— Political Economy. (Economie politique.)
1181	QUINCY (Josiah). Memoir of the life of Josiah Quincy Jun. (Mémoires de Josiah Quincy Junior.)
1250	ROBERTSON (W.). History of the Discovery and conquest of America. (Histoire de la Découverte et de la Conquête de l'Amérique.)
1229	RUSSELL (M.). Polynesia or an Historical account of the principal islands of the south Sea. (La Polynésie ou Récits historiques sur les principales îles de la mer du Sud.)
1180	SANDERSON (John). Biography of the signers to the declaration of independance. (Biographie des signataires de la déclaration d'indépendance.) 9 vol.
1227	SCHMIDT (H.-J.). History of Education. (Histoire de l'Éducation.)
1218	SEGUR (Général Count Philip de). History of the Expedition to Russia. (Histoire de la Campagne de Russie.) 2 vol.
1189	SHERWIN (Th.). Elementary Treatise on algebra. (Traité élémentaire d'Algèbre.)
1225	SPALDING (William). Italy and the Italian Islands. (L'Italie et les Iles italiennes.) 2 vol.
1235	STONE (W. S.). Border wars of the Americal Revolution. (Guerre des Frontières pendant la Révolution américaine.) 2 vol.
1236	VEGETABLES substances used for the food of Man (Substances végétales employées pour la nourriture de l'homme.)
1226	VICKAR (Archibal M'). History of the Expedition under the command of Cap. Lewis and Clarke to the sources of the Missouri. (Histoire de l'Expédition conduite par les Capitaines Lewis et Clarke aux sources du Missouri.) 2 vol.
1188	VOGDES (W.). The united States Arithmetic. (L'Arithmétique des Etats-Unis.)
1207	WAYLAND (Francis). Elements of Moral Science. (Eléments de la Morale.)

1222 WHITE (Gilbert). The natural History of Selborn. (Histoire naturelle de Selborn.)
1233 WRANGELL (Admiral Ferdinand). Narrative of an Expedition to the Polar sea. (Récits d'une Expédition à la mer Polaire.)

XV

BIBLIOTHÈQUE DE LA JEUNESSE

6619 AICARD (J.). L'Ame d'un Enfant.
3731 ANCEAU (J.). Blanchette et Capitaine.
4144 AUBERT (Octave). Pour nos Chers Enfants.
2150 B... (Lucie). Les Aventures d'Edouard.
3906 — Une Maman qui ne punit pas.
393 BAILLEUL. Mocandah.
2200 BAUDE (Louis). Mythologie de la Jeunesse.
6611 BIART. Aventures d'un Jeune Naturaliste.
859 — Même ouvrage.
4966 BIART (Lucien). Quand j'étais petit.
2224 BIGNON (J.). Un Singulier Petit Homme.
3379 BLANDY (Mme S.). La Teppe aux Merles.
522 BREHAT (de). Aventures de Charlot.
523 — Aventures d'un Petit Parisien.
53 BRUNO (G.). Le Tour de France par deux Enfants.
5407 CAHU (Théodore). Un Héritage dans les Airs.
419 CANDEZE (Ernest). Aventures d'un Grillon.
420 — La Gileppe.
2471 CASTAGNE. Les Agréments de la Veillée.
5414 CHALVIN. Le Talisman des Peureux.
5419 CHAMBON. Tambour battant.
423 CHARTON. Histoire de trois pauvres enfants.
2208 CHAZEL (P.). Riquette.
2206 CHERVILLE (de). Histoire d'un trop bon Chien.
4646 — Les Eléphants.
4647 — Les Oiseaux chanteurs.
3751 COLOMB (Mme). Les Conquêtes d'Hermine.
436 — Contes pour les Enfants.
428 — Deux Mères.
3774 — La Fille de Carilès.
430 — Franchise.
432 — L'Héritière de Vauclain.
434 — Histoires et Proverbes.
437 — Ici et là.
438 — Petites Nouvelles.

4347 DELORME (Marie). Chez Mlle Hortense.
4396 — Aventures d'un Écolier.
978 DESBEAUX (Emile). Le Jardin de Mlle Jeanne.
6260 — Même ouvrage.
3649 DESNOYERS (Louis). Choppart (Jean-Paul).
2585 DES PREZ de La Ville-Tual (Mme G.). Récits familiers dédiés aux Enfants des Campagnes.
5254 DEX. A travers le Transvaal.
2207 DICKENS (Ch.). L'Embranchement de Mugby.
5053 DOMBRE (Roger). Pierrot et Cie.
2209 DUMAS (A.). La Bouillie de la Comtesse Berthe.
3677 DUPIN DE SAINT-ANDRÉ. La Petite Rose.
6020 — Ce qu'on dit à la maison.
2960 DURAND. Histoire d'une Bonne Aiguille.
574 EDGEWORTH. Contes de l'Enfance.
4704 — Contes de l'Adolescence.
4225 — Forester.
578 FATH. Un Drôle de Voyage.
4648 FERNAY (J.). Grand'Mère et Bonne-Maman.
5253 FERRY (G.). Dernières Aventures de Bois-Rosé.
5447 FLAMMARION (Berthe). Histoire de Trois Enfants courageux.
582 FLEURIOT (Mlle Zénaïde). Monsieur Nostradamus.
3007 — Une Parisienne sous la Foudre.
3764 — Rayon de Soleil.
5434 — Loyauté.
5418 GASTINE. Le Pavillon d'Or.
5451 GAUTHIER (J.). Mémoires d'un Eléphant blanc
591 GENIN. La Famille Martin.
2197 — Nano et Tonino.
2199 — Un Petit Héros.
2196 — Le Petit Tailleur Bouton.
2198 — Les Pigeons de Saint-Marc.
601 GIRARDIN (J.). Contes sans malice.
3018 — Le Fils Valansé.
598 — Les Gens de Bonne Volonté.
3807 — Mauviette.
597 — La Nièce du Capitaine.
594 — L'Oncle Placide.
600 — Récits de la Vie réelle.
596 — La Toute Petite.
606 GOURNAUD. L'Enfant du Guide.
2202 GOZLAN (Léon). Le Prince Chènevis.
3772 GRAFFIGNY (de). Contes d'un Vieux Savant.
4649 GRANSTORM. Nouvelle Robinsonnette.
5250 GUY (H.). Jeunesse d'Orphelin.
2541 HALT (Marie). Histoire d'un Petit Homme.
5807 HAWTHORNE (Nath.). Le Livre des Merveilles
3768 JACOB. Histoire d'Autrefois.
4350 JARRY. Histoires pour Pierre et Paul.
2203 KARR (A.). Les Fées de la Mer.
4650 KATCHOULCOFF. Robinson de la Forêt russe.
999 KERGOMARD. Les Biens de la Terre.
2201 LA BEDOLLIERE (de). La Mère Michel et son Chat.

528	LA BLANCHERE (de). Les Aventures d'une Fourmi rouge.
530	— Histoire naturelle.
632	LAPORTE (Alf.). Mémoires d'une Hirondelle.
1598	LAURIE (A.). La Vie de Collège en Angleterre.
1678	— Une Année de Collège à Paris.
2634	— Autour d'un Lycée japonais.
5329	— Gérard et Collette.
4376	— La Vie de Collège dans tous les Pays.
2205	LEMOINE. La Guerre pendant les Vacances.
2223	LEMONNIER. Histoire de Huit Bêtes et d'une Poupée.
3741	LERMONT. Histoire de Deux Bébés, Kitty et Bo.
4545	LEROUX (Hugues). O mon Passé !
5456	LEROY (Jeanne). Histoire d'un Honnête Garçon.
6248	LICHTENBERGER (André). Mon Petit Trott.
6249	— La Petite Sœur de Trott.
6250	— Line.
6615	— Notre Minnie.
840	MACE (Jean). L'Arithmétique de Grand'Papa.
637	— Contes du Petit Château.
5252	MAEL (Pierre). Seulette.
3683	MALOT (Hector). Romain Kalbris.
640	— Sans famille. 2 vol.
5912	MAY (E.-J.). Les Heures d'école du jeune Louis.
5292	MERCIER (A.). Contes d'un Enfant du Peuple.
5194	MESUREUR (Mme). Un Rêve fantastique.
660	MULLER (E.). Souvenirs d'un jeune franc-tireur.
6234	MURGER (Henri). Scènes de la vie de jeunesse.
5100	NANTEUIL (Mme). Monnaie de Singe.
3145	NAVERY (Raoul de). Les Petits.
3651	NEIL (Marguerite). Les Elfes.
2212	NODIER (Charles). Trésor des Fèves et Fleurs des Pois.
1266	ORTOLAN (Elzear). Moralités enfantines.
6491	— Même ouvrage.
1746	PAPE-CARPENTIER. Nouvelle Histoire et Leçons de Choses.
5310	PERRAULT. La Pupille de mon Ami.
6187	PETIT (E.) et LAMY (G.). Jean Lavenir.
2400	PITRAY (de). Le Marquis de Carabas.
2623	QUANTIN. Histoire de Germaine.
349	RATISBONNE. Comédie enfantine.
6411	— Même ouvrage.
4346	ROBIDA. Le Moulin Fliquette.
812	ROCHEROLLES. Premières Lectures enfantines.
813	— Deuxièmes Lectures enfantines.
6056	ROSMER (Jean). Promenades de deux Enfants à travers Paris.
5249	ROUSSELET. Le Fils du Connétable.
5722	SEGUIN (A.). Bengali ou les Fils du Paria.
153	SÉGUR (Mme de). Mémoires d'un Ane.

5408 SIBILLE (Mme). Le Rêve de Jean.
5101 SOURIAU (M.). Le Veilleur du Lycée.
2222 STHAL (P.-J.). Aventures de Tom-Pouce.
734 — La Famille Chester.
736 — Les Histoires de mon Parrain.
738 — Histoire d'un Ane et de Deux Jeunes Filles.
6435 — Même ouvrage.
740 — Mademoiselle Lili à la Campagne.
737 — Maroussia.
6437 — Même ouvrage.
735 — Les Patins d'Argent.
732 — Mon Premier Voyage en Mer.
6542 — Même ouvrage.
739 — Les Quatre Peurs de notre Général.
6232 SUCKAU (H. de). Le Robinson suisse.
3346 TOM TIT. La Science amusante.
5256 TOUDOUZE. Démon des Sables.
2213 VAN BRUYSSEL. Les Clients d'un Vieux Poirier.
765 VERNE (Jules). De la Terre à la Lune.
766 — Les Anglais au Pôle Nord.
767 — Le Désert de Glace.
768 — Le Chancellor.
755 — Les Enfants du Capitaine Grant. 3 vol.
756 — Michel Strogoff. 2 vol.
757 — Un Capitaine de 15 ans. 2 vol.
758 — La Jangada. 2 vol.
759 — Le Pays des Fourrures. 2 vol.
760 — Hector Servadac. 2 vol.
762 — La Maison à Vapeur. 2 vol.
763 — L'Ile mystérieuse. 3 vol.
764 — Autour de la Lune.
761 — Vingt mille Lieues sous les Mers. 2 vol.
769 — Le Tour du Monde en 80 jours.
770 — Voyage au Centre de la Terre.
771 — Les Indes noires.
772 — Les Tribulations d'un Chinois en Chine.
774 — Aventures de Trois Russes et de Trois Anglais.
775 — Cinq Semaines en Ballon.
773 — Une Ville flottante.
776 — Les Cinq cents Millions de la Bégum.
777 — Le Docteur Ox.
1316 — Le Rayon Vert.
1317 — L'Ecole des Robinsons.
1711 — L'Etoile du Sud. Le Pays des Diamants.
1712 — L'Archipel en Feu.
6589 — L'Epave du *Cyntia*.
2561 — Nord contre Sud. 2 vol.
2562 — Un Billet de Loterie.
2563 — Robur le Conquérant.
2630 — Le Chemin de France.
3265 — Deux Ans de Vacances. 2 vol.
3402 — César Cascabel. 2 vol.
3404 — Sens dessus dessous.

3426	VERNE (Jules). Mistress Branican. 2 vol.
4122	— Petit Bonhomme. 2 vol.
4380	— Le Château des Carpathes.
4446	— Claudius Bombarnac.
4447	— L'Ile à Hélice. 2 vol.
4622	— Face au Drapeau.
5121	— Le Sphinx des Glaces. 2 vol.
5122	— Le Superbe Orénoque. 2 vol.
4379	— L'Epave du *Cynthia*.
6289	— L'Ile Mystérieuse. 1 vol. illustré.
5946	— Seconde Patrie. 2 vol.
6030	— Les Frères Kip. 2 vol.
6098	— Maître du Monde.
6111	— Un Drame en Livonie.
6225	— L'Invasion de la Mer.
6276	— Une Ville flottante.
6275	— Les Tribulations d'un Chinois en Chine.
6600	— Même ouvrage que le précédent.
6273	— Cinq semaines en Ballon.
6274	— Le Docteur Ox.
6226	— Le Phare du bout du monde.
6332	— Le Volcan d'Or. 2 vol.
6354	— Aventures du Capitaine Hatteras.
6355	— Les Enfants du Capitaine Grant.
6356	— Navigation du xviiie siècle.
6357	— De la Terre à la Lune.
6358	— La Maison à vapeur.
6359	— Les Indes Noires. Le Chancellor.
6360	— Découverte de la Terre.
6361	— Hector Servadac.
6362	— Voyageurs du xixe siècle.
2219	VILLERS (de). Les Souliers de mon Voisin.
4482	WITT (Mme), née Guizot. Cœurs aimants. Mère et Fille, Fille et Père.
5410	— Gerbe d'Histoires.
2672	— Petite.
3826	— La Petite Maison dans la Forêt.
4290	— Sur Quatre Routes.
3223	— Tout Simplement.
5622	— Enfants et Parents.
6363	WYSS. Le Robinson Suisse.
3678	X... Un Petit Garçon.

TABLE DES NOMS D'AUTEURS

PAR ORDRE ALPHABÉTIQUE

A

About (Edmond), 14, 50, 65, 84.
Achard (Amédée), 84.
Acloque (A.), 125.
Acollas (Emile), 14.
Adam (Adolphe), 154.
Adam (Mme Edmond), 24.
Adam (Paul), 84.
Addison, 162.
Adeline, 151.
Adenis (J.), 50.
Aderer (Adolphe), 84.
Adhémar (I.), 121, 125, 151.
Advielle (V.), 24.
Agostini, 134.
Agrippa, 84.
Ahn (F.), 162.
Aicard (Jean), 65, 84, 168.
Aigueperse (M.), 84.
Aimard (Gustave), 84.
Ainsworth (W.-H.), 84.
Ajalbert (Jean), 50.
Alaux (J. E.), 7, 65.
Albalat (A.) 65.
Albert (Paul), 65.
Albertis (L.-M. D^r), 50.
Albiot (J.), 14.
Aldrich (T.-B.), 84.
Allembert (B. d'), 24.
Alembert (D'), 65.
Alésia de Vercingétorix (L'), 24.
Alexandre (M^{rs}), 84.
Alfieri, 14.
Alhix (Antoine), 85.
Alis Harry, 50.
Allais, 85.
Allart, 24.
Alone (F.), 85.
Alvin, 65.
Ambert (Général baron Joachim), 24, 148.
Amélineau (E.), 24.
American adventures, 162.
Amicis (Edmondo de), 50.

Amiel (H.-F.), 65.
Amiel (L.-R.), 65.
Amigues (E.), 125.
Ampère (A.-M.), 24.
Anceau (J.), 168.
Anderson, 85.
Andler (Ch.), 24.
André (A.-P.), 121.
André (Emile), 148.
André (C.) et G. Rayet, 125.
Andrei (A.), 50.
Andrews (E.-A.), 162.
Anfossi (Marc), 85.
Animaux, 125.
Anonyme, 24.
Anquez, 24.
Antar (M.), 85.
Anthologie des prosateurs et des poètes français, 65.
Antoine (J.-B.), 24.
Antonio (Marco), 65.
Appert (Camille), 65.
Arago (Étienne), 24, 65, 125.
Araguay (F.-D.), 85.
Araquy (E. D^r).
Ardel (H.), 85.
Ardouin-Dumazet, 50.
Arène (Paul), 50, 85.
Aristophane, 65.
Aristote, 7.
Armand, 85.
Armelin (Gaston), 24.
Arnaud (Angélique), 151.
Arnous (P.), 24.
Aron (Joseph), 24.
Arthez (Danielle d'), 85.
Arthus (Maurice), 144.
Artois (Armand), 85.
Arus (A.), 117.
Asseline (Alfred), 65.
Asseline (Louis), 24.
Asselineau (Ch.), 40.
Associations amicales, 14.
Assolant (Alfred), 85.
Aston (Georges), 125.
Auber, 155.

Aubert (L.), 125.
Aubert (Octave), 168.
Aubertin, 65.
Aubram (E.), 85.
Aubray (Maxime), 148.
Audebrand (Philibert), 85.
Audeval (H.), 85.
Audiganne (A.), 14.
Audot, 134.
Audoynaud, 125.
Audran, 155.
Auerbach (B.), 85.
Augé de Lassus (L.), 24.
Augé (Lucien), 50, 151.
Augier (Emile), 65, 66.
Aunet (Mme Léonie D.), 50.
Auriac (E.), 25, 85, 151.
Auteurs comiques, 66.
Auteurs grecs, 66.
Auteurs latins, 66.
Autran (J.), 66.
Auvray (Richard), 85.
Avenel (Henri), 66.
Avenel (Vicomte G.), 14, 25, 134.
Avesnes, 50.
Avezac (D'), 50.
Azeline, 50.
Azéma (G.), 25.

B

B. (Lucie), 168.
Babeau (A.), 125, 134.
Babou, 85.
Backer, 85.
Bacon, 7.
Badère (Mme Clémence), 85.
Badin (Adolphe), 25, 85, 125.
Baille, 85.
Baille (J.), 134.
Bailleul, 168.
Bain (A.), 117.
Baines (Th.), 50.
Baker (Samuel W.), 50.
Balcam (E.), 50.
Baldwin (W.-C.), 51.
Balfe, 155.
Ballanche, 85.
Balzac (De), 7, 66, 85, 87.
Bancroft (G.), 25.
Banville (Th. de), 66.

Baratieri (Général), 25.
Barbe, 151.
Barbé (Mme), 25.
Barberet (J.), 134.
Barbey d'Aurevilly (I.), 66, 87.
Barbier (Emile), 7.
Barbot (Charles), 134.
Barbou (Alfred), 25.
Bard (E.), 51.
Bardoux (M.-A.), 25.
Barine (Awedé), 66, 87.
Barker (Lady), 51.
Barni (Jules), 7, 25.
Baron (Léon), 66.
Barot (Odysse), 87.
Barracand (Léon), 7, 25, 87.
Barral (G. et J.), 25.
Barrau, 117.
Barrault (E.), 14.
Barré (Joseph), 121.
Barré (O.) 51.
Barthélemy (De), 87.
Barthélemy (J.-J.), 51.
Baschet (Armand), 25.
Basil-Hall (Le capitaine), 87.
Basin (J.), 125.
Basserie (J.-P.), 25.
Basset (N.), 134.
Bastard (George), 25, 148.
Bastide, 25.
Batbie (A.) et Boillot (A.), 14.
Baude (Louis), 117, 168.
Baudin (Ch.), 25.
Baudin (P.) 14, 148.
Baudot (C.) 121.
Baudrillart (H.), 14, 134.
Baudus (De), 25.
Bauer (Eugène), 66.
Baumann (Antoine), 14.
Bayard (Emile), 151.
Bayet (A.), 66.
Bayet (Charles), 151.
Bayeux (Marc), 27.
Bazin (François), 155.
Bazin (René), 51, 87.
Beaconsfield (Lord), 87.
Béal (G.), 87.
Beaulieu (De), 87.
Beaumarchais, 66.
Beaume (G.), 87.
Beaumont (Elie de), 125.
Beaumont (Vassy de), 25, 87.
Beauregard (G. de), 87.
Beauregard (H.), 125.
Beauregard (P.), 14.
Beaurepaire (Edmond), 25.
Beaussire (Emile), 7.

Beauvoir (Comte de), 51.
Béclard (Jules), 144.
Becq de Fouquières, 57.
Becque (Henry), 66.
Beecher-Stowe (Mme), 87.
Beethoven, 155.
Beethoven, Mozart et Haydn, 155.
Beissier (Fernand), 51.
Beker (F.-M.), 25.
Bel Knap, 162.
Bell (G.), 51.
Bellaigue (Camille), 155.
Bellessort (A.), 51, 87.
Belleval, 151.
Bellini, 155.
Belloc (Mme L. Sw.), 87.
Bellot (A.), 67.
Bellot (H.), 67.
Belon (Paul), 67.
Belot (Léon) 67.
Bénech (Dr L.), 144.
Belzac (Henri), 87.
Benedict, 87.
Benner (E.), 117.
Benoist, 51.
Benoit (Emile), 87.
Bentzon (Th.), 51, 87.
Béranger (Henry), 67.
Bérard (V.), 51.
Berchère (N.), 87.
Berger (B.) 67.
Bergsoé, 125.
Berkeley (Charles de), 51.
Berlioz (Hector), 155.
Bernard (Charles de), 87.
Bernard (Frédéric), 25.
Bernard-Derosne (Léon), 87.
Bernicat, 155.
Berr (Henri), 7.
Berr de Turique, 87.
Bersot (E.), 7, 125.
Bert (Paul), 117, 125.
Berthall, 87.
Berthaut (Léon), 87.
Bertheroy (Jean), 88.
Berthet (Elie), 88.
Berthier, 134.
Berthold (F.), 88.
Berthoud (Fritz), 51.
Berthoud (H.), 125, 134.
Bertie-Mariott (C.), 88.
Bertillon (Jacques), 14.
Bertin (E.), 26.
Bertin (G.) 25.
Bertin (M.) 88.
Bertini, 155.
Bertrand (Alex.), 125.
Bertrand (Joseph), 67, 121, 125.
Bertrand (Louis), 88.
Besclaude de Bermont, 88.

Béthune, 162.
Beudant, 126.
Beurdeley (Paul), 7, 117.
Bezaure (Gaston), 51.
Biart d'Aunet, 14.
Biart (Lucien), 88, 151, 168.
Biémont (R.), 51.
Bignon, 168.
Bigot (Ch.), 26, 51.
Bikélas (Dr) 67.
Bilbaut, 151.
Billiard, 88.
Billiaudel, 88.
Biré (Edmond), 26.
Birot (F.), 14.
Bismark (M. de), 26.
Bisson (A.), 155.
Biston, 134.
Bitard (Ad.), 126.
Bixio (Beppo), 26.
Bizet (Georges), 155.
Blairat (Eugène), 51, 88.
Blaize (Jean), 88.
Blake, 162.
Blanc (A.), 88.
Blanc (A.), 88.
Blanc (Louis), 26.
Blanc (Martial), 88.
Blanchon, 134.
Blandy (S.), 88, 168.
Blanqui, 15.
Blazco-Ibanez (V.), 88.
Blaze (Sébastien), 26.
Blaze de Bury (H.), 67, 88.
Bleicher (G.), 51.
Blerzy (H.), 51, 126.
Bleunart (A.), 126.
Block (Maurice), 15, 134.
Blondel (G.), 15.
Blondel, 134.
Blot (Sylvain), 26.
Bocher (A.), 15.
Bocquillon (H.), 126.
Boërt, 26.
Boichot, 51, 126.
Boïeldieu, 155.
Boileau, 67.
Boillot (A.), 126.
Boillot (L.), 51.
Bois (J.-F.), 126.
Boissier (Gaston), 7, 51, 67.
Boissonnas (Mme B.), 26, 89.
Boitard, 135.
Bokhari de Djohore, 7.
Boland (Henri), 51.
Bombonnel, 89.
Bondois (Paul), 26.
Bonet-Maury, 7.
Bonheur (Où est le), 7.

VIe Arrondissement. 7

— 176 —

Bonhomme (P.), 89.
Bonnal (Edmond), 26.
Bonnechose (De), 26.
Bonnefon (D.), 67.
Bonnefon (Paul), 67.
Bonnemain (Henri), 67.
Bonnemère, 15, 26.
Bonnetain (Paul), 89.
Bonniceau, 135.
Bonnier (Gaston), 126.
Bonsergent (A.), 89.
Bonvalot (Gabriel), 15, 51.
Bordeaux (A.), 51.
Bordeaux (H.), 51.
Bordier (Dr A.), 144.
Bordone (Général), 26.
Bornier (Henri de), 67.
Bos (Henri), 121.
Bosc et Bonnemère, 26.
Bossert (A.), 67.
Bossuet, 26, 67.
Botham, 162.
Bouant (Emile), 126, 135.
Boucard (Max), 15.
Bouchard (H.-E.), 89.
Bouchaud (Pierre de), 67.
Boucher de Perthes, 51.
Bouchet, 135.
Bouchor (M.) 67.
Bouchot (Henri), 151.
Bouchut, 144.
Boudin (David), 26.
Boudon (Mme L.), 67.
Boudreaux, 126.
Bouffé, 67.
Bougainville, 52.
Bouhélier (G.), 7.
Bouillé (Comte de), 26.
Bouinais et A. Paulus, 7, 52.
Boulanger (Marcel), 89.
Boulangier (Edgar), 52.
Bourbouze (J.-G.), 126.
Bourdain, 135.
Bourde (Paul), 7, 52.
Bourdon (Me), 89.
Bourgade la Dardye, 52.
Bourgain (M.-P.), 26.
Bourgarel, 144.
Bourgeois, 21.
Bourget (Paul), 89.
Bourgès (Élémir), 89.
Bourgoin d'Orli, 135.
Bourgoing (Pierre de), 26.
Bourguignon (A.), 15.
Bourguin (M.), 15.
Bourlet (C.) 135.
Bournand (François), 26.
Bournon (Fernand), 26.
Boursault (Henri), 135.
Boursier, 89.
Bousquet, 135.
Boussenard (Louis), 52, 89.

Boutaric (Edgard), 148.
Boutaric (M.-F.), 26.
Boutaric et Campenon, 26.
Boutereau, 135, 151.
Bouyer (A.-C.), 89.
Bovet (M.-A.), 52, 89.
Boylesve (R.), 89.
Brachet (Aug.), 117.
Brada, 89.
Braddon (Mistress), 89.
Braisnes (Henri de), 69.
Bramsen, 144.
Brandely, 135.
Brantz (Victor), 15.
Brasilier, 121.
Brassey (Lady), 52.
Brau de Saint-Pol, 52.
Brault (Julien), 135.
Breen (M.), 89, 168.
Bréhat (De), 89.
Bremer (Mlle F.), 67, 89.
Brentano (Frantz), 26.
Bret-Harte, 89.
Brette (Armand), 27.
Brévans (De), 126, 135.
Brewster, 162.
Briot (Ch.), 121.
Briot et Bouquet, 121.
Brissaud (E.), 144.
Brisset (Fernand), 67.
Brisson (Adolphe), 89.
Brisson (Alph.), 27, 67.
Brizeux (Auguste), 67.
Brongniart (Ch.), 126.
Broquère, 144.
Brossmann (J.-Ph.), 27.
Brothier, 8, 126, 135.
Brouard (E.), 27.
Brougham, 162.
Brown (A.) 126.
Brun (J.), 135.
Brun (V.), 27.
Brunet (Louis), 52.
Brunetière (Ferdinand), 67, 68.
Bruno (Camille), 68, 168.
Buchez (P.-J.-P.), 21.
Buchner, 8.
Bucke (Ch.), 162.
Buckminster, 162.
Buffon, 68.
Bujac (E.), 148.
Bujon (P.), 27, 89.
Bulwer-Lytton, 89.
Bunner, 162.
Bunsen (R.), 126.
Burat (E.), 121.
Burdeau (Auguste), 27.
Bureau (G.), 126.
Burlureaux (Dr), 144.
Burnham, 163.
Burnouf (Emile), 8.
Busnach (William), 90.

Buteau (Henri), 89.
Butler (Samuel), 68.
Butti (E. A.), 90.

C

Cabanès, 27.
Cabanis, 8.
Caccianiga (A.), 90.
Cadol (E.), 90.
Cadoux (G.), 15.
Cagnat (R.), 52.
Cahu (Th.), 90, 168.
Cahun (L.), 90.
Caine (Hall), 90.
Caix de Saint-Aymour, 52.
Calmard de la Fayette, 135.
Calmettes (F.), 27, 90.
Calouste (S.), 52.
Calvinhac (L.), 15.
Cameron (V.-L.), 52.
Campfranc (Du), 90.
Camp, 163.
Campbell, 163.
Candèze (Dr), 168.
Candiani (R.), 90.
Canivet (Ch.), 52, 90.
Cann, 135.
Canu, 126.
Cantacusène-Altiéri (O.), 90.
Capus, 126.
Carcassonne (A.), 68.
Cardeline, 90.
Cardon (G.), 27.
Carlen (Émélie), 90.
Carnot (H.), 27.
Carnot (Les), 27.
Caro (E.), 8, 68.
Caro (Mme E.), 90.
Carol (Jean), 52.
Carr (Sir John), 52.
Carrance (E.), 90.
Carraud (Zulma), 90.
Carré (M.-A.), 15.
Currey (Emile), 27.
Case (Jules), 90.
Cassan (Mme Jeanne), 90.
Castagné, 168.
Castel, 151.
Castellane (Maréchal de), 27.
Castillo (H.), 27.
Castetis (Yan de), 90.
Castex, 144.
Cat (E.), 52.

Catalan, 126.
Catel, 155.
Caters (Louis de), 90.
Catlin (G.), 52.
Caustier, 126.
Cauvain (H.), 90.
Cavaignac (God.), 27.
Cazin (A.), 126.
Céalis (Ed.), 52.
Cellières (P.), 90.
Cerfbeer et Medelsheim, 152.
Cervantès-Saavedra (De), 90.
Chaboseau (A.), 15.
Chabrier, 155.
Chabrol (Albéric), 90.
Chaignet (A.-Ed.), 8, 68.
Chaillé - Long (Colonel), 52.
Chaillet-Bert (J.), 52.
Chalendar, 148.
Challamel (Augustin), 27.
Challamel, 27.
Challan de Beval, 27.
Chalon (H.), 68.
Chalvin, 168.
Chamberlain, 151.
Chambon (Jean), 8, 168.
Chambon (M.), 27.
Champeaux (A. de), 152.
Champfleury, 90.
Champol, 90.
Champollion-Figeac, 52.
Chandeneux (Claire de), 90.
Chantagrel (M.-I.), 15.
Chapiseau, 27.
Chaptal (Comte), 28.
Charavay (E.), 8, 28.
Charbonneau, 117.
Charbonnier (I.), 15.
Chardin (J.), 52.
Charmes (G.), 53.
Charot, 90.
Charras, 28.
Charton, 168.
Chasles (Philarète), 90.
Chasseriau (A.), 90.
Chassin (Ch.-L.), 91.
Chastenay (Mme de), 28.
Chateau (Pierre du), 90.
Chateau (Théodore), 135.
Chateaubriand, 8, 28, 68, 91.
Chateauminois (Mlle), 28.
Chaudouin (E.), 53.
Chaumel (M.), 15.
Chauvin, 117.
Chavagnac (G. de), 28.
Chazel (P.), 91, 168.
Chefs-d'œuvre historiques, 28.

Chefs-d'œuvre tragiques, 68.
Chélard (R.), 53.
Chénier (André), 68.
Chenier (Gabriel), 28.
Chéradame (André), 28.
Cherbuliez (Victor), 8, 15, 91.
Cheron de la Bruyère (M°), 91.
Cherville (G. de), 91, 168.
Chervin, 117.
Chesneau, 152.
Chevalet (E.), 128.
Chevalier, 135.
Chevillard (Abbé), 53.
Chevrillon (A.), 53.
Chincholle (Ch.), 91.
Choisy (A.), 53.
Cholet (Comte de), 53.
Choppin (Henri), 148.
Chuquet (A.), 28.
Cim (Albert), 91.
Circourt (Comte de), 28.
Cladel (Léon), 91.
Clairin (E.), 128.
Clapin (S.), 53.
Claretie (Jules), 28, 53, 91.
Clausius (R.), 126.
Clave (I.), 15.
Clavel (Dr), 15.
Clédat (L.), 68.
Clemenceau (G.), 91.
Clément (Charles), 152.
Clément (Mme Félix), 91.
Cobb (William), 162.
Cochery, 155.
Cochet (l'abbé), 53.
Cœur (Pierre de), 53.
Coffignon, 135.
Coignet (J.), 91.
Coillard (F.), 53.
Colbert, 53.
Colbert-Chabanais, 28.
Collas (L.) 28.
Collignon (Edouard), 135.
Collignon (Max), 121, 152.
Collin de Plancy (J.), 91.
Colomb (Casimir), 155.
Colomb (Fernand), 53.
Colomb (Mme), 168.
Colonies françaises, 53.
Colonies nécessaires (Les), 53.
Colonisation en Algérie, 53.
Colvé des Jardins (G. de), 68.
Combanaire, 53.
Combarieu (Hilaire), 15.
Combarieu (Jules), 58.
Combes (Louis), 28.

Commettant, 91.
Compayré, 117.
Compiègne, 53.
Comstock, 163.
Comte (Auguste), 8, 68.
Conférences de l'Odéon, 68.
Conférences sur la science, 152.
Conscience (Henri), 91.
Conseil de préfecture, 15.
Constantin, 28.
Conway (W.-M.), 53.
Coob (Lymann), 163.
Cook (Capitaine), 163.
Cooper (J.-F.), 91, 92.
Coppée (François), 68.
Coquard, 155.
Coquegniot, 16.
Coquelin (C.) 68.
Cor et Riemœnn, 121.
Corbon (A.) 117.
Corfield, 144.
Cormack, 163.
Cormon (Eugène), 155.
Corneille (Pierre), 69.
Cornet (E.), 117.
Cornet (Dr), 144.
Cornut (S.) 92.
Corroyer, 152.
Cortambert (E.), 53.
Cortez (Fernand), 28.
Coste, 126.
Cotte (N.), 53.
Cotteau (Edmond), 53.
Cottin (P.), 29.
Couperus (Louis), 92.
Coupey (A.) 69.
Courcelles, 135.
Courchet, 126.
Courcy (A. de), 92.
Courier (P.-L.), 69.
Cournier (J.-M.), 92.
Cournot, 117.
Courret (Ch.), 53.
Cours d'études, 117.
Courteline (G.), 60.
Courtellemont (Gervais), 53.
Courtois (Gérard), 135.
Cousin (Victor), 8, 69.
Coutance, 144.
Coutant (Henry), 29.
Craïte (Miss) 92.
Craven (Mme A.), 92.
Crawford (F.-M.), 92.
Crehange (G.), 29.
Crémieux (Gaston), 29, 69.
Crépet (E.) 69.
Creux, 29.
Crèvecœur (C.), 69.
Crichton, 163.

Cristal (M.), 69.
Croiset (Maurice), 69.
Crozals (I. de), 29, 54.
Crue (F. de), 54.
Cruveilhier, 144.
Cuissart, 117.
Cunisset-Carnot, 16.
Currer-Bell, 92.
Cutter, 163.
Cuvier, 126.
Cyrano de Bergerac, 92.

D

Da Costa (Gaston), 29.
Daireaux (E.), 54.
Dall (Guillaume), 92.
Dallet (G.), 126.
Dally, 148.
Dalmas (De), 54.
Dalsème (A.-I.), 29, 92.
Daltenheyem (Mme B.), 29.
Damade (Louis), 29.
Damédor (Raphaël), 69.
Dameny (G.), 148.
Damiron, 8.
Dana, 126.
Danbies (A.), 54.
Dancourt, 69.
Danglars (Mme R.), 69.
Danrit (Capitaine), 92.
Dante Alighieri, 69.
Darbot, 16.
Darcy (Eugène), 29.
Dardenne, 152.
Dareste (Rodolphe), 92.
Dargenty, 152.
Darmesteter (M. J.), 29.
Darsuzy (Gésa), 54.
D'Arthez (D.), 92.
Darwin (Ch.), 54, 126.
Daryl (Philippe), 54, 92.
D'Aubigné, 29.
Dauby (I.), 16.
Daudet (Alphonse), 69, 92, 93.
Daudet (Ernest), 93.
D'Audiffret (E.), 54.
Daumas, 154.
Dauphin, 155.
Davaine, 135.
Daveluy (René), 148.
Davenport, 163.
David (Abbé), 54.
David (Emeric), 152.
David (Félicien), 155.
David-Sauvageot, 69.
Davies, 163.

Daxor (René), 69.
De Barthélemy, 54.
Deberle (Al.), 29.
De Braisnes (H.), 69.
Debidour, 29.
Deck, 152.
Decorse (Dr J.), 54.
Decourcelle (A.), 69.
Dedieux, 135, 144.
Deharme, 135.
Deherrypon, 126.
Deiss (Ed.), 54, 135.
Dejonc, 135.
Delabarre, 144.
Delaborde, 152.
Delabrousse (Lucien), 29.
Delahaye (L.), 29.
Delamare, 16.
De la Noue (Louis), 16.
De Latouche, 93.
Delatour (Albert), 8.
Delattre (E.), 16.
Delaunay, 121, 126.
Delaurier (E.), 8, 16.
Delavigne (Casimir), 69.
Delebecque, 16.
Delessert (Benjamin), 8.
Deletang (A.), 69, 93.
Deleveau (P.), 126.
Delibes (Léon), 155.
Delibes et Minkous, 156.
Delisle, 121.
Delon (C.), 29, 135.
Delord (Taxil), 29.
Delorme (Amédée), 29, 93.
Delorme (Marie), 16, 169.
Delpit (E.), 93.
Demage (G.), 54.
Demolins (E.), 16.
Demoulin (Mme), 93.
Denfert-Rochereau, 29.
Denis (E.), 29.
Denis et Famin, 54.
Denis (F.), 29.
Denys (Abbé), 30.
Depasse (H.), 16, 39.
Depierris, 144.
Depping (G.), 54, 144.
Depret (L.), 69.
Dequet (A.) 93.
Dérisoud, 93, 148.
Déroulède (Paul), 30, 69.
Desachy (Paul), 16.
De Saint-Amand (Imbert), 93.
Desbeaux, 169.
Desboves, 121.
Deschamps (Emile), 54.
Deschamps (François), 93.
Deschamps (Gaston), 93.
Deschamps (Léon), 30.
Deschanel (Emile), 69, 93, 117.

Deschanel (Paul), 54.
Deschaume (E.), 30.
Des Cilleuls (A.), 16.
Desclosières, 135.
Desfeuilles, 163.
Desgranges (E.), 121.
Deslinières (Lucien), 16.
Deslys (Charles), 93.
Desmaze (Ch.), 16.
Desmoulins (Auguste), 16.
Desmoulins (Camille), 69.
Desnoyers, 169.
Désormeaux, 135.
Despois, 30.
Desprez (Adrien), 30.
Desprez (Claude), 30.
Des Prez de la Ville-Tual, 169.
Des Rives (O.), 93.
Dessoye (A.), 117.
Dessoye (J.-B.-J.), 135.
Destin, 93.
Destruels (E.), 16.
Dessolins, 30.
De Suze (E.), 93.
Desvoyes, 148.
Develay (V.), 30.
Deville (Louis), 54.
Dex (Léo), 54, 169.
D'Haussonville (Comte), 69.
D'Héricault (Ch.), 30.
Dian (E.), 93.
Diaz, 156.
Dibon, 135.
Dickens (Ch.), 93, 94, 169.
Dide (Auguste), 8.
Diderot, 9, 69.
Didier (E.), 94, 126.
Didier (L.), 54.
Didot, 135.
Diégo-Barroz, 30.
Diény, 8.
Dierx (Léon), 70.
Dieterweg, 70.
Dieulafait, 136.
Dieulafoy, 30.
Dieulafoy (Jean), 94.
Dijon à Brême (De), 54.
Dillaye (Frédéric), 126.
Dinée, 136.
Dionys (F.), 94.
D'Isle (Mlle), 94.
Dislère, 148.
Divers, 16, 30, 54, 156.
Divight, 163.
Docquois (Georges), 94.
Doguereau (Général), 30.
Dolent (Jean), 94.
Dombre (Roger), 94, 169.
Dominech (Abbé), 54.
Doncaud (A.), 16, 30.

Donizetti, 156.
Donné, 144.
Donnet (A.), 54.
Dorieux (Mme G.), 70.
Doris (Henri), 94.
D'Orléans (Correspondance des), 30.
Dormoy (P.-A.), 30, 117.
Dosmond (I.-F.), 16.
Dostoievsky (Th.), 94.
Double (L.), 94.
Doucet (Robert), 16.
Douglas, 54, 94.
Doulas (A.), 30.
Doumic (R.), 70.
Doussaint (L.), 30.
Dreyfous (M.), 30, 152.
Dreyfus (F.), 30.
Drion et Fernet, 126.
Dromart, 136.
Drouet (H.), 54.
Droz (Gustave), 94.
Droz (Joseph), 8.
Druer, 163.
Drumont (E.), 70, 130.
Dry (A.), 55.
Dubail (M.), 30, 55.
Dubard (M.), 55.
Dubarry (A.), 94, 126, 136.
Du Bellay, 70.
Dubief (E.), 70, 136.
Du Bled (V.), 30.
Dubois (A.), 117.
Dubois (F.), 55, 94.
Dubois (L.-P.), 16.
Dubois (Marcel) 16, 55.
Du Boisgobey (Fortuné), 55.
Dubos, 136.
Dubost (A.), 30.
Dubucquoy (A.), 16.
Dubuisson (F.), 16.
Du Camp (Maxime), 8, 16, 31, 55, 70, 152.
Ducatel (A.) 122.
Duclos, 70.
Ducos du Haubon, 136.
Ducoudray, 31.
Ducrocq (G.), 55.
Dufailly (J.) 122.
Dufaux de la Jonchère, 8, 17, 144.
Dufour (Ph.), 70.
Dufour (Th.) 70, 136.
Dufréné, 136.
Dugard (N.) 55.
Du Hailly (L.), 55.
Dujarric (G.), 94.
Dumas (Alexandre), 31, 55, 70, 94, 95, 169.
Dumas (Alexandre) fils, 70, 95.

Dumazet (Ardouin), 55.
Du Moncel, 136.
Dumont (Albert), 17.
Dumont d'Urville, 55.
Dumonteil, 126.
Dumoulin (Maurice), 31.
Dumoutier (G.), 55.
Dupasquier, 144.
Dupin de Saint-André, 55, 95, 169.
Dupin de Saint-André, (Mme), 95.
Duplais (L.), 31, 55.
Duplessis, 152.
Dupont-Vernon (H.), 70.
Duprat (P.), 118.
Dupuis (Jean), 31.
Dupuy (Antonin), 95.
Dupuy (Ch.), 70.
Dupuy (Ernest), 70.
Duquet (Alfred), 31.
Durand (Emile), 156, 169.
Durand (H.), 70.
Durand-Fardel (Mme), 55.
Durande, 152.
Duranty, 95.
Durier (Ch.), 55.
Durrieux et Fauvelle, 55.
D'Ursel (Ch.), 55.
Duruy (Victor), 31.
D'Ussel (Vicomte), 8.
Dussieux (L.), 32, 55.
Dussolier (Alcide), 70.
Dutemple (Edmond), 55.
Dutemple (Louis), 32, 127, 136.
Dutremblay (Dr Louis), 55.
Dutreuil de Rhins (J.-L.), 55.
Duval (Georges), 70.
Duval (Jules), 55.
Duval (Mathias), 127.
Duvergier de Hauranne, 32.
D'Ys (René), 32.

E

E. M..., 32.
Ebeling, 118.
Echos d'Europe, 156.
Echos de France, 156.
Edgeworth, 169.
Edmond (Charles), 95.
Edwards (Miss), 95.
Egger (E.), 70.
Eliot (Georges), 95.
Elwall, 163.
E. M., 32.
Emion (V.), 17.
Enault (Louis), 95.
Encyclopédie (Petite), 119.
Enfantin, 8.
Enfants (Comment élever nos), 119.
Engelhard (M.), 55.
Engerand (Fernand), 32.
Epinay (Mme), 95.
Erckmann - Chatrian, 8, 70, 95, 96, 152.
Erdan, 8.
Erdic (Jean), 55.
Erlande (Albert), 96.
Ernouf, 96, 136.
Eschnauer (M.), 70.
Escudier (Léon), 156.
Espanet, 145.
Esparbès (Georges d'), 96.
Essais sur l'Allemagne, 32.
Estaunié (Edouard), 96.
Estomac (Mémoires d'un), 149.
Etat (Le coup d'), 32.
Etiévant (Alfred), 32.
Expositions diverses, 141, 142.

F

F. L. C., 122.
Fabre (Ferdinand), 96.
Fabre (Joseph), 32, 70.
Fabre (Henri), 17.
Fabre (J.-H.), 32, 127, 136.
Fabre des Essarts, 32.
Faguet (Emile), 17, 70.
Fairbairn, 136.
Fallue (L.), 32.
Falsan, 55.
Faraday, 127.
Farcy (Camille), 32.
Farges (Louis), 32.
Farini (G.-A.), 55.
Farjenel (F.), 32.
Fastu (Mme A.), 70.
Fath, 96, 169.
Fauquez (Henri), 87.
Faure (Abel), 96.
Faure (Maurice), 32.
Faust (Anglais de Marlowe), 70.

Fauty (F.). 96.
Faverot de Kerbrecht (Baron), 32.
Favre (Adolphe). 96.
Favre (Jules), 70.
Fédération internationale de la Libre-Pensée, 8.
Fénelon, 96.
Ferguson, 163.
Fernay, 169.
Fernet (E.). 127.
Fernique (H.). 32.
Ferrari (Joseph), 32.
Ferrer, 32.
Ferrière (E.), 127.
Ferry (Gabriel), 96, 169.
Fervaques, 96.
Feuilleret (H.), 55.
Feuillet (Octave). 70, 96.
Feuillet (Mme Octave), 96.
Féval (Paul), 96.
Feydeau (E.), 96.
Fézensac (Duc de, 32).
Fichte, 8.
Ficy (P.). 96.
Fieffée (E.). 32.
Fiévée, 96.
Figuier, 97.
Figuier (Louis), 127, 136.
Figuier (Mme Louis). 97.
Filles (Que faire de nos), 8.
Filon (A.), 70, 97.
Fink, 136.
Firmin-Didot, 118.
Fisch, 136.
Fischer (D^r). 145.
Flaminio, 156.
Flammarion (B.), 169.
Flammarion (C.), 97, 127.
Flaubert (Gustave). 70. 97.
Flers (Robert de). 55.
Fleuriot (Mlle Z.), 97, 169.
Fleury (Dr Maurice de), 9.
Fleury (Dr Louis). 32.
Fleury-Lacoste, 136.
Floenan (E.), 97.
Floran (Mary), 97.
Florian, 70, 163.
Flotow (De). 156.
Focillon (A.). 127.
Fol, 136.
Folliot (André), 32.
Fonbelle (Georges), 17.
Foncin (P.), 55.
Foncy (Ch.). 97.
Fonssagrives, 145.
Fontenay, 136.
Fontenelle et Malepeyre, 136.
Fontenelle, 127.

Fontpertuis (A. de), 55.
Font-Réaux, 136.
Fontvielle (De), 97, 127, 136.
Foubert, 148.
Foucou (F.). 127.
Foucroy, 127.
Fougerousse (A.), 17.
Fouillée (A.), 17, 71.
Foulon de Vaulx (A.), 97.
Fournel (Victor). 17, 71.
Fournier (Ed.), 152.
Fournier (H.), 136.
Fournier (O.), 32.
Fournière (Eugène), 17.
Fourrey, 122.
Foveau de Courmelles, 71.
Foville (A.). 17.
Fraiche, 122, 136.
Fraisse, 9.
Franay (Gabriel), 97.
France (Anatole), 71, 97, 152.
Franklin (Alfred), 17, 32, 33, 97, 136.
Franklin (Benjamin), 9, 118.
Frary (R.). 33.
Fraser, 163.
Fraycourt (Paul), 97.
Fróbault (Elie), 97.
Frède (P.), 56.
Frédéric, 71.
Fréhel (J.). 97.
Frélon, 156.
Frésenius et Will, 137.
Frick (P.). 127.
Freycinet (Charles de), 33.
Frochot, 137.
Fromentin (E.), 56, 97.
Funck-Brentano, 33, 97.

G

Gaboriau (E.), 97.
Gache (F.), 17.
Gachot (Edouard), 33.
Gaffarel (P.), 33, 56.
Gallet (Louis), 71.
Gallet (Mme Maurice), 33.
Gallot (Louis), 71.
Galtier-Boissière, 145.
Gambetta (Léon), 17.
Gand, 122.
Gandolphe, 152.

Ganne (Louis), 156.
Ganneron (Emile), 17.
Garcet, 127.
Garcin (E.). 33.
Garçon (Un petit), 172.
Garçons (Que faire de nos), 9.
Garde à vous, 141.
Garet (Emile), 17.
Garnier (Edouard), 127.
Garnier (Joseph), 17.
Garnier (Jules), 33, 56, 137.
Garnier (Le commandant). 56.
Gaskell (M^{rs}), 97.
Gasparin (Agénor de), 9, 17, 56.
Gasquet (A.), 56.
Gastine, 169.
Gastineau (B.), 33, 137.
Gatteyrias (A.), 56.
Gaubert, 9.
Gauckler, 152.
Gaudry, 137.
Gaulot (P.), 33.
Gautereau (Capit.), 33.
Gauthier (Pierre), 97.
Gautier (Emile), 127.
Gautier (Eugène), 156.
Gautier (Hipp.), 33.
Gautier (Judith), 97, 169.
Gautier (L.), 17, 71.
Gautier (Théophile), 56, 97.
Gay (Jules), 127.
Gay (Sophie), 71.
Gayet (A.), 56, 152.
Gazeau, 33.
Gebhart (Emile), 98.
Geffroy (G.), 152.
Geikié (A.), 56, 127.
Genin (E.), 56.
Genin (M.), 169.
Gennevray, 33, 71.
Gennevraye (A.), 98.
Gentille (Anna), 163.
Gérard (André), 98.
Gérard (Jules), 56.
Gérard (L.), 122.
Gérardin (A.), 127.
Gérardin (Léon), 128.
Gérardin (M.), 122.
Gérards (E.), 33.
Gerdy, 9.
Gerspach, 152.
Gerstaecker (F.), 98.
Géruzez, 71.
Giard, 137.
Gidel (Ch.), 118.
Giffard (P.) 137.
Gigot (A.), 33.
Giguet (P.), 71.

Gilder (W.), 56.
Gillot et Lokert, 137.
Ginisty (Paul), 71.
Girard (Henri), 128.
Girard (Jules), 71, 128.
Girard (Maurice), 128.
Girard (Paul), 152.
Girard de Rialle, 32, 56.
Girardin (Emile de), 9.
Girardin (J.), 169.
Girardin (M.-J.), 128.
Girette, 145.
Girod (F.), 122.
Giron (A.), 71.
Gladès (André), 98.
Glouvet (Jules de), 98.
Gluck, 156.
Gobin (H.), 137.
Gobineau (Comte de), 71.
Goblet d'Alviella, 56.
Godard (Benjamin), 156.
Godard (Léon), 98.
Godet (Ph.), 98.
Goepp, 33, 56.
Goepp et Manoury, 33.
Goëthe, 33, 98.
Gogol (N.), 98.
Goldsmith, 98.
Goncourt (Jules de), 33, 98.
Gondinet (Edmond), 71.
Gonse (Louis), 152.
Gonzalès (E.), 98.
Gordon (Journal du général), 33.
Gordon (Lady Lucie), 56.
Gossin, 137.
Goubaux, 98.
Gouilly (A.), 122.
Gounod (Ch.), 33, 156, 157.
Gourdault (J.), 98.
Gourdon (Georges), 71.
Gourgaud (Général), 13.
Gourmont, 128.
Gournaud, 169.
Gournot (A.), 9.
Gouzy (P.), 98.
Gozlan (Léon), 71, 98, 169.
Graffigny (Henri de), 128, 137, 169.
Grammel, 163.
Gramont (F. de), 71, 98.
Grand'homme, 137.
Grandin (Mme), 56.
Grandmougin (Ch.), 71, 98.
Granstorm, 169.
Grasset (E.), 33.
Gratiolet, 128.
Graves, 164.

— 184 —

Gravière (Jurien de la), 33.
Gréard (O.), 9, 71, 118.
Grébauval (A.), 56, 98.
Green (Samuel), 64.
Green (A.-K.), 98.
Greene (Richard), 164.
Greenleaf, 164.
Grégoire (A.), 34.
Grelot (F.), 17.
Grenest, 34.
Grenet-Dancourt, 71.
Grenier, 71.
Grenier (Edouard), 98.
Grenville-Muray, 98.
Gresset, 71.
Grétry, 157.
Greville (Henry de), 98, 99.
Grévy (A.), 122.
Grignon (A.) 128.
Grimard, 118, 128.
Grimaux, 128.
Grisot, 71.
Grollet (Dr), 128.
Gros (J.), 56, 71.
Grove, 128.
Grun (A.), 17.
Guadet (J.) 34.
Gué (P.), 99.
Guenin (Eugène), 34.
Guénot (H.), 99.
Guérin (Eugène), 34.
Guerres de la Révolution, 34.
Guerrier de Haupt, 99, 118.
Guettier, 137.
Guichard (Victor), 9, 17.
Guillaume (Eug.), 152.
Guillemin (A.), 128, 137.
Guillon (E.), 34.
Guilmin (E.), 122.
Guimet, 152.
Guiraud (Paul), 34, 99.
Guitry, 34.
Guizot (Guillaume), 34, 71.
Guizot (M.), 34.
Guizot et Cornélis de Witt, 34.
Gulbenkian (C.), 56.
Guy (H.), 169.
Guy (Jules), 71.
Guy (P.-J.), 137.
Guyard (A.), 17.
Guy de Maupassant, 71, 99.
Guyau (J.-M.), 71.
Guyon (Charles), 34, 99.
Guyot (Eugène), 137.
Guy-Valvor, 99.

Gyp, 99.
Gzerny, 157.

H

Hacklander (F.-W.), 99.
Haëckel (Ernest), 9.
Haeffelé, 118.
Haggard (R.), 99.
Halberg (E.), 72.
Halbwachs, 164.
Halévy (F.), 157.
Halévy (Ludovic), 34, 99.
Hall et Francis, 56.
Hallays (André), 72.
Halt, 169.
Hamel (E.), 34, 35.
Hamelin (La famille), 99.
Hamont (T.), 35.
Hanon, 157.
Hanotaux (G.), 35, 56.
Hanriot, 118.
Hans (L.), 35.
Hardy (H.), 72.
Hardy de Périni, 99.
Harel (Paul), 99.
Harraden (Béatrice), 99.
Harrisse (Henry), 72.
Harte (B.), 99.
Hartmann (R.), 56.
Hatin (E.), 35.
Haton de la Goupillière, 17.
Hauff (W.), 72.
Haureau (B.), 35.
Haussonville (Comte d'), 17, 72.
Havard (H.), 56.
Hawthorne (Nath.), 169.
Hawthorne, 99.
Hay (M.-C.), 99.
Haydn, 157.
Hayem, 9.
Hazen, 164.
Heine (Henri), 72.
Held, 144.
Hélène (M.), 128.
Hély (L.), 72.
Hément (Edgar), 128.
Hément (Félix), 9.
Hénard (Robert), 35.
Hennebert (Le colonel), 148.
Henneguy, 148.
Hennequin (E.), 72, 152.
Henrique (Louis), 18.
Henry, 148, 164.
Henty (C.-A.), 99.
Héraud (A.), 18, 137.

Herbert-Spencer, 118.
Herbet (F.). 18.
Héricourt (Dr J.), 145.
Hérodote, 35.
Hérold, 157.
Herpin.
Herriot (Edouard), 72.
Hervé, 157.
Hetet, 128.
Heulard (A.), 72.
Heuman, 164.
Hildreth, 18.
Hippeau (C.). 118.
Hippeau (Eugène), 18.
Hirtz, 137.
Histoire de France, 35.
Histoire populaire de la Révolution française, 35.
Histoire romaine, 35.
Historial de l'Islande, 164.
Historiettes et anecdotes, 99.
Hoffmann (E.), 99.
Hogier (Hector), 72.
Holler, 164.
Homère, 72.
Hong-Tjyong-Ou, 99.
Horace, 72.
Houdedot (Comtesse), 100.
Hourst (Mission), 56.
Houssaye (Arsène), 35, 72, 100.
Houssaye (Henri), 9, 35.
Houzé, 137.
Hovelacque (A.), 56, 118.
Huard (Charles), 56.
Huberson (G.), 137.
Hubner (Baron), 56.
Huc et Haurigot, 56.
Hufeland, 145.
Hugo (Victor), 35, 57, 72, 100.
Hugo (François-Victor), 73.
Hugues (Clovis), 100.
Hulot (E.), 57.
Humbert (A.), 100.
Hunt, 164.
Huret (Jules), 18.
Husson, 137.
Huxley, 128.
Hygiène de l'Enfance, 144.

I

Ibsen (H.), 73.
Iermola, 100.
Imber (A.), 122.
Imbert (Calixte), 137.
Imbert (Martial), 129.
Imbert (P.-L.), 57.
Ion (Mlle A.-M.), 73.
Isambert (G.), 35.
Issalène, 148.
Iung (Th.), 35.

J

Jablonski (L.), 35.
Jacob (Bibliophile), 169.
Jacob (M.), 18.
Jacottet (H.), 57.
Jacquemart, 152.
Jacques, 100.
Jaël, 157.
Janet (Paul), 9.
Janin (Jules), 73, 100.
Jannetaz, 129.
Janzé (De), 35.
Jarras (Mme), 35.
Jarry, 169.
Jaubert (Mme), 35.
Jaunez, 137.
Jeannel (C.-J.), 73.
Jeannette (Le Suffrage de), 57.
Jehan de la Cité, 35.
Jelikhowska (Vera), 73.
Jeudi (R.), 73.
Jèze (G.), 18.
Joanne, 35.
Joanne (Magdeleine), 18.
Joguet-Tissot (J.), 35.
Johnson (R.-B.), 57.
Joliet, 100.
Jolly, 145.
Joly (Henry), 9.
Jonas, 157.
Joncières (Victorin), 157.
Jonin (H.), 73.
Jonquière (De la), 35, 36.
Jonveaux, 152.
Josset (P.), 35.
Jouan (H.), 57.
Jouault (A.), 35.
Jourdan (Gustave), 18.
Jourdan (Louis), 137.
Jourdan (Maréchal), 36.
Jourdan et Dumont, 138.
Juillet-Saint-Léger, 18.
Julien (Stanislas), 73.
Jullien et Valério, 137.
Julliot (F. de), 100.

Juranville (Mlle Clarisse), 73.
Jusserand (J.-J.), 73, 148.
Jussieu (De), 129.
Juven, 148.

K

Kahn (L.), 36.
Kaiser (J.). 100.
Karazine (N.), 57, 148.
Karr (Alphonse), 100, 169.
Katchoulcoff, 169.
Kauffmann, 36.
Keb, 9.
Keignart, 138.
Kératry (Comte E. de), 36.
Kergomard (M.), 100, 118, 169.
Kerviller (Joseph), 36.
Knab, 138.
Knorring, 100.
Kobell, 129.
Koechlin-Schwartz, 57.
Koenig, 153.
Koltz, 138.
Kompert (L.), 100.
Krilof, 73.

L

Labadie (J.-E.), 18.
Labbé, 118.
La Bédollière (De), 169.
Labesse (Edouard), 9.
Labesse et Pierret, 129.
Labiche (Eugène), 73.
Labiche (L.), 148.
La Blanchère (De), 138, 170.
Labonne (H.), 57.
Laborde, 18, 145.
Laborderie (De), 36.
Labouchère (A.), 36, 138.
Laboulaye (Edouard), 18, 36, 100.
La Brière (De), 73.
La Bruyère, 73.
Labutte (A.), 36.
Lacassagne, 145.
Lacène (Paul), 37.
La Codre (De), 18.

Lacombe (I.), 118.
Lacombe (Paul), 9, 36, 73, 149, 157.
Lacombe (S.), 153.
Lacroix (A.), 36.
Lacroix (Désiré), 36.
Lacroix (Octave), 74, 100.
Lacroix (S.-F.), 122.
Ladreyt, 118.
La Fayette (Mme de), 100.
Lafenestre (G.) 74, 153.
Laferrière (M.-F.), 18.
Laffargue, 138.
Laffineur (Jules), 138.
Laffitte (Paul), 18.
Laffolay (M.-E.), 18.
Lafitte (J.), 36.
La Fontaine, 74.
La Forge (Anatole de), 18.
Lahr, 138.
Lailler (M.), 18.
Lair, 9.
Laisant (C.-A.), 118.
Laisné, 118.
Lajarte (De), 157.
Lajarte et Bisson, 157.
La Jonquière (De), 35, 36.
Lalaing (De), 100.
La Landelle (De), 100.
Lalo, 157.
Laloi et Picavet, 9.
Laloux, 153.
La Madeleine (Henry de), 100.
La Marche, 149.
La Marmora (Général), 18.
Lamartine (De), 18, 36, 57, 74, 100, 138.
Lambeau (Lucien), 36.
Lamber (Juliette), 36, 101.
Lambert (E.), 129.
Lamennais, 10.
Lamothe (A. de), 101.
Lamothe (H. de), 57.
Lamy (G.), 101.
Lancrenon (P.), 57.
Lande (L.), 36.
Landrin (Armand), 129.
Landrin (M.-H.-C.), 138.
Lanessan (De), 18, 57, 129.
Lanfrey, 10, 36.
Langleber, 129.
Langlois (Charles), 36.
Langlois (Mme), 101.
Langlois-Fréville, 118.
Lanier (L.), 57.
Lanman, 164.

Lano (Pierre de), 36, 101.
Lanoye (De), 57, 129.
Lanson (G.), 74.
Lapasset (Général), 36.
Lapointe (Armand), 101.
Lapointe (Savinien), 74, 101.
Laporte, 170.
La Poulaine (Jean de), 57.
Lapparent (De), 57.
Laprade (De), 10, 74.
Laqueuille, 138.
Larevellière-Lepaux, 36.
Largeau (V.), 57.
La Rive (De), 36.
La Rocque (J.), 57.
La Roncière (Ch. de), 36.
Larousse (P.), 74, 118.
Larrivière (Ch. de), 36.
Larroumet, 37, 57, 74.
Lasteyrie, 138.
Lauman (James), 164.
Laumonier (J.), 37.
Launay (De), 57.
Laurent (E.), 18.
Laurent (D^r), 145.
Lauribar (P. de), 57.
Laurie (A.), 101, 118, 170.
Laussedat, 145.
Lavallée (Th.), 37, 57.
Lavedan (H.), 101.
Laveley (E.), 74.
Lavenez, 149.
Lavergne, 118.
Lavignac, 153.
Lavisse (Ernest), 37, 118, 149.
Lavisse et Rambaud, 37.
Lavoix, 157.
Lavollée (R.), 18, 74.
Lawrence (G.-A.), 101.
Lazare (L.), 37.
Lazare (Job), 74.
Léautey, 138.
Le Baigue (Ch.), 74.
Le Barzic, 149.
Lebeaud, Julie de Fontenelle, 138.
Leblond (H.), 138.
Leblond (D^r), 145.
Lebon (André), 37.
Lebon (Ernest), 129.
Le Bon (D^r), 145.
Lebreton (André), 74.
Lebreton (Mme), 138.
Lebrun et Malepeyro, 138.
Lecadet (H.), 101.
Le Carpentier, 157.
Lechartier, 57.
Leclair, 118.
Leclerc (Max.), 57.
Leclerc (E.), 37.
Leclercq (Jules), 57, 58.
Leclère (Tristan), 153.
Lecocq (A.), 101.
Lecocq (Charles), 157.
Lecomte (Georges), 37, 101.
Leconte de Lisle, 10, 74.
Lecour (C.-J.), 18.
Lecoy de la Marche, 37, 153.
Le Coz (Mme O.), 101.
Lecture en famille, 74.
Le Dain (A.), 10, 74.
Ledeuil (Lieut.-col.), 37.
Ledru-Rollin, 18.
Lée, 164.
Lefébure, 153.
Lefebvre (E.), 129.
Lefèvre (André), 37, 101, 138.
Lefèvre (D^r). 58.
Lefèvre (Julien), 138.
Le Fèvre-Deumier, 101.
Le Gal la Salle, 101.
Legay (Victor), 37.
Léger (Achille), 101.
Léger (Louis), 37, 58.
Le Goffic (Charles), 74.
Legouez, 138.
Legouvé, 10, 19, 37, 74, 118.
Legrand (Louis), 10, 37.
Legrand-Chabrier, 101.
Legras (Jules), 58.
Leïla-Hanoum, 101.
Lejeune (Général), 37.
Lelay (E.), 19.
Lelièvre, 145.
Lelioux (A.), 19.
Lellion-Damiens, 74, 75, 101.
Lélu (P.), 58.
Lelut, 10.
Lemaître (Jules), 75.
Le Mansois-Duprey, 38.
Le Maout, 129.
Lemarchand, 129.
Lemay (G.), 58.
Lemire (Charles), 38.
Lemoine (L.), 138.
Lemoine, 170.
Lemonnier (C.), 101.
Lemonnier (Henry), 153, 170.
Leneveux (H.), 19.
Lenient (Ch.), 75.
Lenoir, 138.
Lenormand (S.), 138.
Lenormand, Janvier et Magnier, 138.
Lenormant (F.), 153.

Lenthéric (Ch.), 58.
Léo (André), 101.
Léouzon-Leduc (L.), 38, 101.
Le Pelletier (E.), 19.
Le Pileur, 145.
Le Play, 58.
Lermont, 170.
Lerolle, 129.
Leroux (Hugues), 10, 58, 170.
Leroux-Gesbron, 75.
Leroy, 145.
Le Roy (Eugène), 101.
Leroy (Jeanne), 170.
Leroy (Th.), 38.
Leroy-Beaulieu, 19, 58, 75.
Le Sage, 75, 102.
Lesage (Charles), 19.
Lesbazeilles, 129, 153.
Lescure (De), 58.
Le Senne (N.-M.), 19, 75.
Lesguillon (Hermance), 75.
Lesguillon (J.), 75.
Lesseps (De), 58.
Letheby, 145.
Letourneau, 19, 145.
Levasseur, 58.
Levasseur (E.), 19.
Levêque (Charles), 10.
Leverdays (De), 19.
Levin (Ch.), 38.
Levy, 10, 129.
Levy (Daniel), 58.
Lhermitte (G.), 19.
Lhomme (M.-F.), 75.
Lhomme et Pierret, 19.
Liard (Louis), 10, 118, 122.
Lichtenberger (E.), 75, 170.
Liéber, 164.
Liebig, 129.
Liégeard (S.), 75.
Linden (A.), 102.
Linguet, 38.
Lintilhac (E.), 75.
Lionnet (M.-E.), 122.
Lissagaray, 38.
Littré, 10, 38, 75.
Livingstone (D.), 58.
Lix (T.), 102.
Lock (F.), 38.
Locke, 164.
Lockroy (E.), 38.
Lockroy (M.-S.), 102.
Locmaria, 102.
Loiseau (A.), 75.
Loiseau (Ch.), 38.
Loiseleur (J.), 19.
Loizillon (Henri), 38.

Loliée (F.), 102.
Lope de Véga, 75.
Lorédan (Jean), 102.
Lorès, 102.
Lorin (G.), 102.
Lostalot, 153.
Loti (Pierre), 102.
Lottin (Lieut.), 38.
Louandre, 38.
Loudun (E.), 38.
Louis (Désiré), 38.
Louis (Paul), 19.
Louis XIV, 38.
Louit (Pierre), 138.
Lubbock, 129.
Lucas (H.), 75.
Luchaire (Achille), 38.
Lucipia (Louis), 38.
Ludwig (O.), 102.
Lully, 158.
Lully et Méhul, 158.
Lumet (Louis), 153.
Lunel (A.), 19, 138, 145.
Lunel (B.), 138.
Lys (Mme de), 10.

M

Mabilleau (L.), 38.
Mabillon (Léon), 38.
Macaulay, 38.
Macé (Jean), 19, 129, 170.
Mac-Intosh (Miss), 102.
Madeleine (Jules de la), 102.
Maël (Pierre), 58, 102, 170.
Magbert (Mme), 102.
Mage (G.), 164.
Mager (Henri), 58.
Magnat, 118.
Magne, 145.
Mahé de la Bourdonnais, 38.
Maigne (M.), 139.
Maigne (P.), 139.
Maigne et Mathey, 139.
Maigne et Robichon, 139.
Maigron (Louis), 102.
Maillart, 158.
Maindron (M.), 129, 153.
Maintenon (Mme de), 118.
Maire (J.), 102.
Maistre (Comte de), 10.
Maistre (Xavier de), 76.
Malapert (P.), 10.
Maleraix (A.), 102.

Malefille, 102.
Malleson (Lieut.-col.), 38.
Malmesbury (Lord), 38.
Malot (Hector), 58, 102, 103, 179.
Malot (Mme). 103.
Malraison, 103.
Manaceïne (De), 145.
Mandat-Grancé, 103.
Mane, Thecel, Pharès, 103.
Mangin (L.). 129.
Mangin (Arthur), 129.
Manners, 164.
Manteuffel (De), 103.
Manzoni (A.), 164.
Maquet (Auguste), 103.
Maquet (Charles), 103.
Marais (A.). 38.
Marbot (Général), 38.
Marcel (E.). 103.
Marcère (M. de), 39.
Marcevaux, 139.
Marchand (A.), 38, 76.
Marchand (L.), 39.
Marche (A.), 58.
Maréchal (M.), 103.
Maréchal (H.), 76.
Marescot (F. de), 76.
Margueritte (Paul), 103.
Margueritte (Paul et Victor), 39, 103.
Margollé, 129.
Mariéjol (J.-H.), 39.
Marier (Doit-on se), 10.
Marillier (Léon), 10.
Marion, 103, 129.
Marion (Henri), 10.
Markman, 58.
Marlitt (E.) 103, 104.
Marmier (X.), 39, 58, 76, 104.
Marmottan, 153.
Marnier (J.), 39.
Marot (Ch.), 76.
Marsauche (L.), 58.
Martel (E.-A.), 58, 76.
Martel (Félix), 118.
Martha (Constant), 10, 153.
Martha (Jules), 145.
Martimprey (De), 39.
Martin (Alexis), 59, 153.
Martin (H.), 39.
Martin (Louis), 19.
Martineau (A.), 59.
Martin Saint-Léon, 19.
Martin-Videau (E.), 104.
Martrin-Donos (Ch. de), 104.
Mary (Jules), 19.
Marzy, 139.

Maspéro, 153.
Massé (V.), 158.
Massenet, 158.
Massieu (Isabelle), 59.
Masson (fils aîné), 39.
Masson (Frédéric), 39.
Masson-Forestier, 104.
Massonneau (H.), 19.
Mathieu (G.), 76.
Mathieu d'Auriac (E.), 104.
Mattéi, 59.
Mauclair (Cauille), 104.
Matter (Paul), 39.
Maudet, 111.
Maugras (A.), 19, 39.
Maupassant (Guy de), 71, 99.
Maureil-Parot, 10.
Maurel (A.), 76.
Maurice (F.), 19.
Maury (Abbé), 164.
Maury (F.), 59.
Maury (L.-F.), 76, 129.
Mauthner (F.), 104.
May (E.-J.), 170.
Mayer et Choquet, 122.
Mayeux, 153.
Maynard (F.), 104.
Mayne-Reid, 104.
Mayran (M.), 104.
Maze (H.), 39.
Mazé (Jules), 104.
Méase, 164.
Méhul, 158.
Meifredy (H.), 19.
Meignan (V.), 59.
Meilhac (H.), 76.
Meischke-Smith (W.), 104.
Melandri (Achille), 104.
Melegari (D.), 39.
Mellion (A.), 39.
Melzi (J.-B.), 164.
Menant (J.), 39, 153.
Menault, 129.
Menault et Boillot, 129.
Mendelssohn, 76.
Menier (Mme), 76.
Menier, 19.
Ménorval (E. de), 39.
Mention (L.), 39.
Mérat (Albert), 76.
Mercier, 145, 170.
Mérimée, 76, 104.
Merlet (G.), 76.
Merly (J.-F.), 139.
Mermet, 158.
Mérouvel (Charles), 104.
Merruan (Paul), 59.
Merson (Olivier), 153.
Méry, 104, 130.
Mesnage (Louis), 104.

Mesnil-Marigny (Du), 19, 20.
Messager, 145, 158.
Mesta et Ortolan, 153.
Mesureur (Mme), 170.
Metchnikoff, 39.
Meunier (Georges), 39.
Meunier (Dauphin), 39.
Meunier (Mme Stanislas), 59, 130.
Meunier-Surcouf (Mme), 105.
Meunier (Victor), 59, 130.
Meurice (P.), 76.
Meyer (H.), 105.
Meyerbeer, 158.
Meyrac (A.), 39.
Meyret, 39.
Mézières, 10, 39, 76.
Michaut, 139.
Michel (Arthur), 122.
Michel (Georges), 39.
Michelet, 10, 39, 40, 76, 105.
Michiels (A.), 40, 59, 105, 153.
Michotte et Guillaume, 139.
Mickiewicz (A.), 40.
Miège (F.), 139.
Migeon, 20.
Mignet (M.), 40.
Mille (P.), 40, 59, 105.
Millet (C.), 130.
Millet (R.), 59.
Millet-Robinet, 139.
Millevoye, 76.
Millot (E.), 59.
Milloue (L. de), 10, 40.
Milne (E.), 130.
Milton, 59, 76.
Mirabeau, 77.
Miraglia-Biagio, 105.
Mirecourt (E. de), 40.
Miscopein (A.), 20.
Mismer (Ch.), 40.
Mistral (Fréd.), 59, 77, 164.
Modène (Comte de), 40.
Modeste (Victor), 20, 40.
Moigno (Abbé), 122, 149.
Moinaux (Jules), 105.
Moitessier, 130.
Molènes (P. de), 105.
Molière, 77.
Molinier (Auguste), 153.
Moltke (Maréchal de), 40, 77.
Monceaux (P.), 77.
Monchoisy, 105.
Mondelli (Capit.), 40.
Monderful, 164.
Moneaut, 105.

Monier, 139.
Monin (D^r), 145.
Monin (H.), 40.
Monnier (Francis), 40.
Monnier (Henri), 40, 59.
Monnier (Marcel), 59.
Monselet (Ch.), 105.
Montagu (A.), 20.
Montaigne, 10, 77.
Montano, 60.
Montégut (E.), 40, 60, 77.
Monteil (Alexis), 20.
Monteil (Edgar), 59.
Montesquieu, 77.
Montet (J.), 105.
Montgomery (Mme A.), 105.
Montheuil (A.), 10, 20, 40.
Montillot (J.), 20, 139.
Montzey, 149.
Moore, 164.
Moralistes anciens, 10.
Morand, 130.
Moratin (De), 77.
Morceaux choisis, 158.
Morceaux divers, 158.
Moréas (J.), 105.
Moreau (F.), 60.
Moreau (L.), 139.
Moreau-Vauthier (Ch.), 105.
Morel (Pierre), 20.
Moret (E.), 105.
Morillot (P.), 77.
Morin, 20.
Morin (Frédéric), 40.
Moseley, 164.
Mouëzy (A.), 105.
Mouhot, 60.
Moulin (H.), 40.
Moulin (René), 40.
Mourey (G.) 77.
Mourlon, 139.
Moussac (De), 105.
Moussoir (G.), 40.
Mouton (E.), 77.
Mouton (Léo), 40.
Moüy (Comte de), 41.
Moynet, 153.
Mozart, 158.
Muel (Léon) 41.
Mugnier, 149.
Mulder, 139.
Mule (A.), 105.
Muller (Eugène), 10, 41, 105, 130, 170.
Muller (Louis), 145, 149.
Muller (Max), 10.
Muntz, 153.
Murger (H.), 105, 170.
Murray (E.-C.), 60.
Murray (H.), 165.

— 191 —

Murrell, 145.
Mussat (L.), 105.
Musset (Alfred de), 77, 105.
Musset (Paul de), 105.

Noms révolutionnaires, 41.
Nonus (A.), 41.
Nordenskiold (A.-E.), 60.
Noriac (Jules), 106.
Normand (J.), 77.
Norvins (J. de), 41.
Nosban et Maigne, 139.
Notovitch (Nicolas), 41.
Noussane (H. de), 106.
Nouvelles suédoises, 106.
Ny (Général), 149.
Nyna et Nervyn, 106.

N

Nacla (Vicomtesse de), 11.
Nadard, 105.
Nadaud (M.), 11.
Nadeau (L.), 60.
Nagour (Paul), 77.
Nansen (F.) 60.
Nansouty, 139.
Nanteuil (Mme), 105, 170.
Napias et Martin, 145.
Napias (D^r), 145.
Narjoux (F.), 60, 153.
Naudet, 158.
Naurouze (Jacques), 105.
Navarre (Marguerite de), 77.
Navery (Raoul de), 60, 105, 170.
Neil, 170.
Nerthal, 106.
Nervo, 106.
Nettement (A.), 41.
Nettement (Mlle M.-A.), 106.
Netton (Albéric), 41.
Neukomm (Edm.), 106.
Neulliès (Mlle B.), 106.
Neufville (P. de), 60.
Neveu (H.), 122.
Nibor (Yam), 77.
Nicolas (Georges), 11.
Nicolas (Pierre), 60.
Nicolo, 158.
Nicot (L.), 77.
Niedermeyer, 158.
Niessel, 149.
Niewenglowski, 122.
Ninet (J.), 60.
Niox (Colonel), 60.
Nixarpa, 106.
Nodier (Ch.), 106, 170.
Noël (Edouard), 41, 77.
Noël (Eugène), 77, 106, 130.
Noël (P.), 106.
Noguès, 130.
Noir (Dr Julien), 145.
Noir (Louis), 106.
Nolhac (P. de), 41.

O

Ocagne (D'), 118.
Ochorowicz, 145.
Oddo (Henri), 41.
Odillon-Barrot, 20.
Odling, 130.
Offenbach, 158, 159.
Oger (F.), 41.
Ohnet (Georges), 106.
Olivier (J.), 77.
Ollivier (Emile), 11, 41.
Ollivier (D^r), 145.
O'Meara (K.), 77.
Oméga, 149.
Ordinaire, 119.
Organisations socialistes françaises, 20.
Ortolan (A.) 139, 153.
Ortolan (Elzéar), 170.
Ossian-Bonnet, 122.
Ostoya, 153.
Ott (A.), 60.
Oudot, 11.
Ouida, 106.

P

Paër, 159.
Pailleron (E.), 77.
Pajol (Général), 41.
Paladilhe, 159.
Paléologue (M.), 77, 153.
Palgrave (W.-G.), 77.
Pallu (L.), 41.
Pape-Carpentier (Mme), 119, 170.
Papillon (F.), 11.
Papillon (J.), 119.
Paquier (J.-B.), 20.

Pardiellan (P. de), 106.
Pardieu (De), 60.
Parent, 159.
Parfait (Paul), 11.
Paris et ses environs, 60.
Paris (Comte de), 20.
Paris (Gaston). 41.
Paris (Pierre), 153.
Parkman (F.), 60.
Parlon (L.), 20.
Parodi (D.-A.), 77.
Parsons, 165.
Parville (H. de), 106, 130, 139.
Pascal, 11, 78.
Pascal (Lucien), 106.
Passy (F.), 20, 106.
Pasteur, 145.
Pater (Walter), 78.
Paturot, 106.
Paugmarten (Comtesse), 106.
Paul (A.), 106.
Paulet, 139.
Paulhan (F.), 11.
Paulhiac (Lieut.), 60.
Paulian (Louis), 20.
Pauliat (L.), 42.
Paultre (E.), 106.
Payer (J.), 60.
Pecaut, 153.
Pecaut (Elie), 119.
Pedrossi, 159.
Pellegrin, 154.
Pelletan (Camille), 42.
Pelletan (Eugène), 11, 20, 42.
Pelletan (J.), 139.
Pelletier, 139.
Pellissier (G.), 78.
Pellisson (M.), 20, 42.
Pelouze et Frémy, 130.
Pendrié, 139.
Pensa (H.), 60.
Pensylvanie, 165.
Percheron, 130.
Perdoux (C.), 42.
Perelaer, 106.
Pérez, 130.
Pergolès, 159.
Périgot, 60.
Périssat (Paul), 20.
Perraud (M.), 11.
Perrault, 170.
Perrens (F.), 78.
Perret (Paul), 106.
Perret (V.-A.), 139.
Perrodil (De), 60.
Perron d'Arc, 42, 60.
Persegol, 139.
Persigny (Duc de), 42.
Pessard (Emile), 159.
Pessard (Hector), 78.

Peter-Guthrie-Taït, 130.
Petit (Arsène), 20, 119.
Petit (Edouard), 119.
Petit (D^r), 145.
Petit (Maxime), 11, 42, 60. 130.
Petit et Lamy, 170.
Petit de Julleville, 42.
Pettit (Charles), 107.
Peupion (A.), 130.
Pey (A.), 60. 165.
Peyre (R.), 42.
Pezzichelli, 139.
Pfeiffer (Mme Ida), 60.
Philippe (Edouard), 60.
Philippon de la Madeleine, 78.
Philips (D^r) 42.
Philips (Edwards), 165.
Picard (Ernest), 42.
Pichard (A.-E.), 20.
Pichat (L.), 78, 154.
Pichon (Commandant), 42.
Pichot, 122.
Picot (G.), 20.
Pierron (A.), 78.
Pietralba (H.), 60.
Piétri, 60.
Pigafetta, 60.
Pigeonneau (M.-H.), 42, 61.
Pigier, 20.
Pinard (Dr A.), 145.
Pinot (Mme), 107.
Piolet (J.-B.), 61.
Piotrowski (R.), 42.
Pitot, 42.
Pitray, 170.
Pizard (A.), 42.
Pizetta (J.), 130.
Planchon, 130.
Plancy (Baron), 107.
Plane (Auguste), 61.
Planquette, 159.
Plessis (Frédéric), 107, 149.
Plessis (H.), 130.
Plutarque, 42.
Poë (E.), 107.
Poinsot (M.-C.), 78.
Poiré, 130, 139.
Poise, 159.
Poitevin (Mlle), 107.
Poitevin (M.-P.), 119.
Pol (Stéphane), 78.
Pologne (Histoire de la), 42.
Ponsard (F.), 78.
Pontis, 119.
Pontmartin (A. de), 78, 107.

Pontsevrez, 11, 78.
Poradowska (Marguerite), 107.
Porchat (Jacques), 107.
Porcher (Jacques), 61.
Porel et Monval, 78.
Postel (R.), 61.
Pottecher (M.), 78.
Pottet (E.), 42.
Pottier, 154, 165.
Pouchkine, 42, 107.
Pougin, 154.
Poujard'hieu (G.), 11, 21.
Poullain (H.), 78.
Pouriau, 139, 140.
Poynter, 107.
Pradel (Georges), 107.
Prat (J. G.), 21, 42.
Préchaud, 145.
Précis (V.), 140.
Prescott (W.-H.), 61.
Préseau (V.-Ch.), 42.
Presle, 42.
Pressensé (De), 11.
Pressensé (Mme de), 107.
Preterre, 145.
Prévost (Marcel), 107.
Prévost-Duclos, 107.
Prévost-Paradol (M.), 11, 21, 43.
Privas (Xavier), 42.
Prolès (Ch.) 42, 43.
Prométhée, 21.
Proth (M.), 61, 107.
Proudhon (J.), 21, 78.
Prouteaux, 140.
Prussiens en Alsace, 61.
Psichari (Jean), 107.
Pugno, 159.

Q

Quantin, 170.
Quatrefages, 130.
Quatrelles, 107.
Quentin-Bauchard (P.), 43.
Quicherat, 154.
Quilladet (M.), 61.
Quincy (Joseph), 165.
Quinet (Edgar), 11, 21, 43, 61, 78, 130.
Quinet (Mme Edgar), 43, 61, 78.

R

Rabelais, 78.
Rabot (Charles), 61.
Rabusson, 107.
Racine, 78.
Radau, 130.
Radiguet (M.), 61.
Raffy (G.), 43.
Ragon (F.), 43.
Raismes (Gaston de), 78.
Rambaud (Alfred), 43.
Rambaud (Louis), 107.
Rambosson, 130.
Ramée, 140.
Ramez (C.-F.), 107.
Ramin (Henri), 43.
Rampon (C.), 140.
Ratisbonne (L.), 43, 170.
Rattazzi (Mme), 61.
Rau, 149.
Ravaisson (Félix), 11.
Raymond (E.), 11, 43.
Raymond (Mme), 107, 108.
Raynaly, 131.
Raynaud (Ernest), 78.
Réal (Antony), 108.
Rebière, 131.
Rebouis, 145.
Reboulleau-Maynier, 154.
Reclus (Elisée), 131.
Reclus (Onésime), 61.
Recolin, 78, 108.
Redouly, 122.
Regamey (F.), 61, 140, 154.
Régent (Le), 43.
Regnard, 78.
Regnault (Henri), 154.
Regnier (Henri), 78.
Reibrach (Jean), 108.
Reinach (Joseph), 78.
Remusat (P.), 78.
Renan (E.), 11, 78.
Renard (Georges), 21.
Renard (Léon), 11, 131, 140.
Renaud (Alphonse), 43.
Renaud (Armand), 11, 43.
Renaudin (J.-L.-C.), 43.
Renaudin (Paul), 108.
Renouvier (Ch.), 78.
Rethoré (F.), 11.
Reul (De), 78.
Reval (G.), 108.
Revue Bleue, 79.
Revue Rétrospective, 79.
Revue des Cours et Conférences, 79.
Revue Scientifique, 132.
Reveille, 145.
Rey, 131.

Reybaud (Louis), 21, 108.
Reyer, 159.
Reynaud (Jean), 11, 79.
Reynault, 140.
Reynier, 140.
Reyssié (F.), 79.
Ribard (Dr), 145.
Ribot (Alexandre), 119.
Ricardou, 11.
Ricci, 159.
Richard (Le capitaine), 149.
Richard (Charles), 131.
Richard (Jacques), 79.
Richard-Green (J.), 43.
Richard-Lesclide (Mme), 43.
Riche (Daniel), 108.
Richebourg (Emile), 108.
Richebourg (Emile) et Collas (Louis), 43, 108.
Richelieu, 43.
Richepin (Jean), 79.
Richet (Ch.), 43, 149.
Riéder (Charlotte), 108.
Riffaut, 140.
Rigaudière (La), 43.
Riotor (L.), 43, 61.
Riquier, 119.
Ris-Paquot, 140, 154.
Ritt (E.), 122.
Rivière (Général), 44.
Rivière (Henri), 108.
Rivière (Louis), 21.
Rivoyre (D.) 61.
Robbe (P.), 21.
Robert (Adrien), 108.
Robert (J.) 79, 145.
Robert de Cerisy, 108.
Robert et de Valécourt, 140.
Robertet (G.), 79.
Robertson, 140.
Robertson (W.), 165.
Robida, 170.
Robinet (Dr), 44.
Robinson suisse, 108.
Robiquet, 44, 140.
Robischung, 61.
Rocafort (Jacques), 11.
Rocafort, 119.
Rocca (De), 44.
Rochan (De), 44.
Roche (J.), 21.
Roche (A.), 79, 119.
Rocheblave (S.), 79.
Rochefort, 79, 108.
Rocherolles, 170.
Rocquain (F.), 44.
Rod (E.), 79.
Rodocanachi (E.), 61, 108.
Rodrigues (E.), 44.

Roë, 108.
Roëls (Edgar), 44.
Roehrich (Edouard), 119.
Roehrich (Mme), 108.
Roger (Dr), 145.
Roger et Fayet, 79.
Roger-Milès, 140.
Roger et Texte, 44.
Roland d'Henval (Mme), 108.
Rolland (Ch.), 44.
Rolland (Jean), 108.
Rolle (G.), 79.
Rollinat (M.), 79.
Romain, 140.
Ronde des conteurs, 108.
Roosevelt (Théople), 44.
Roques (Antonin), 79.
Rosmer (Jean), 170.
Rosny (J.-H.), 108.
Rossini, 159.
Rothan (G.), 44.
Rothschild (Dr), 145.
Rouault de Champglin, 108.
Rouland, 140.
Roulin, 131.
Roulliet (A.), 21.
Rousse (E.), 79.
Rousseau (J.-J.), 21, 79.
Rousseau (Mme Louise), 119, 140.
Rousseau (Samuel), 159.
Roussel, 11.
Rousselet (L.), 61, 170.
Rousset (Camille), 44.
Rousset (Léon), 61.
Routier (Gaston), 21.
Rouvier (Charles), 44.
Rouvre (Charles de), 108.
Roux (Alphonse), 154.
Roux (Amédée), 79.
Roux (J.), 154.
Roux (Xavier), 21, 61.
Rouxel, 140.
Rouyer (Capitaine), 44.
Roy (Edouard), 11.
Roy (Jules), 44.
Roz (Firmin), 44.
Rozan, 11, 123.
Ruffi de Pontevès (J. de), 61.
Ruffin (A.) 79.
Ruskin (John), 79.
Russel, 165.

S

Sabatier (Camille), 21.
Sacc, 131.
Sacchini, 159.
Sacher-Masoch, 108.
Sachot (Octave), 140.
Saffray, 131, 145.
Saigey, 131.
Saint-Albin (De), 21, 79.
Saint-Amand (Imbert de), 44.
Saint-Arroman (R. de), 61.
Sainte-Beuve, 79.
Sainte-Croix (De), 61.
Saint-Didier (A.-T.L.), 61.
Saint-Elme (J.), 44, 140.
Saint-Geniez (Comte de), 79.
Saint-Germain (De), 44, 108.
Saint-Hilaire, 108.
Saintine, 108.
Saint-Jouan, 108.
Saint-Paul (Bertrand), 21.
Saint-Réal, 44.
Saint-René Taillandier, 44.
Saint-Saëns, 159.
Saint-Simon (Duc de), 44.
Saint-Victor (De), 62.
Saint-Vincent (Dr), 145.
Sales (Pierre), 109.
Salières (A.), 44.
Salvayre, 159.
Saman (Mme P. de), 109.
Samson, 79.
Samson (Mme), 109, 119.
Sand (George), 79, 109.
Sandeau (Jules), 109.
Sanderson (John), 165.
Sanson, 131.
Saporta, 131.
Sarcey (F.), 109, 119.
Sardan, 123.
Sardou (Victorien), 80.
Sassenay (Marquis de), 44.
Saubet, 123.
Sauderval (De), 62.
Saulo, 140.
Sault (De), 110.
Sauvage (Dr H.), 140.
Sauzet, 141.
Savage-Landor (A.-H.), 62.
Savigny et Bischoff, 141.
Say (Léon), 12, 21, 80.
Sayce (A.-H.), 44.

Saynètes et monologues, 80.
Sayous (A.), 119.
Schefer (Mme), 21, 141.
Scheibert, 44.
Schiller, 45, 80.
Schirmacher (K.), 21.
Schmid (Ch.), 110.
Schmidt, 165.
Schmoll, 159.
Schneider, 141.
Schœlcher (V.), 45.
Schopfer, 154.
Schrader et Gallouédec, 62.
Schreiner (A.), 62.
Schultz (J.), 110.
Schuré (Ed.), 62.
Schuwer, 12.
Scott (Walter), 110.
Scudo (P.), 159.
Second (A.), 111.
Section historique (Etat-major italien), 45.
Sedaine, 80.
Sée (Camille), 119.
Seeley (J.-R.), 62.
Seguin (Alfred), 170.
Ségur (Comte de), 12.
Ségur (Comtesse de), 170.
Ségur (Général de), 165.
Ségur (P. de), 45.
Séhé (D.), 62.
Seignobos (Mme de), 21.
Seignobos (Ch.), 45.
Seilhac (Léon de), 21.
Selden, 21.
Self-Help, 12.
Sellier (Charles), 45.
Semeniz (E.), 45.
Séménoff (E.), 45.
Semmès (Commandant), 45.
Sénart (E.) 62.
Séol (J.), 111.
Sepet (M.), 45.
Serand, 141.
Serao (Mathilde), 111.
Serigne, 141.
Serpette, 159.
Sévigné (Mme de), 80.
Sextius (Michel), 80.
Shakespeare, 80.
Sherwin (Th.), 165.
Sibille, 171.
Sicard, 141.
Siebecker (E.), 45.
Sienkiewicz (H.), 111.
Silva (De), 111.
Silvestre (Théophile), 154.
Simon (Edouard), 45.
Simon (Jules), 12, 45, 80, 111, 119.

Simon (Pierre), 80.
Simon (M.-P.-Eugène), 80.
Simon de Sismondi, 45.
Simond (Charles), 62, 154.
Simond (Capitaine Emile), 45.
Simoni (E.), 45.
Simonin (L.), 62, 131, 141.
Simyan (Charles), 119.
Siou (E.) et Du Wallon, 45.
Smiles, 12, 62, 111, 131, 141.
Snow-Harris, 141.
Société préhistorique de France, 45.
Sonsel, 131.
Sophocle, 80.
Sorel (A.), 45.
Soubies (A.), 154.
Soulié, 111.
Sourdeval, 131.
Sourdillon (L.), 21.
Souriau, 171.
Souvestre (E.), 80, 111.
Souviron (A.), 21.
Souza (R. de), 80.
Spalding, 165.
Spencer (Herbert), 12.
Spender-Saint-John, 62.
Spero (Capitaine), 45.
Spielhagen, 111.
Spinetti, 159.
Spronck (M.), 80.
Spuller (E.), 80.
Staël (De), 111.
Stahl (P.-J.), 12, 80, 111, 171.
Stahl et Wailly, 111.
Stahl et Muller, 111.
Stanley, 62.
Stanley-Jevous, 21.
Stany (Le commandant), 111.
Stapfer (P.), 80.
Stauben (D.), 111.
Steeg (Jules), 12.
Steerk, 141.
Stephens (Miss), 111.
Stern (Daniel), 45.
Stevenson (R.-L.), 111.
Stoffel (Baron), 45.
Stolz (Mme), 111.
Stone, 165.
Strauss (Paul), 21.
Strehly (G.) 149.
Stretton, 112.
Stuart-Mill, 21.
Stuart-Merrill, 80.
Stupuy (Henri), 12.
Suckau (H.), 171.

Sudermann (H.), 112.
Sue (Eugène), 112.
Suérus (R.), 21.
Sully (James), 12.
Sully-Prudhomme, 12, 80.
Summer (Mme), 112.
Suppé (De), 159.
Susane (Général), 149.
Suttner (Baronne de), 112.
Sven-Hedin (Dr), 62.
Swift, 112.
Sybel (De), 45.
Sylvanecte (Mme G.), 46.
Symian (Julien), 119.

T

Tacite, 46.
Tailhand (A.), 80.
Taine, 12, 46, 62, 80.
Talbot, 46.
Talboys-Wheeler, 62.
Tallenay (J. de), 62.
Tanneguy de Wogan, 62.
Tarbouriech (E.), 22.
Tarnier (A.), 12.
Tartara, 141.
Tassart, 141.
Tassoni, 80.
Tavan, 159.
Tcheng-Ki-Tong, 80.
Teller (A.), 112.
Ternant, 141.
Tessier (J.), 46.
Texier et Kaempfen, 81.
Texte, 81.
Thackeray, 46, 112.
Théâtre d'éducation, 81.
Thédenat (H.), 46.
Théroulde, 112.
Théry (Edmond), 22.
Théry (M.-A.), 119.
Theuriet (A.), 112.
Thevenin (Evariste), 22, 81.
Thierry (Amédée), 46.
Thierry (Augustin), 46.
Thierry (G.-A.), 113.
Thierry-Mieg, 141.
Thiers (A.), 22, 46.
Thiéry (Jean), 113.
Thiéry (Marie), 113.
Thomas (A.) 159.
Thomas (Le colonel), 46.
Thomson (Jules), 62.
Thorel (J.), 113.
Thouar (A.), 62.

Thouzery, 12.
Thurat (H.), 46.
Thureau-Dangin (P.), 46.
Tiennot des Ablettes, 113.
Tiercelin (L.), 81.
Tiersot, 81.
Tillière (Mme), 113.
Tinayre (Mlle), 113.
Tinseau, 113.
Tissandier (Gaston), 46, 131.
Tissandier (Georges), 141.
Tisserand, 131.
Tissot (A.), 81.
Tissot (Paul), 46.
Tissot (Victor), 62.
Tissot et Maldague, 113.
Tivier (H.), 81.
Tocqueville (A. de), 46.
Todière (M.), 46.
Tolstoï, 81, 113.
Tomel et Rollet, 12.
Tom-Tit, 171.
Tony-Révillon, 113.
Topart, 141.
Topffer (R.), 113.
Topin (M.), 81.
Topinard (Paul), 22.
Touche (C.), 81.
Touchet, 141.
Toudouze (G.), 113, 131, 171.
Tourguéneff, 113.
Tournier (Albert), 46.
Toussaint, 141.
Toutée (Commandant), 62.
Traditions du pianiste, 159.
Trébuchet (Léon), 46, 62.
Trélat, 145.
Trénard, 113.
Troimeaux (Edgard), 47.
Troost, 131.
Trouessart (Mlle), 113.
Tuetey (L.), 47.
Turck, 145.
Turgan, 131.
Turlin, 149.
Turot (Henri), 22, 47.
Tyndall, 131, 141.

U

Uchard (M.), 81.
Ujfalvy - Bourdon (Mme de), 63.
Ulbach (L.), 113.
Urbain (M.), 113.
Uxier (Louis), 63.

V

Vacquant, 123.
Vacquerie, 81.
Vadier (B.), 81, 114.
Valabrègue (I.), 22.
Valcourt (De), 145.
Valera (J.), 114.
Vallat (Gustave), 47.
Vallery-Radot, 114.
Vallès (Jules), 114.
Vallon (Du), 114.
Valmont (V.), 114.
Valtine (M.-A. de), 114.
Van Bruysse, 114, 171.
Vander (J.), 114.
Vandérem (F.), 114.
Vanderheym (J.-G.), 63.
Van de Wiele (M.), 114.
Vanier, 149.
Van Lenner, 114.
Varennes (L.), 22.
Varigny (C. de), 63, 114, 132.
Varney, 159.
Varreux (C. de), 47.
Vars (De), 47.
Vasseur (Léon), 159.
Vattier, 114.
Vattier d'Ambroyse, 63.
Vauban, 22.
Vauchez, 119.
Vauclin, 119.
Vaudelin (J. de), 114.
Vaudouer, 119.
Vaujany (H. de), 63.
Vavasseur (A.), 22.
Végétales substances, 165.
Véra (A.), 12.
Verconsin, 81.
Verdi, 159.
Verdier (L.) 47.
Vergnaud, 154.
Vergnes (C.), 119.
Verley (A.), 114.
Verlot, 132.
Verne (Jules), 63, 171, 172.
Verneau, 132.
Verney, Loivet, Cameron, 63.
Véron (Dr L.), 47.
Véron (Eugène), 47.
Véron (Pierre), 114.
Verschuur (G.), 63.
Verlot, 47.

Vessiot (A.), 119.
Viant, 123.
Viard (E.), 63.
Viardot, 154.
Vibert (P.), 47, 141.
Vickar, 165.
Vie à la campagne, 141.
Viele-Griffin (F.), 81.
Viennet (M.), 81.
Vigano (F.), 22.
Vigné d'Octon, 63, 114.
Vigneron (L.), 63.
Vignon (C.), 114.
Vigny (Comte de), 114.
Vigouroux (Louis), 22.
Vilars, 114.
Villamur (R.), 63.
Villard (Th.), 22.
Ville (Léon), 114.
Villebresme (Vicomte de), 47.
Villers (De), 172.
Villetard (P.), 114.
Villetard de Laguérie, 63, 149.
Villon, 141.
Vincent (P.), 47.
Vinson (Julien), 63.
Violette, 141.
Viollet-le-Duc, 149, 154.
Virgile, 81.
Virgile et Horace, 81.
Vivarez, 141.
Vogdes, 165.
Vogüé (Melchior de), 81, 114.
Voituron, 154.
Volney, 81.
Voltaire, 12, 47, 81.
Von Gaisberg, 141.
Voyage du Comte de Forbin, 63.

Weber (De), 63.
Weil (Alex.), 47.
Weisser (E.), 81.
Wells (H.-G.), 47, 114.
Welschinger (H.), 47.
Wenworth-Higginson, 47.
Wertherell (E.), 114.
Wey (F.), 82, 114.
Weymann, 114.
White, 165.
Whyte-Melville, 114.
Widor, 159.
Wilkie-Collins, 114.
Wilkins, 154.
Witt (Mme de), née Guizot, 47, 63, 115, 172.
Witte (Baron Jean de), 63.
Woelmont (De), 115.
Wolowski (A.-L.), 47.
Wrangell (Admiral-Ferdinand), 165.
Wurtz, 132.
Wyndham (E.), 117.
Wyss, 172.

X

X***, 12, 48, 63, 115, 119, 132, 141, 142, 145, 149, 172.

Y

Yanoski (Jean), 47, 63.
Yon, 119.
Yriarte, 47.
Ys (René d'), 32.
Ysabeau (A.), 22.
Yvan, 63, 115.
Yver (Collette), 115.

W

Waddeville (Mme), 119.
Wagner (X.), 119.
Wagner (G.), 114.
Wagner (R.), 159.
Wahl, 63.
Wailly (De), 114.
Waliszewski (K.), 81.
Walsh (R.), 63.
Wargniès-Hulot, 123.
Wauters, 154.
Wayland, 165.
Weber (C.-M.), 159.

Z

Zabarowski, 132, 145.
Zaccone (P.), 115.
Zari, 115.
Zeller, 47, 48.
Zemlac (Semeiro), 115.
Zevort (E.), 48.
Zindler (Gustave), 82.
Zola, 115.
Zouaves (les), 48.
Zurcher et Margollé, 12, 63, 132.

CONSEILS AUX LECTEURS

Les précautions suivantes sont recommandées :

Tenir les livres, lorsqu'on les lira, revêtus d'une couverture ;

Autant que possible, lire en ayant le livre placé devant soi sur une table ;

A défaut de table, tenir le volume tout ouvert dans la main, évitant de le replier sur lui-même, les derniers feuillets renversés sur les premiers, ce qui le briserait dès une première lecture ;

Ne point marquer au moyen d'un pli, ou d'une corne, la page à laquelle on s'est arrêté. Celui qui croira devoir faire usage d'une marque placera dans le volume une petite bande de carte ou de papier ;

Ne jamais tourner les feuillets en les froissant avec un doigt mouillé, pratique non seulement malpropre mais dangereuse au point de vue de la propagation des maladies contagieuses ;

Prendre garde qu'il ne soit fait ni écritures ni taches, soit sur les couvertures, soit à l'intérieur des livres ; que l'empreinte des doigts, notamment, n'y soit pas marquée ;

Renfermer le volume dans un meuble après chaque lecture.

Ces soins sont prescrits dans l'intérêt de tous ; on ne doute pas que chaque lecteur n'ait à cœur de les observer.

AVIS

HEURES D'OUVERTURE

DES

BIBLIOTHÈQUES MUNICIPALES

DU

VI° ARRONDISSEMENT

Bibliothèque publique de lecture sur place. **Mairie.**	Tous les jours de 4 à 6 heures et de 8 à 10 heures, excepté le dimanche et les jours fériés.
Bibliothèque de prêt gratuit à domicile. **Mairie.**	Tous les jours, de 4 à 6 heures et de 8 10 heures du soir. Le dimanche, de 9 heures à 11 heures du matin.
Bibliothèque de prêt gratuit. *Section de Dessin.* **Mairie.**	Tous les jours de 4 à 6 heures et de 8 à 10 heures du soir. Le dimanche, de 9 heures à 11 heures du matin.
Bibliothèque de prêt gratuit à domicile. **Rue Saint-Benoît, 12,** ÉCOLE DE GARÇONS.	Tous les soirs de 8 heures à 10 heures. Le dimanche, de 9 heures à 11 heures du matin.
Bibliothèque de prêt gratuit à domicile. **Rue du Pont-de-Lodi, 2**	Tous les soirs de 8 heures à 10 heures. Le dimanche, de 9 heures à 11 heures du matin.
Bibliothèque de prêt gratuit à domicile. **Rue de Vaugirard, 85.**	Tous les soirs de 8 heures à 10 heures. Le dimanche, de 9 heures à 11 heures du matin.

www.ingramcontent.com/pod-product-compliance
Lightning Source LLC
Chambersburg PA
CBHW061304110426
42742CB00012BA/2051